CONTEÚDO DIGITAL PARA ALUNOS

Cadastre-se e transforme seus estudos em uma experiência única de aprendizado:

1 Escaneie o QR Code para acessar a página de cadastro.

2 Complete-a com seus dados pessoais e as informações de sua escola.

3 Adicione ao cadastro o código do aluno, que garante a exclusividade de acesso.

1100748A1830156

Agora, acesse:
www.editoradobrasil.com.br/leb
e aprenda de forma inovadora e diferente! :D

Lembre-se de que esse código, pessoal e intransferível, é valido por um ano. Guarde-o com cuidado, pois é a única maneira de você utilizar os conteúdos da plataforma.

CLÁUDIA MAGALHÃES
- Bacharel e licenciada em Ciências Sociais
- Professora da rede particular de ensino

MARCOS GONÇALVES
- Licenciado em Geografia e em Filosofia
- Pós-graduado em Metodologia Inovadora na Ação Docente
- Professor das redes municipal e particular de ensino

RAFAEL TANGERINA
- Bacharel e licenciado em Geografia
- Pós-graduado como analista ambiental
- Mestre em Geografia
- Professor da rede particular de ensino
- Coordenador educacional no Parque da Ciência da Secretária de Educação do Estado do Paraná

ROSENI RUDEK
- Licenciada em Geografia
- Professora da rede particular de ensino

APOEMA
GEO GRA FIA
8

1ª edição
São Paulo, 2018

Dados Internacionais de Catalogação na Publicação (CIP)
(Câmara Brasileira do Livro, SP, Brasil)

Apoema : geografia 8 / Cláudia Magalhães...
[et al.]. – 1. ed. – São Paulo: Editora do Brasil,
2018. – (Coleção apoema)

Outros autores: Marcos Gonçalves, Rafael
Tangerina, Roseni Rudek.
ISBN 978-85-10-07019-5 (aluno)
ISBN 978-85-10-07020-1 (professor)

1. Geografia (Ensino fundamental) I. Magalhães,
Cláudia. II. Gonçalves, Marcos. III. Tangerina, Rafael.
IV. Rudek, Roseni. V. Série.

18-20621   CDD-372.891

Índices para catálogo sistemático:
1. Geografia: Ensino fundamental 372.891
Maria Alice Ferreira – Bibliotecária – CRB-8/7964

© Editora do Brasil S.A., 2018
Todos os direitos reservados

Direção-geral: Vicente Tortamano Avanso

Direção editorial: Felipe Ramos Poletti
Gerência editorial: Erika Caldin
Supervisão de arte e editoração: Cida Alves
Supervisão de revisão: Dora Helena Feres
Supervisão de iconografia: Léo Burgos
Supervisão de digital: Ethel Shuña Queiroz
Supervisão de controle de processos editoriais: Marta Dias Portero
Supervisão de direitos autorais: Marilisa Bertolone Mendes

Supervisão editorial: Júlio Fonseca
Consultoria Técnica: Ana Paula Ribeiro
Edição: Guilherme Fioravante e Nathalia C. Folli Simões
Assistência editorial: Patrícia Harumi
Auxílio editorial: Marina Lacerda D'Umbra
Apoio editorial: Patricia Quero
Coordenação de revisão: Otacilio Palareti
Copidesque: Gisélia Costa e Ricardo Liberal
Revisão: Alexandra Resende, Andréia Andrade e Elaine Silva
Pesquisa iconográfica: Elena Molinari e Tatiana Lubarino
Assistência de arte: Lívia Danielli
Design gráfico: Patrícia Lino
Capa: Megalo Design
Imagem de capa: Marcos André/Opção Brasil Imagens
Ilustrações: Alex Argozino, Fabio Nienow, Hugo Matsubayashi, Luca Navarro, Luis Moura, Paula Haydee Radi, Paulo César Pereira e Thiago Bento
Produção cartográfica: DAE (Departamento de Arte e Editoração), Alessandro Passos da Costa, Débora Ferreira, Jairo Souza, Mario Yoshida, Simone Soares, Sonia Vaz e Studio Caparroz
Coordenação de editoração eletrônica: Abdonildo José de Lima Santos
Editoração eletrônica: Select Editoração
Licenciamentos de textos: Cinthya Utiyama, Jennifer Xavier, Paula Harue Tozaki e Renata Garbellini
Controle de processos editoriais: Bruna Alves, Carlos Nunes, Jefferson Galdino, Rafael Machado e Stephanie Paparella

1ª edição / 2ª impressão, 2020
Impresso na Gráfica e Editora Pifferprint Ltda.

Rua Conselheiro Nébias, 887
São Paulo, SP – CEP 01203-001
Fone: +55 11 3226-0211
www.editoradobrasil.com.br

APRESENTAÇÃO

Caro estudante,

Geografia é uma das ciências que nos possibilitam entender melhor o mundo complexo e dinâmico em que vivemos. Por meio de seus conteúdos, podemos relacionar as informações que recebemos às situações que se apresentam em nosso cotidiano, assim percebemos o espaço como um elemento importante de nossa organização social.

Estudar Geografia permite identificar algumas razões pelas quais as nações passam por mudanças históricas, econômicas, territoriais e políticas. Implica estudar o espaço geográfico, ou seja, o espaço organizado pela sociedade, resultado da ação humana sobre a natureza.

A Geografia é um importante caminho para desenvolver a cidadania, fortalecer a ética e incentivar o respeito às diferenças, sejam elas culturais, políticas ou religiosas, combatendo, assim, as desigualdades econômicas e as injustiças sociais.

O trabalho desenvolvido nesta coleção proporciona uma reflexão sobre a realidade e sobre o papel que cada um de nós desempenha na sociedade. Assim, convidamos você a ampliar sua visão de mundo por meio de uma viagem na construção do conhecimento geográfico.

Os autores

SUMÁRIO

▪▪▫ Unidade 1 – Espaço mundial: região e regionalização 8

Capítulo 1 – Região e regionalização 10
Para que regionalizar? 10
As áreas continentais 11
Cartografia em foco 14
• Continentes: da Pangeia à configuração atual 15
De olho no legado – E se... os continentes não tivessem se separado? 16
Divisão histórica dos continentes: Velho, Novo e Novíssimo Mundo 17
Atividades 20

Capítulo 2 – Do mundo bipolar ao multipolar 21
Um mundo dividido 21
Capitalismo 23
• Fases do capitalismo 24
Socialismo 25
Os "três mundos" da Guerra Fria 26
Viver 27
Atividades 28

Capítulo 3 – Regionalização socioeconômica 29
Um mundo desigual 29
A divisão Norte e Sul 30
De olho no legado 34
Países em desenvolvimento 35
Índice de Desenvolvimento Humano (IDH) 36
Cartografia em foco 40
Atividades 41
Retomar **42**
Visualização **44**

▪▪▫ Unidade 2 – População, povos e territórios 46

Capítulo 4 – Dinâmica populacional 48
Conceitos demográficos 48
Crescimento da população mundial 50
Viver – Maior expectativa de vida e metas do milênio 53
Estrutura etária da população 54
Pirâmide de países com população jovem 54
Pirâmide de países com população intermediária 55
Pirâmide de países com população idosa 55
Atividades 56

Capítulo 5 – Espaço, poder e territórios nacionais 57
Nação, Estado e territórios 57
Nações sem Estado 59
• Minorias étnicas no mundo 59
Geopolítica e sua importância para a compreensão do mundo 60
Atividades 61

Capítulo 6 – Questões geopolíticas 62
O papel da ONU nos conflitos 62
Fluxos migratórios 64
• Migrações internacionais 64
• A questão dos refugiados 66
Viver – Obrigadas a abandonar seus países, crianças refugiadas sofrem para se adaptar à nova realidade 66
Atividades 67
Retomar **68**
Visualização **70**

■■▮ Unidade 3 – As relações mundiais 72

Capítulo 7 – Globalização............................. 74
O que é globalização 74
• Os fluxos da globalização...............................76
As conquistas e contradições da globalização 77
Pontos de vista 78
Viver 80
Atividades 81

Capítulo 8 – Tecnologia, conhecimento e globalização 82
Revolução Técnico-científica e Informacional 82
• Concentração científica e tecnológica.............83
De olho no legado – Desigualdade é a face da globalização, diz secretário geral da ONU 84
• Inovações tecnológicas no cotidiano 85
Atividades 88

Capítulo 9 – Blocos econômicos e organizações mundiais 89
Mundo multipolar 89
Blocos econômicos 90
• Associações internacionais 93
Atividades 95
Retomar 96
Visualização 98

■■▮ Unidade 4 – América: o nosso continente. 100

Capítulo 10 – Localização e regionalização......102
Localização da América.................................102
Regionalizações do continente americano 103
• Regionalização físico-geográfica..................103
• Regionalização histórico-cultural 104
  Colonização de povoamento e colonização de exploração 105
• Regionalização socioeconômica...................106
Cartografia em foco 107
Atividades 108

Capítulo 11 – Povos originários.....................109
Origem dos povos pré-colombianos 109
Diversidade de povos pré-colombianos 110
• Os maias 111
• Os astecas 112
• Os incas 113
De olho no legado..114
• Os indígenas brasileiros...............................115
• Os índios norte-americanos 116
• Os inuítes 117
Viver 118
Atividades 119

Capítulo 12 – Relevo e hidrografia 120
Estrutura geológica e relevo da América.......120
• Relevo ocidental 121
• Relevo central...123
• Relevo oriental..123
Os recursos hídricos e as principais bacias hidrográficas da América 124
• Vertente do Golfo do México.........................125
• Vertente do Atlântico 126
Cartografia em foco 128
Atividades 129

Capítulo 13 – Clima e vegetação.....................130
Diversidade natural da América 130
Principais tipos climáticos e formações vegetais do continente.............131
• Zona ártica..132
• Zona temperada 132
• Zona tropical...134
  Desertos 135
• Exploração e preservação dos recursos naturais 136
Atividades 137
Retomar 138
Visualização 140

■■▮ Unidade 5 – América Anglo-Saxônica 142

Capítulo 14 – Estados Unidos da América 144
Formação territorial e povoamento 144
Expansão territorial: a conquista do oeste 146
Dinâmica populacional 148
• Distribuição da população, rede urbana e migração 149
Cartografia em foco 151
De olho no legado 152
Atividades 153

Capítulo 15 – Espaço econômico dos EUA 154
Liderança na economia mundial 154
De olho no legado 156
Espaço agrário 157
Espaço industrial 158
• Dinâmica industrial e exploração mineral 159
Impactos ambientais 160
Cartografia em foco 161
Atividades 162

Capítulo 16 – EUA e geopolítica 163
Estados Unidos: política expansionista 163
Cartografia em foco 164
• Expansionismo na América Latina 165
• Expansionismo na Ásia 167
• Expansionismo na África 167
• Lidando com o terrorismo 168
Atividades 169

Capítulo 17 – Canadá 170
População 170
• Urbanização e padrão de vida 173
De olho no legado – Assistência ao desenvolvimento internacional 174
Economia 175
Cartografia em foco 176
Atividades 177
Retomar **178**
Visualização **180**

■■▮ Unidade 6 – América Latina 182

Capítulo 18 – População 184
Heranças da colonização 184
Miscigenação e fluxos migratórios 187
Distribuição, crescimento e perfil etário da população 189
Desigualdade social e IDH 192
Atividades 195

Capítulo 19 – Espaços de produção 196
Atividades econômicas 196
México, América Central e Guianas 198
• México 198
• América Central 200
• As Guianas 202
Países andinos e platinos 203
• América Andina 204
Cartografia em foco 207
• América Platina 208
Caleidoscópio – Arte na América Latina 210
Atividades 212

Capítulo 20 – Questões geopolíticas 214
Questões migratórias 214
• Fronteira México – Estados Unidos 215
• Migrações recentes para o Brasil 215
• Os "brasiguaios" 216
Viver 217
Cuba: da Guerra Fria aos dias atuais 218
A questão do narcotráfico 219
O Brasil na geopolítica regional e global 220
• O Mercosul 220
• A Unasul 220
• O Brics 221
• A Amazônia 221
• O Brasil na Antártida 222
Atividades 223
Retomar **224**
Visualização **226**

Unidade 7 – África: aspectos naturais 228

Capítulo 21 – Localização e regionalização......230
Localização...230
Países africanos...231
Regiões africanas.......................................232
Pontos de vista 236
Atividades 238

Capítulo 22 – Relevo e hidrografia 239
As terras 239
As águas...242
• Os rios...244
Atividades 245

Capítulo 23 – Clima e vegetação....................246
Interdependência: clima e vegetação............246
Tipos climáticos e formações vegetais..........246
Atividades 249
Retomar **250**
Visualização **252**

Unidade 8 – África: política e economia ... 254

Capítulo 24 – Fronteiras e conflitos 256
África pré-colonial.......................................256
Caleidoscópio – Tradições orais em Angola: redescobrindo a escrita.................................258
Colonização e processo de independência.....261
África: conflitos e arbitrariedades das fronteiras..263
Cartografia em foco 265
Atividades 266

Capítulo 25 – População 267
Conhecendo os africanos 267
Crescimento demográfico 268
Urbanização..269
Condições de vida da população 270
África e a questão dos refugiados.................272
Atividades 273

Capítulo 26 – Economia 274
A agricultura..274
De olho no legado – África: barreiras ao crescimento econômico 276
Agricultura e meio ambiente 277
A indústria 279
O extrativismo mineral 281
Cartografia em foco 282
Atividades 283
Retomar **284**
Visualização **286**
Referências **288**

UNIDADE 1

> **Antever**

1 O que é possível perceber na imagem de satélite noturna da Terra?

2 A que se referem os espaços luminosos na imagem? Quais são os continentes ou países que mais se destacam?

3 Ao comparar o grau de luminosidade na África e na Europa, o que se verifica? Converse com os colegas e o professor sobre essa questão.

Existem mais de 190 países, que apresentam semelhanças e diferenças entre si. As diferenças refletem-se na diversidade natural, humana e cultural, assim como na desigualdade econômica e social. Podemos agrupá-los em regiões, de acordo com características comuns que possibilitem certa unidade ou identidade interna. Nesta unidade, vamos estudar a divisão do espaço mundial considerando diferenças em seus aspectos físico-naturais, político-ideológicos e socioeconômicos.

Foto da Terra à noite, tirada por satélite, com os continentes iluminados pelas luzes das cidades, 2016.

Espaço mundial: região e regionalização

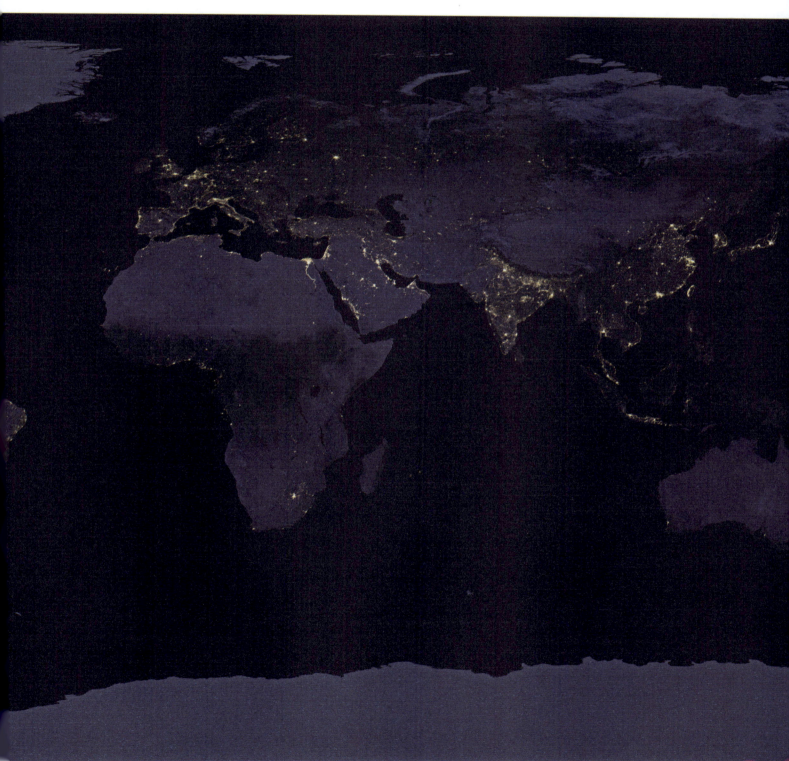

CAPÍTULO 1

Região e regionalização

Para que regionalizar?

Você já ouviu falar de uma ou outra região do espaço geográfico, não é mesmo? No 7º ano, estudou que o Brasil pode ser regionalizado de diferentes maneiras, uma delas é a regionalização feita pelo IBGE, que divide o território nacional em cinco regiões (Norte, Nordeste, Sudeste, Centro-Oeste e Sul), outra é a geoeconômica, em que o país é dividido em três complexos regionais (Centro-Sul, Nordeste e Amazônia). Pois bem, como visto na abertura desta unidade, isso também ocorre ao estudarmos o espaço geográfico mundial. Vamos, então, retomar os motivos que levam a regionalizar o espaço, ou seja, por que regionalizar o espaço é importante para o conhecimento geográfico.

A divisão do espaço geográfico, em regiões, consiste em distinguir áreas com base em algumas características comuns, que revelem certa unidade ou identidade. Além de aspectos relacionados à localização, também podemos levar em consideração vários outros critérios no processo de regionalização, como os físico-naturais, históricos, políticos, socioeconômicos, culturais etc.

Além de ser importante para estabelecer relações entre diferentes espaços regionais, o processo de regionalização pode possibilitar uma melhor compreensão geográfica da realidade por meio do reconhecimento de semelhanças e diferenças existentes no espaço mundial.

Paisagem de floresta tropical, em área de Mata Atlântica na Serra do Mar. São Sebastião (SP), 2018.

Paisagem desértica no Parque Nacional do Grand Canyon. Arizona, Estados Unidos, 2017.

① Observe as fotografias e descreva os elementos que compõem as duas paisagens.

② Que critério de regionalização pode ser utilizado ao se comparar as paisagens retratadas? Justifique.

As áreas continentais

Observe uma forma de regionalização do mundo no planisfério a seguir.

Mapa-múndi: continentes e oceanos

Fonte: *Atlas geográfico escolar*. 7. ed. Rio de Janeiro: IBGE, 2016. p. 34.

As diferentes cores utilizadas na representação da superfície terrestre, no mapa, indicam os seis continentes e os oceanos. Essa regionalização tem como base o **critério físico-geológico**.

Os **continentes** são grandes extensões de terras emersas separadas em conjuntos distintos: África, América, Oceania, Antártica, além da Europa e da Ásia, que, embora unidas, são consideradas como dois continentes devido a questões históricas e culturais.

Já os **oceanos** são grandes massas de água salgada que cobrem a maior parte da superfície terrestre. Observe a ilustração a seguir que representa as terras emersas – continentes e ilhas – e as terras imersas – submersas em águas oceânicas ou continentais – do planeta.

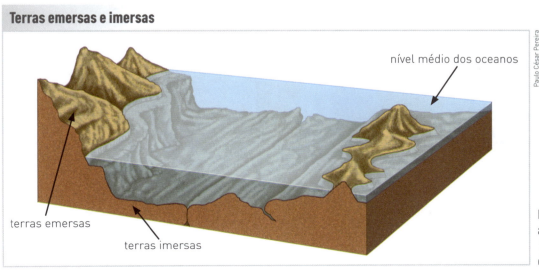

Terras emersas e imersas

Fonte: Wilson Teixeira et al. (Org.). *Decifrando a Terra*. São Paulo: Oficina de Textos, 2000. p. 273.

O gráfico a seguir representa a área dos continentes e oceanos, e a proporção da superfície ocupada por eles.

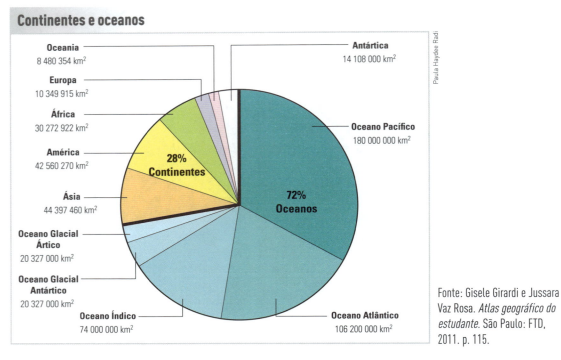

Fonte: Gisele Girardi e Jussara Vaz Rosa. *Atlas geográfico do estudante*. São Paulo: FTD, 2011. p. 115.

As grandes porções de terras emersas do planeta (as áreas continentais onde vivemos) somam, aproximadamente, 28% da superfície terrestre, enquanto os oceanos cobrem os 72% restantes.

Os continentes e oceanos distribuem-se desigualmente pelos hemisférios terrestres, conforme podemos observar no próximo mapa. O Hemisfério Norte concentra as maiores áreas continentais, enquanto o Hemisfério Sul apresenta a maior parte de sua superfície coberta por águas oceânicas.

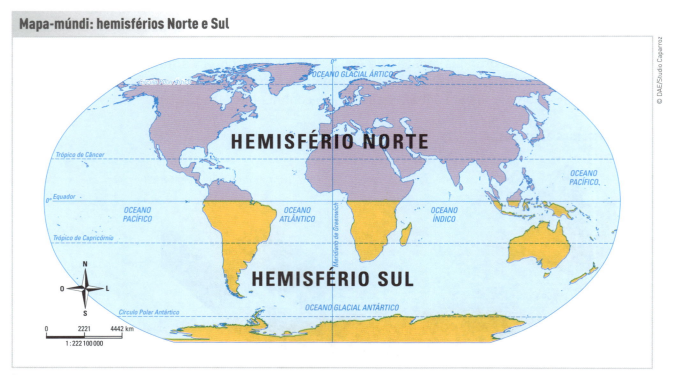

Fonte: *Atlas geográfico escolar*. 7. ed. Rio de Janeiro: IBGE, 2016. p. 34.

Num primeiro momento, podemos imaginar que os continentes são muito diferentes uns dos outros no que se refere às paisagens, à cultura e ao modo de vida de seus habitantes. No entanto, a divisão é apenas física. Há países de continentes diferentes que apresentam muitas semelhanças e países de um mesmo continente com muitas diferenças entre si.

Os Estados Unidos e o México, por exemplo, embora façam parte do continente americano, apresentam profundas diferenças econômicas e socioculturais. Observe as fotografias a seguir, que representam paisagens de países americanos, e em seguida o mapa e as imagens da África.

Los Angeles, Estados Unidos, 2017.

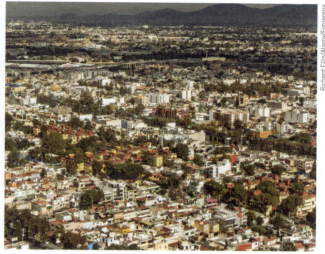

Cidade do México, México, 2017.

Outro exemplo são as diferenças socioculturais verificadas no continente africano, entre o norte, de maioria árabe e religião islâmica, e a chamada África Subsaariana, onde convivem centenas de etnias com diferentes costumes, línguas, tradições e religiões.

Marrakech, Marrocos, 2016.

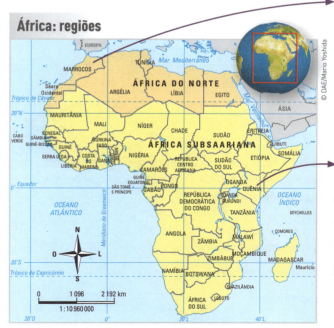

Fonte: Gisele Girardi e Jussara Vaz Rosa. *Atlas geográfico do estudante*. São Paulo: FTD, 2011. p. 101.

Reserva nacional Masai Mara. Quênia, 2016.

Cartografia em foco

Observe o mapa-múndi a seguir e faça o que se pede.

Mapa-múndi: continentes

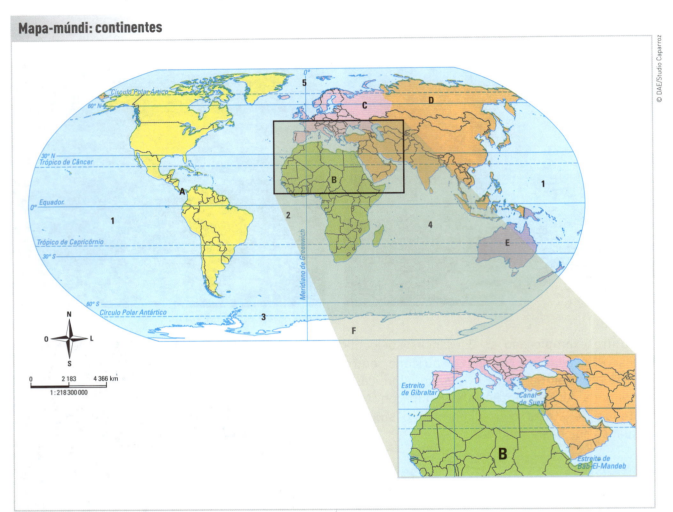

Fonte: *Atlas geográfico escolar*. 7. ed. Rio de Janeiro: IBGE, 2016. p. 34.

1. Identifique os oceanos e os continentes indicados por números e letras. Elabore uma legenda para o mapa.

2. Geologicamente, dois continentes estão unidos e não há entre eles, como no caso dos demais continentes, um oceano que os separe. Devido a questões históricas e culturais essa península é considerada um continente autônomo. Quais são esses continentes? Qual deles é considerado uma península?

3. Que oceano separa a América da Europa e da África?

4. Que continente está integralmente no Hemisfério Oeste ou Ocidental da Terra?

5. Em quais hemisférios está localizada a área mais extensa de terras emersas?

6. Qual dos polos do globo terrestre tem uma extensa área continental?

7. O continente africano está separado dos continentes europeu e asiático por três estreitos pontos de passagem. Quais são esses pontos?

Continentes: da Pangeia à configuração atual

Os continentes e oceanos, tal como os conhecemos hoje, apresentaram configurações muito distintas no passado geológico da Terra, como você pode observar nas imagens abaixo.

Terra: configuração há cerca de 270 milhões de anos

Terra: configuração atual

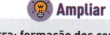

Ampliar

A Terra: formação dos continentes
http://atlasescolar.ibge.gov.br/a-terra/formacao-dos-continentes
Animação do IBGE sobre a formação dos continentes.

Fontes: Ian W. D. Dalziel. A Terra muito antes da Pangea. *Scientific American Brasil*, n. 20, p. 18, s/d. (Especial As Formas Mutantes da Terra.); *Atlas geográfico escolar*. 6. ed. Rio de Janeiro: IBGE, 2012. p. 34.

Se considerarmos o decorrer de milhões de anos, a regionalização do mundo em continentes não é uma condição estática. Existe um movimento constante das terras, mesmo que seja imperceptível para nós.

Em 1912, o geólogo alemão Alfred Wegener publicou a **teoria da deriva continental**, segundo a qual os atuais continentes teriam se originado de uma única massa continental, denominada Pangeia, que em grego quer dizer "toda a terra". Esse único continente estava rodeado por um imenso oceano chamado Pantalassa – "todos os mares" –, que abrangia o Mar de Tétis e o Oceano Pacífico. Com a separação da Pangeia, ocorreu a formação das bacias dos oceanos Ártico, Atlântico e Índico.

Por meio da Teoria da Tectônica de Placas, estima-se que a fragmentação da Pangeia teve início há cerca de 240 milhões de anos, lentamente, com o movimento das placas tectônicas sob o manto terrestre, os continentes foram se deslocando até chegar ao ponto em que estão hoje.

Observe a distribuição das placas tectônicas pela superfície do planeta.

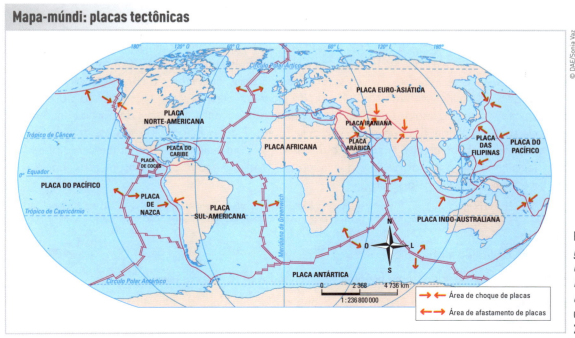
Mapa-múndi: placas tectônicas

Fonte: *Atlas geográfico escolar: Ensino Fundamental do 6º ao 9º ano*. Rio de Janeiro: IBGE, 2010. p. 103.

15

De olho no legado

E se... os continentes não tivessem se separado?

Fonte: Elaborado com base em: <www.fgel.uerj.br/dgrg/webdgrg/Timescale/Permiano.html>. Acesso em: ago. 2018.

A Pangeia foi um imenso continente que existiu entre 280 e 180 milhões de anos atrás, numa época em que o mundo era habitado pelos dinossauros. Naquele tempo, quase toda a massa continental que hoje compõe as Américas, a Europa, a África, a Oceania, a Ásia e a Antártida estava grudada e formava uma imensa massa contínua de terra. Acontece que os continentes e os oceanos estão assentados numa fina casquinha que flutua ao sabor da correnteza de rocha derretida que recheia a Terra. Com o tempo, essa correnteza despedaçou a Pangeia e jogou cada pedacinho para um lado, dando origem aos continentes que conhecemos hoje.

Se essa casquinha fosse mais resistente, ou a correnteza mais fraca, a Pangeia continuaria unida até hoje e este seria um mundo bem diferente. O efeito mais imediato é que existiriam menos espécies animais e vegetais sobre a Terra. "O isolamento geográfico aumenta a diversidade biológica", afirma o paleontólogo Reinaldo Bertini, da Universidade Estadual Paulista (Unesp), em Rio Claro, interior de São Paulo.

Foi a separação dos continentes que fez com que grupos de animais e vegetais tomassem caminhos evolutivos diversos e começassem a se diferenciar [...] . Com a fragmentação da Pangeia, o número de espécies de dinossauros cresceu. Os mamíferos, que, naquele tempo, não passavam de pequenos quadrúpedes mais insignificantes que os ratos modernos, também começaram a se diversificar.

O clima também mudaria radicalmente – seria muito mais seco. Hoje, com vários continentes pequenos, os ventos úmidos que sopram do mar levam chuva até o interior. Com a Pangeia isso não aconteceria. Haveria uma massa de terra tão imensa que seu centro jamais seria tocado pelos ventos úmidos. Com toda a certeza, proliferariam os desertos e eles seriam muito maiores e mais inóspitos que o Saara. O Brasil, por exemplo, seria árido como o Afeganistão. As florestas, onde se concentra a maioria das espécies, seriam poucas e concentradas no litoral.

Em um mundo como esse, pobre em biodiversidade, a vida é mais vulnerável – como há poucas espécies, aumentam as chances de que uma única tragédia destrua todas. Seria essa Terra que, há 65 milhões de anos, se chocaria com um asteroide, levantando uma imensa nuvem de poeira que bloquearia o Sol e mataria boa parte das plantas. No mundo real, dividido em continentes, esse desastre cósmico foi suficiente para matar de fome os dinossauros, abrindo espaço para que os mamíferos crescessem e conquistassem os ecossistemas. Mas, nesse nosso mundo fictício, o da Pangeia, a tragédia teria sido maior ainda. Os mamíferos, que seriam poucos, talvez se extinguissem inteiramente junto com os dinossauros. Com isso, seus descendentes – baleias, vacas, cachorros, macacos, humanos – jamais poderiam nascer.

Mas a tragédia dificilmente varreria toda a vida do planeta. "Sempre sobra alguma coisa", diz Bertini. É pouco provável que os insetos se extinguissem – eles são pequenos, precisam de pouca comida e provavelmente se alimentariam dos cadáveres dos outros seres. Com o tempo, esses insetos dominariam o planeta e, sem a concorrência de mamíferos e dinossauros, iriam lentamente ganhar tamanho. Nesse cenário, a Terra chegaria aos dias de hoje dominada por formigas enormes, moscas imensas, baratas gigantes. Que bom que a Pangeia se dividiu.

Denis Russo Burgierman. E se... os continentes não tivessem se separado? *Superinteressante*, 4 nov. 2016. Disponível em: <https://super.abril.com.br/tecnologia/os-continentes-nao-tivessem-se-separado/>. Acesso em: jul. 2018.

❶ Qual é a ideia central do texto?

❷ No cenário fictício apresentado, como ficariam caracterizadas as terras brasileiras?

❸ Segundo o pesquisador Reinaldo Bertini, como ficaria a biodiversidade do planeta se a Pangeia não tivesse se dividido?

Divisão histórica dos continentes: Velho, Novo e Novíssimo Mundo

Com base em aspectos históricos, costuma-se denominar as áreas continentais de Velho Mundo, Novo Mundo e Novíssimo Mundo. Essa regionalização baseia-se na expansão e na colonização europeia pelo mundo a partir do século XV, tendo esse continente como referência. Trata-se de uma divisão feita da perspectiva eurocêntrica, ou seja, uma visão de mundo que propõe a Europa como a protagonista da história da humanidade.

Observe essa **regionalização histórica** do mundo representada no mapa a seguir.

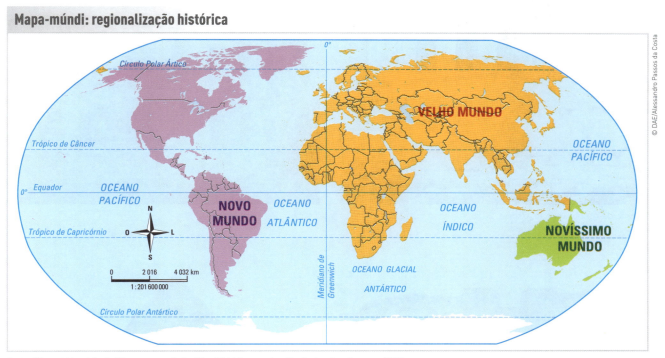

Fonte: Manoel Mauricio de Albuquerque et al. *Atlas histórico escolar*. Rio de Janeiro: Fename, 1977.

É importante lembrar o fato de que algumas nações europeias colonizaram boa parte do mundo, e a cartografia mundial passou a reproduzir a visão dos europeus quanto à distribuição das terras e dos mares do planeta. Se você observar a maioria dos mapas-múndi, notará que a Europa está localizada no centro e no norte do planisfério.

Mapa histórico de visão eurocêntrica do mundo, de Martin Waldseemuller, 1507.

A expressão **Velho Mundo** – ou Velho Continente – refere-se à Europa, África e Ásia. Nessa região desenvolveram-se civilizações como a egípcia (no norte da África), a mesopotâmica (nos vales dos rios Tigre e Eufrates), a greco-romana e as de diversos grupos africanos ao sul do deserto do Saara.

Templo de Atena. Atenas, Grécia, 2016.

Coliseu. Roma, Itália, 2016.

Grande Zigurate de Ur. Nassíria, Iraque, 2015

Esfinge de Gizé e pirâmide Quéops. Cairo, Egito, 2018.

A expressão **Novo Mundo** – ou Novo Continente – refere-se à América, aonde os europeus passaram a conhecer a partir do final do século XV. Essas terras ficaram conhecidas como América em homenagem ao navegador Américo Vespúcio, o primeiro a demonstrar que o "novo mundo" não era a parte leste da Ásia. Embora seja utilizado o termo "novo", esse continente já era habitado por outros povos muito antes da chegada dos colonizadores europeus. Por isso, é incorreto dizer que os europeus descobriram essas terras.

Observe nas fotografias a seguir aspectos da arquitetura e da cultura de alguns dos povos nativos da América antes da chegada dos colonizadores.

Templo de Kukulcán. Chichén Itzá, México, 2016.

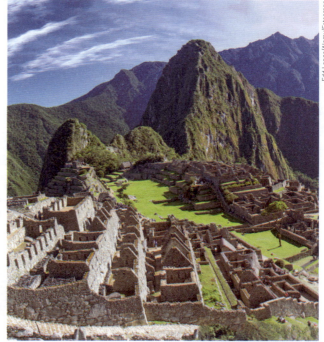

Machu Picchu, Peru, 2018.

A Oceania, por sua vez, ficou conhecida como **Novíssimo Mundo** – ou Novíssimo Continente –, visto que os europeus chegaram a essas terras apenas no final do século XVIII, depois da colonização da América. Quando os europeus chegaram à Oceania, ela também já era habitada por nativos. Assim, percebe-se que os termos "novo" e "novíssimo" refletem uma visão de mundo europeia, já que essas denominações foram definidas segundo a ordem cronológica em que a Europa empreendeu o processo de colonização desses territórios.

Ao analisar o mapa-múndi com a regionalização histórica (p. 17), você

Aborígenes australianos. Sidney, Austrália, 2018.

deve ter observado que um dos continentes não foi considerado parte nem do Velho, nem do Novo, nem do Novíssimo Mundo. Qual é esse continente?

Isso mesmo, a Antártica. Sabe por quê? Esse continente só passou a ser conhecido em 1820, no século XIX. O fato de que 98% de suas terras permanecem cobertas de gelo o ano todo, e as baixíssimas temperaturas, assim como a ocorrência de ventos muito fortes, fazem desse continente uma área pouco explorada. Apesar disso, a Antártica recebe regularmente expedições que ocupam bases científicas instaladas em sua área.

1. Por que regionalizar o espaço é importante para o conhecimento geográfico? Quais critérios podem ser adotados no processo de regionalização?

2. Analise o mapa-múndi a seguir.

Mapa-múndi: político

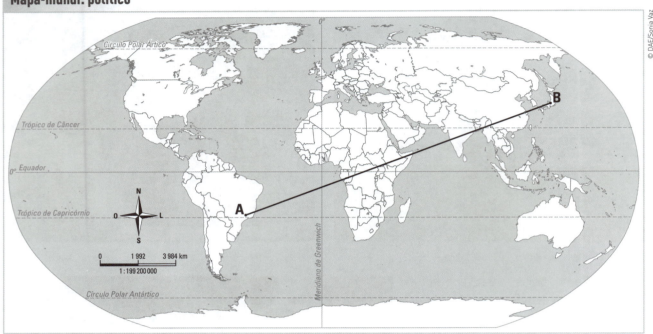

Fonte: *Atlas geográfico escolar*. 7. ed. Rio de Janeiro: IBGE, 2016. p. 32.

   a) Podemos regionalizar o espaço mundial tendo como referência os continentes e oceanos. Qual é o critério para tal regionalização?
   b) Cite o nome dos continentes atravessados no percurso de **A** para **B**.
   c) Cite o nome dos oceanos atravessados no percurso de **A** para **B**.

3. Observe novamente o gráfico Continentes e oceanos (página 12) e responda:
   a) Qual é o maior dos continentes? E o menor?
   b) Qual é o maior dos oceanos? E o menor?

4. Justifique a afirmação: "Os continentes e oceanos apresentam uma distribuição desigual pelos hemisférios terrestres".

5. Considerando os hemisférios terrestres, indique quais continentes localizam-se nos hemisférios:
   a) Norte, Sul e Oriental;
   b) Norte, Sul e Ocidental.

6. Justifique a importância do estudo das placas tectônicas para se entender a distribuição atual dos continentes.

7. Segundo a regionalização histórica do mundo, o continente onde está localizado o território brasileiro é considerado parte do Velho, Novo ou Novíssimo Mundo? Por quê?

8. Relacione a visão eurocêntrica com a divisão histórica dos continentes.

CAPÍTULO 2
Do mundo bipolar ao multipolar

Um mundo dividido

Agora, vamos estudar outra forma de regionalização que tem como base o **critério político-econômico e ideológico**. Por muitos anos, o mundo pôde ser regionalizado em dois grupos: o dos países capitalistas e o dos países socialistas. Vamos entender em que contexto histórico isso ocorreu.

Após o fim da Segunda Guerra Mundial (1939-1945), as duas principais forças vencedoras do conflito – os Estados Unidos (EUA) e a União das Repúblicas Socialistas Soviéticas (URSS) – "dividiram o mundo entre si", estabelecendo uma **ordem bipolar**.

Cada um desses países defendia a expansão de seu sistema econômico pelo mundo. Os Estados Unidos lideravam os países capitalistas (da Europa Ocidental e o Japão, principalmente); e a União Soviética, os socialistas, concentrados no Leste Europeu. A influência desses dois polos também chegou aos demais países dos continentes americano, africano e asiático.

Bandeira dos EUA e da URSS representando o mundo bipolar.

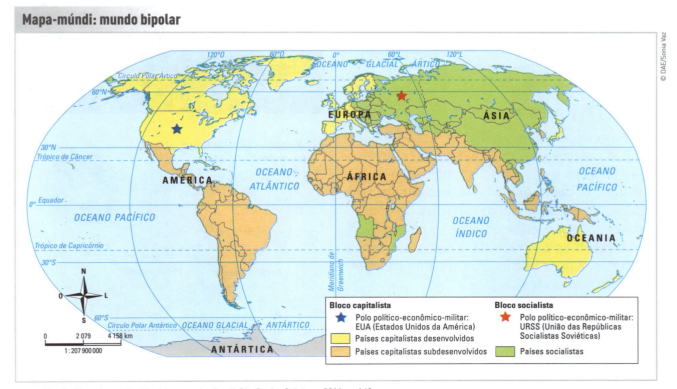

Fonte: Claudio Vicentino. *Atlas histórico: geral e Brasil*. São Paulo: Scipione, 2011. p. 149.

21

Por cerca de quatro décadas essas duas superpotências travaram uma guerra ideológica e econômica pela liderança mundial que ficou conhecida como **Guerra Fria**. Durante todo esse período, a rivalidade entre os dois países foi marcada por disputas territoriais, econômicas e comerciais e pelas corridas armamentista e espacial, sem que houvesse conflitos militares diretos, daí o nome Guerra Fria.

Em 1961, por decisão do governo da URSS e da Alemanha Oriental, foi construído o Muro de Berlim, que dividiu a cidade de Berlim (encravada na Alemanha Oriental) em duas partes, efetivando a separação física entre Berlim Ocidental, capitalista, e Berlim Oriental, socialista. Esse muro foi considerado um símbolo da bipolarização mundial. Em 1989, ele foi derrubado.

Construção do muro de Berlim. Berlim, Alemanha, 1961.

Derrubada do Muro de Berlim. Berlim, Alemanha, 1989.

Para você entender melhor essa bipolaridade, é preciso que compreenda as características principais dos dois sistemas econômicos opostos: o **capitalismo** e o **socialismo**. Um sistema econômico define a forma de como a sociedade organiza a sua economia, envolvendo as relações de trabalho e como ocorrem a produção, a distribuição e o consumo das mercadorias produzidas.

Fonte: Claudio Vicentino. *Atlas histórico: geral e Brasil*. São Paulo: Scipione, 2011. p. 148.

Capitalismo

O capitalismo teve início na Europa, por volta do século XV e, ao longo do tempo, passou por diferentes fases. O sistema capitalista é caracterizado pela:

- propriedade privada dos **meios de produção** – as terras, as empresas e os maquinários, entre outros meios de produção, estão nas mãos de quem possui capital para adquiri-los e fazê-los funcionar;
- busca de lucro, que ocorre, por exemplo, por meio da venda da produção de mercadorias – a circulação de mercadorias e de capital é uma marca do capitalismo;
- produção com base no **trabalho assalariado**.

A base desse sistema é a **economia de mercado**, que deu origem às sociedades de consumo. Os países capitalistas têm uma economia baseada na livre concorrência e na livre-iniciativa.

A iniciativa privada tem liberdade para empreender negócios e promover a concorrência entre as empresas. O governo pode intervir na economia, mas sofre grande pressão de proprietários de terras, empresários, industriais e banqueiros.

Dessa forma o capitalismo gera concentração de riqueza e exclusão social, pois não traz benefícios a todos. Além disso, a exploração dos recursos naturais em larga escala tem colocado em risco a existência futura de recursos naturais essenciais para a vida na Terra.

Glossário

Bolsa de valores: mercado em que as pessoas e empresas se relacionam por meio de compra e venda de títulos e ações.

Economia de mercado: sistema no qual as decisões relativas à produção, aos preços, salários etc. são tomadas pelos agentes econômicos, com pouca intervenção do Estado.

Meios de produção: conjunto formado pelos meios de trabalho (instrumentos, instalações, fontes de energia) e pelo objeto de trabalho (terras e outros recursos naturais, como florestas e reservas minerais).

Trabalho assalariado: trabalho remunerado, pelo qual o trabalhador recebe um salário.

Bolsa de Valores de Nova York, Estados Unidos, 2016.

Fachada de estabelecimento comercial. Itabaiana (SE), 2018.

Fases do capitalismo

- **Capitalismo comercial ou mercantil** (do século XV à primeira metade do XVIII): também conhecido como mercantilismo, o capitalismo comercial teve início com a descoberta de terras além da Europa e se consolidou com as trocas comerciais do período da colonização da América, África e Ásia, quando as potências da época (Portugal, Espanha, Inglaterra e França) passaram a acumular capital por meio do domínio econômico das suas colônias, explorando metais preciosos, mão de obra escravizada e produtos agrícolas.
- **Capitalismo industrial** (século XVIII a meados do século XIX): começa com o advento da Revolução Industrial e graças à acumulação do capital no mercantilismo, que passou a ser investido em indústrias, com o uso de máquinas a vapor e numerosa mão de obra. Nesse período intensificou-se a ação imperialista europeia sobre a África e a Ásia. Na época predominou a ideia do liberalismo econômico, segundo o qual o Estado não deve intervir na economia, mas deixar o mercado se autorregular livremente, limitando-se apenas a garantir a propriedade privada.
- **Capitalismo financeiro** (de meados do século XIX até a década de 1970): os bancos entraram no sistema produtivo internacional e passaram a controlar a economia dos países, recebendo e emprestando dinheiro para investimento a juros ao mercado. O aumento da capacidade de acumular e investir dinheiro levou ao surgimento de empresas multinacionais e, em muitos casos, monopolistas. Essas empresas, hoje denominadas transnacionais, atuavam em diferentes países pelo mundo, sobretudo nos mais pobres, em busca de mão de obra e matérias-primas mais baratas.
- **Capitalismo informacional** (da década de 1970 até hoje): teorias recentes apontam para uma quarta fase, decorrente da revolução tecnológica na área da informação, com o desenvolvimento dos computadores, satélites, cabos de fibra óptica, telefones digitais e internet. Essas inovações inseriram um caráter informacional na produção e nas relações humanas.

Indústrias de Bridgeport, Estados Unidos, 1900.

Homem trabalha em sonda que irá para Marte. Turim, Itália, 2014.

Socialismo

A Rússia foi o primeiro país a adotar o sistema socialista, em 1917. O socialismo nesse país fundamentava-se no fim das classes sociais e da propriedade privada.

Em 1922 formou-se a União das Repúblicas Socialistas Soviéticas (URSS). Por pressão russa, os países do Leste Europeu libertados da invasão nazista pelo exército russo durante a Segunda Guerra Mundial formaram um bloco de países socialistas sob o comando da URSS. A China, em 1949, e Cuba, em 1959, também adotaram o socialismo como sistema econômico.

Nos países socialistas, o Estado exerce forte influência política e econômica sobre a sociedade; terras e empresas eram administradas pelo governo, pois não era permitida a propriedade privada dos meios de produção.

Os países socialistas promoveram a planificação plurianual de suas economias – o governo criava planos com metas a serem atingidas ao longo de anos, que estipulavam o que e quanto seria produzido, bem como os preços dos produtos.

A população desses países passou a gozar de importantes benefícios de ordem social, como moradias, assistência médica e educação gratuitas, o que acarretou significativa melhoria das condições de vida. No entanto, devido à Guerra Fria, os principais países socialistas investiram mais na indústria de armamento do que na produção de bens de consumo, o que levou a graves crises de desabastecimento de produtos básicos para a população.

O socialismo soviético não atingiu todos os seus objetivos como sistema político-econômico, principalmente devido às contradições internas. No final da década de 1980, grandes alterações na política e na economia soviética levaram ao fim do socialismo e à desintegração da URSS. Gradualmente, o socialismo foi se enfraquecendo e extinguiu-se nos demais países. Assim, o mundo bipolar e, consequentemente, a Guerra Fria, deixaram de existir. Contudo, alguns poucos países, como Cuba e Coreia do Norte, ainda se autodeclaram socialistas.

Um dos avanços sociais de destaque nos países socialistas está relacionado à educação. Escola em Santiago de Cuba, Cuba, 2016.

Os "três mundos" da Guerra Fria

Durante o período da Guerra Fria ocorreram em diversos continentes vários conflitos mundiais em virtude das tensões políticas entre as duas superpotências. Na África, por exemplo, no momento em que muitas nações lutavam para se livrar do domínio europeu, os Estados Unidos e a União Soviética intervieram fornecendo armamento a diferentes grupos internos que disputavam o poder.

Em 1955, durante a Conferência de Bandung ocorrida na Indonésia, alguns países da África e da Ásia discutiram sua dependência política e econômica em relação às superpotências – esse grupo de países defendia o não alinhamento aos Estados Unidos ou à URSS. Ficaram, então, conhecidos como países do "Terceiro Mundo". Essa expressão foi criada pelo francês Alfred Sauvy em analogia ao termo "Terceiro Estado", utilizado na França absolutista para referir-se à burguesia e aos camponeses.

Ao longo da Guerra Fria, consolidou-se uma interpretação das forças políticas e econômicas em "três mundos". Os países do **Primeiro Mundo** seriam os capitalistas desenvolvidos, liderados pelos Estados Unidos; os do **Segundo Mundo**, os socialistas, liderados pela União Soviética; e os do **Terceiro Mundo**, subdesenvolvidos.

Observe a regionalização do mundo em "três mundos" no mapa a seguir.

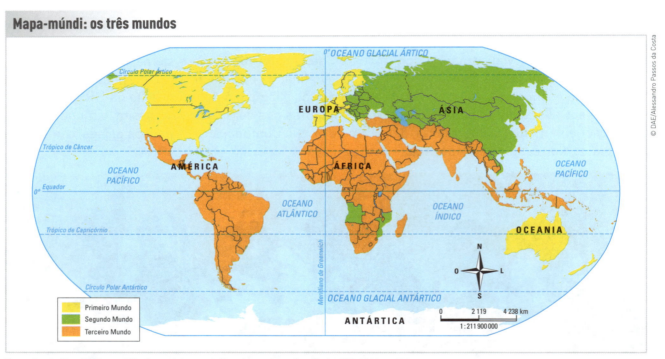

Fonte: Gisele Girardi e Jussara Vaz Rosa. *Atlas geográfico do estudante*. São Paulo: FTD, 2011. p. 135.

Essa interpretação perdeu o sentido com o fim da Guerra Fria. Desde o final da década de 1980, o mundo deixou de ser bipolar e passou a ter um novo arranjo político, um mundo multipolar, no qual despontaram vários polos de poder e influência econômica.

> O demógrafo francês Alfred Sauvy não tinha pretensão alguma de criar as expressões Primeiro Mundo e Segundo Mundo. Quando, em 1952, cunhou a expressão Terceiro Mundo, ele referia-se aos conteúdos políticos dessa distinção: na França absolutista, o chamado Terceiro Estado era composto daqueles que não integravam o clero (Primeiro Estado) nem a nobreza (Segundo Estado). Propunha, assim, que os países políticos e economicamente periféricos se unissem para defender seus interesses.

Viver

Leia a tira a seguir e depois faça o que se pede.

Joaquim S. Lavado Tejón (QUINO), TODA MAFALDA/Fotoarena

1. Na tira, a qual "interesse" a personagem Mafalda se refere?
2. Quais características da sociedade capitalista são apresentadas?
3. Escreva uma vantagem e uma desvantagem do sistema capitalista de produção.
4. Você consegue perceber características do sistema capitalista no dia a dia? Justifique sua resposta.

Ampliar

Sociedade do automóvel, Brasil, 2005.
Direção: Branca Nunes e Thiago Benicchio, 39 min.

Milhões de pessoas circulam com seus carros todos os dias pela cidade de São Paulo. Muitas outras sonham em também usar esse meio de transporte. Por que razão o carro atrai tantas pessoas? Os diretores desse documentário fazem uma interessante reflexão sobre as repercussões de viver numa sociedade motorizada.

Conviver

Pesquisem em livros, revistas e *sites* características dos sistemas capitalista e socialista. Com a orientação do professor, organizem um debate sobre os dois sistemas político-econômicos. O debate e a discussão mediada são formas de tratamento de problemas e de apreciação de possíveis soluções. Trata-se de um esforço utilizado por sociedades democráticas na construção de resoluções problemas para tentar chegar à solução mais adequada possível para todos os envolvidos. Após o debate, organizem o material coletado durante a pesquisa e montem, na sala de aula, um mural com os aspectos positivos e negativos dos sistemas capitalista e socialista.

Atividades

1. Diferencie os sistemas capitalista e socialista.

2. Observe a tela de Oscar Pereira da Silva. Ela retrata o desembarque de Pedro Álvares Cabral em Porto Seguro. A que fase do capitalismo esse momento histórico se relaciona? Justifique.

Oscar Pereira da Silva. *Desembarque de Pedro Álvares Cabral em Porto Seguro, 1500*, 1922. Óleo sobre tela, 190 cm × 330 cm.

3. Observe as fotografias a seguir.

Muro de Berlim. Berlim, Alemanha, 1961.

Pessoas comemoram a queda do muro de Berlim. Berlim, Alemanha, 1989.

a) Qual regionalização do mundo estava associada aos eventos das duas fotografias?

b) Quais eram os países que disputavam a hegemonia mundial na época dos acontecimentos retratados nas fotografias?

4. Caracterize os países do Primeiro, Segundo e Terceiro Mundo.

5. Por que, a partir da Conferência de Bandung, passou-se a usar a expressão "Terceiro Mundo"?

6. Por que a interpretação dos "três mundos" atualmente não é mais utilizada?

CAPÍTULO 3
Regionalização socioeconômica

Um mundo desigual

Não é difícil perceber que diferentes níveis de desenvolvimento socioeconômico separam os países no mundo atual. Em geral, naqueles que apresentam elevados níveis de desenvolvimento socioeconômico, a maior parte das pessoas desfruta de boas condições de vida; nos países de baixo desenvolvimento socioeconômico, porém, grande parcela da população enfrenta dificuldades para sobreviver.

O Produto Interno Bruto (PIB) indica a soma de todos os bens e serviços finais produzidos em um país ou região específica (ou mesmo em estados e municípios) durante um período determinado, e constitui a principal referência para medir a dimensão de uma economia e compará-la com outras. Por meio do PIB, pode-se obter a renda *per capita* (PIB *per capita*), indicador econômico da renda média da população, resultado da divisão do PIB pelo número de habitantes do país ou região. No entanto, os indicadores sociais são cada vez mais levados em conta nas análises sobre a realidade dos países, entre eles o Índice de Desenvolvimento Humano (IDH) —, que considera progressões na renda, educação e expectativa de vida, e o índice de Gini, utilizado para medir o grau de concentração de renda em determinada região ou país. Este último indicador aponta a diferença entre os rendimentos dos mais pobres e dos mais ricos, variando numericamente de zero a um ou de zero a cem. O valor zero representa a situação de igualdade, ou seja, todos têm uma renda compatível. O valor um (ou cem) está no extremo oposto, isto é, uma só pessoa detém toda a riqueza.

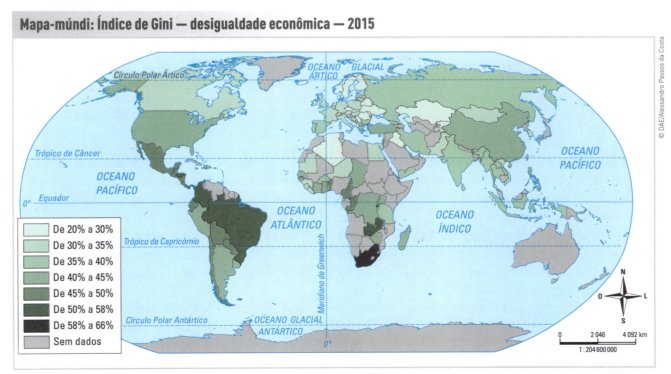

Mapa-múndi: Índice de Gini — desigualdade econômica — 2015

Fonte: Banco Mundial. Banco de dados sobre pobreza e igualdade. Disponível em: <https://ourworldindata.org/income-inequality>. Acesso em: ago. 2018.

A divisão Norte e Sul

As desigualdades econômicas e sociais podem ser expressas em uma divisão do mundo que agrupa os países por categorias: as **nações desenvolvidas** (ou ricas) e as **subdesenvolvidas** (ou pobres). Nesse tipo de regionalização, os aspectos sociais e econômicos (qualidade de vida, relações econômicas, desenvolvimento tecnológico e científico) prevalecem sobre os aspectos naturais.

É comum também encontrarmos referências aos países desenvolvidos como "**países do Norte**" e aos países com maiores dificuldades econômicas e sociais como "**países do Sul**". Observe o mapa a seguir.

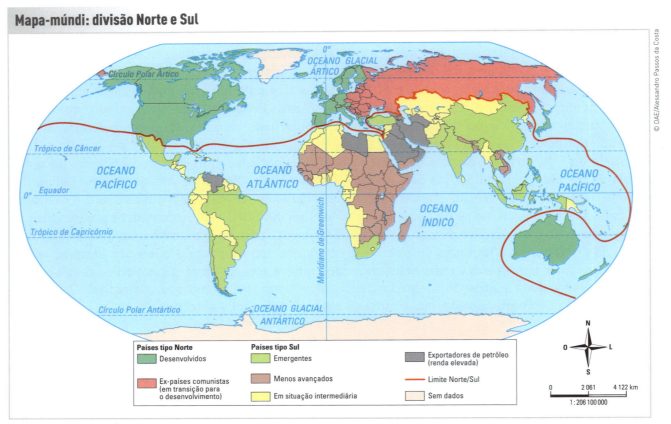

Fonte: Vera Caldini e Leda Ísola. *Atlas geográfico Saraiva*. 4. ed. São Paulo: Saraiva, 2013. p. 190; Gisele Girardi e Jussara Vaz Rosa. *Atlas geográfico do estudante*. São Paulo: FTD, 2011. p. 135.

Nessa interpretação, os termos norte e sul não se referem aos hemisférios – trata-se de uma referência à posição dos conjuntos regionais. Austrália e Nova Zelândia estão incluídos entre os países do Norte por apresentarem características de desenvolvimento econômico.

Uma crítica frequente a essa divisão diz respeito à inclusão de nações com graves problemas socioeconômicos – como Cazaquistão, Tadjiquistão e Armênia – entre os países do Norte.

Assim esses conjuntos regionais não são homogêneos. Nem todos os países do Sul apresentam as mesmas condições de pobreza; do mesmo modo, nem todos os países do Norte apresentam as mesmas condições de riqueza.

A Organização para Cooperação e Desenvolvimento Econômico (OCDE), em 2015, apontou um cenário de desigualdade crescente nos países desenvolvidos. Nos países que compõem o grupo, os 10% mais ricos ganhavam 9,6 vezes mais que os 10% mais pobres em 2013. Na década de 1980, essa distância era de sete vezes para os ricos. Na década de 1990, pulou para oito vezes, e nos anos 2000, para nove vezes.

Para enfrentar a desigualdade nesses países, a OCDE sugere quatro recursos: remover as barreiras à progressão de mulheres no mercado de trabalho; focar em empregos que ofereçam carreira e possibilidade de crescimento profissional; promover a educação e o potencial de jovens para lhes proporcionar mais oportunidades no mercado de trabalho; e redistribuição de renda via impostos e transferências.

Assim, é importante salientarmos que, embora existam nações consideradas mais ricas e outras mais pobres, no que se refere aos fatores econômico e tecnológico, encontramos nelas desigualdades internas.

Observe alguns exemplos representados pelas fotografias.

Nova York, Estados Unidos, 2018.

Luanda, Angola, 2018.

A forma de colonização é um dos fatores de origem da desigualdade socioeconômica entre os países. Como você já estudou, no período que se seguiu ao das Grandes Navegações, iniciadas no século XV, os europeus expandiram-se geograficamente para terras distantes em busca de matérias-primas e novos mercados.

Os países colonizadores estão incluídos hoje no grupo que consideramos desenvolvido. Há também aqueles que foram colônias de povoamento, cuja produção era voltada para o mercado interno. Exemplos típicos de países que adotaram esse tipo de colonização foram Estados Unidos, Canadá, Austrália e Nova Zelândia.

Esses países apresentam um padrão de vida bom, elevada renda *per capita* e elevada expectativa de vida e baixíssimos índices de analfabetismo e mortalidade infantil.

O Brasil, por exemplo, foi colônia de exploração. Nesse tipo de colonização, grandes extensões de terras eram ocupadas por monoculturas de exportação, que, em conjunto com a exploração mineral, eram os setores mais dinâmicos da economia. Às colônias coube, durante o Período Colonial, o fornecimento de produtos primários às metrópoles. Entre outros fatores, o papel que ocupavam no comércio internacional e a dependência de produtos industrializados provenientes das metrópoles contribuíram para o subdesenvolvimento.

> **Ampliar**
>
> **Países**
> http://paises.ibge.gov.br/pt
>
> *Site* do IBGE que apresenta dados demográficos, sociais e econômicos dos países.

Observe o mapa a seguir e compare os dados referentes à expectativa de vida nos países. Esses dados representam a estimativa do tempo de vida que uma pessoa tem ao nascer. O índice reflete as condições sanitárias e de saúde, importantes indicadores da condição e qualidade de vida das populações. Perceba a desigualdade entre os países.

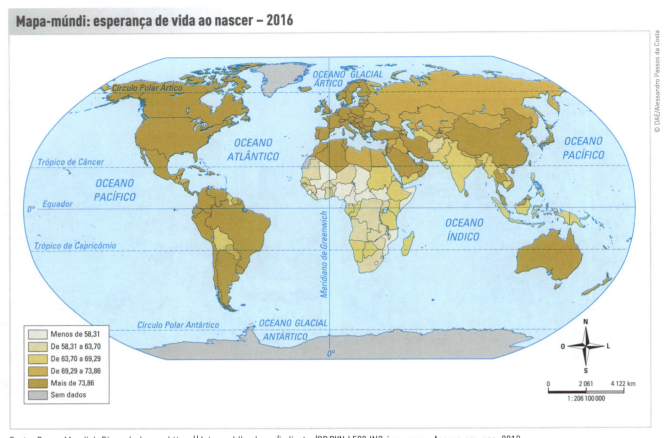

Fonte: Banco Mundial. Disponível em: <https://data.worldbank.org/indicator/SP.DYN.LE00.IN?view=map>. Acesso em: ago. 2018.

ZOOM

① Cite os três países que têm os índices mais altos de expectativa de vida.

② Conforme o mapa, qual continente apresenta os índices mais baixos de expectativa de vida? É possível relacionar os indicadores desse continente ao tipo de colonização pelo qual passou? Justifique.

③ Sobre a expectativa de vida no Brasil, o que o indicador mostra?

De que forma podemos nos basear para classificar um país em desenvolvido ou subdesenvolvido? Veja a seguir algumas características que encontramos em maior ou menor grau nos países desenvolvidos:
- predomínio de atividades industriais e de serviços;
- maioria da população concentrada em áreas urbanas;
- alta produtividade agrícola, com uso intenso de mecanização;
- elevado nível de vida da população, com baixa taxa de mortalidade infantil e alta expectativa de vida;
- boas condições de alimentação e saneamento básico;
- baixo índice de crescimento populacional e baixa taxa de analfabetismo;
- melhor atendimento médico-hospitalar.

Já os países subdesenvolvidos, onde vive a maior parte da população mundial, apresentam, entre outras, as seguintes características:

- concentração de renda, o que gera grandes desigualdades sociais;
- elevados índices de mortalidade infantil e menor expectativa de vida em relação aos países desenvolvidos;
- baixas taxas de escolaridade;
- elevado porcentual de habitantes vivendo abaixo da linha de pobreza;
- contrastes socioeconômicos marcantes, que se refletem nas paisagens desses países.

O indicador de população que vive abaixo da linha de pobreza é utilizado para designar um nível de renda anual, de uma pessoa ou família, que não permite obter todos os recursos necessários para viver. Esse indicador, estabelecido por diversos institutos nacionais e internacionais, geralmente é expresso em termos de renda *per capita* (por cabeça).

Observe os dados referentes a 2015 no mapa a seguir.

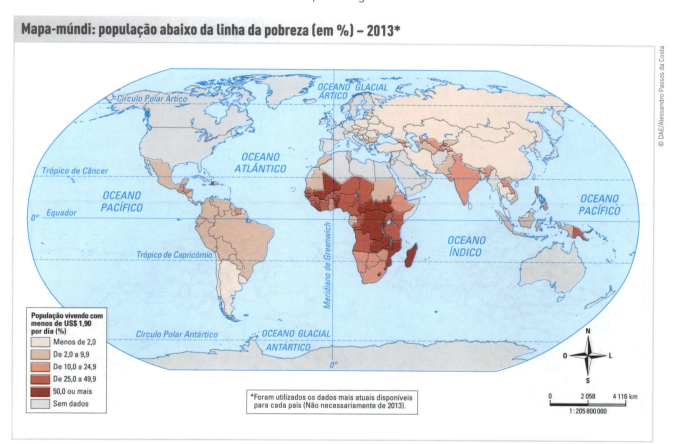

Fonte: Banco Mundial. *World Development Indicators 2017*. Disponível em: <https://data.worldbank.org/products/wdi-maps>. Acesso em: ago. 2018.

 **Conviver**

Dividam-se em equipes e coletem imagens de jornais e/ou revistas que retratem aspectos da realidade dos países desenvolvidos e subdesenvolvidos. Em seguida, organizem um mural, que poderá ser fixado na sala de aula, que mostre as diferenças e semelhanças entre esses países.

De olho no legado

O subdesenvolvimento não é, como muitos pensam equivocadamente, insuficiência ou ausência de desenvolvimento. O subdesenvolvimento é um produto ou um subproduto do desenvolvimento, uma derivação inevitável da exploração econômica colonial ou neocolonial, que continua se exercendo sobre diversas regiões do planeta.

Os países do Terceiro Mundo são subdesenvolvidos, não por razões naturais – pela força das coisas – mas por razões históricas – pela força das circunstâncias. Circunstâncias históricas desfavoráveis, principalmente o colonialismo político e econômico que manteve estas regiões à margem do processo da economia mundial em rápida evolução.

Na verdade, o subdesenvolvimento não é a ausência de desenvolvimento, mas o produto de um tipo universal de desenvolvimento mal conduzido. É a concentração abusiva de riqueza – sobretudo neste período histórico dominado pelo neocolonialismo capitalista que foi o fator determinante do subdesenvolvimento de uma grande parte do mundo: as regiões dominadas sob a forma de colônias políticas diretas ou de colônias econômicas.

O subdesenvolvimento é o produto da má utilização dos recursos naturais e humanos realizada de forma a não conduzir à expansão econômica e a impedir as mudanças sociais indispensáveis ao processo da integração dos grupos humanos subdesenvolvidos dentro de um sistema econômico integrado. Só através de uma estratégia global do desenvolvimento, capaz de mobilizar todos os fatores de produção no interesse da coletividade, poderão ser eliminados o subdesenvolvimento e a fome da superfície da terra. [...]

Josué de Castro. *Geopolítica da fome.*
Rio de Janeiro: Casa do Estudante do Brasil, 1951.

1. A que tipo de regionalização o texto se refere? Em que época ela vigorou?
2. Segundo o autor do texto, quais são as causas do subdesenvolvimento socioeconômico?
3. Relacione a ideia central do texto com a mensagem transmitida pela charge.

Países em desenvolvimento

Neste século, Brasil, Índia, China, México e África do Sul também são chamados de "países em desenvolvimento", "economias emergentes" ou "países de mercado em crescimento".

São expressões utilizadas para identificar nações que vêm apresentando avanços em alguns setores econômicos e que se caracterizam como economias promissoras para as próximas décadas.

O uso de termos como "países subdesenvolvidos", "em desenvolvimento" e "desenvolvidos" apresenta alguns problemas, como a ideia de que os países vão evoluindo e passando automaticamente de nível, até chegarem ao patamar de desenvolvidos – o que não é verdade.

Tendo o desenvolvimento tecnológico e industrial como meta, muitos países priorizam os aspectos econômicos, descuidando dos sociais. O Brasil é um exemplo disso, destacando-se entre as maiores economias do mundo, mas ainda com graves questões sociais a serem resolvidas.

É um dos países que apresentam a pior distribuição de renda entre a população, ou seja, poucos detêm muita riqueza e a maioria da população divide a menor fatia da renda nacional.

Brasil: distribuição da população por rendimento

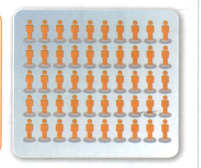

1% da população com os maiores rendimentos recebe 36,1 vezes mais que a metade da população com os menores rendimentos

Cada moeda equivale a R$ 754 e cada pessoa representa 1% da população (2,1 milhões de habitantes).

Fonte: IBGE. Disponível em: <https://agenciadenoticias.ibge.gov.br/agencia-noticias/2012-agencia-de-noticias/noticias/20844-10-da-populacao-concentram-quase-metade-da-renda-do-pais.html>. Acesso em: ago. 2018.

Zona industrial. Londrina (PR), 2018.

Índice de Desenvolvimento Humano (IDH)

Criado pela Organização das Nações Unidas (ONU) em 1990, o **IDH** é o índice mais utilizado atualmente para medir as condições de vida das populações dos países. Mas como ele é calculado?

Como você já viu, os indicadores que compõem o IDH estão relacionados a três dimensões básicas do desenvolvimento humano:

- uma **vida longa e saudável**, medida pela esperança de vida ao nascer, isto é, o número de anos que um recém-nascido pode esperar viver (esse indicador está diretamente relacionado às condições de saneamento básico, alimentação e atendimento médico-hospitalar);
- **acesso ao conhecimento**, que leva em conta a média de anos de estudo da população adulta e o número esperado de anos de estudo (expectativa de vida escolar);
- um **padrão de vida digno**, medido pela renda *per capita*. Esse indicador calcula a riqueza de um país em relação ao número de habitantes.

Grupo de idosos pratica exercícios. Benidorm, Espanha, 2017.

Alunos universitários no País de Gales, Reino Unido, 2016.

Com base nesses indicadores, calcula-se um valor cuja escala varia de 0 a 1. Quanto mais próximo a 1, melhor a situação do país em relação ao IDH.

O Programa das Nações Unidas para o Desenvolvimento (Pnud), em seus relatórios anuais, estabelece uma classificação dos países de acordo com o padrão de vida.

Os países são assim agrupados:
- 25% dos países de maior IDH são considerados com desenvolvimento humano **muito elevado**;
- 25% dos países que estão abaixo dos de maior IDH são considerados com desenvolvimento humano **elevado**;
- 25% dos países que estão acima dos de menor IDH são considerados com desenvolvimento humano **médio**;
- 25% dos países de menor IDH são considerados com desenvolvimento humano **baixo**.

Observe o mapa abaixo, com dados de 2017.

> **Ampliar**
>
> **Pnud Brasil**
> www.br.undp.org/content/brazil/pt/home/idh.html
>
> *Site* do Pnud com dados sobre o IDH. Destaque para o Atlas do IDH, que possibilita manipular e gerar mapas com diversos indicadores que compõem o índice.

Mapa-múndi: Índice de Desenvolvimento Humano – 2017

Fonte: PNUD. Disponível em: <http://hdr.undp.org/sites/default/files/2018_human_development_statistical_update.pdf>. Acesso em: out. 2018.

zoom

1. Cite exemplos de países com desenvolvimento humano muito elevado.
2. Em que continente geralmente se observa desenvolvimento humano baixo?
3. O que você conclui ao comparar esse mapa com o mapa da regionalização Norte-Sul, da página 30?
4. Em sua opinião, o que pode ser feito para melhorar a qualidade de vida dos cidadãos de todo o mundo?

Observe o *ranking* de desenvolvimento humano do Programa das Nações Unidas 2018, baseado em dados de 2017.

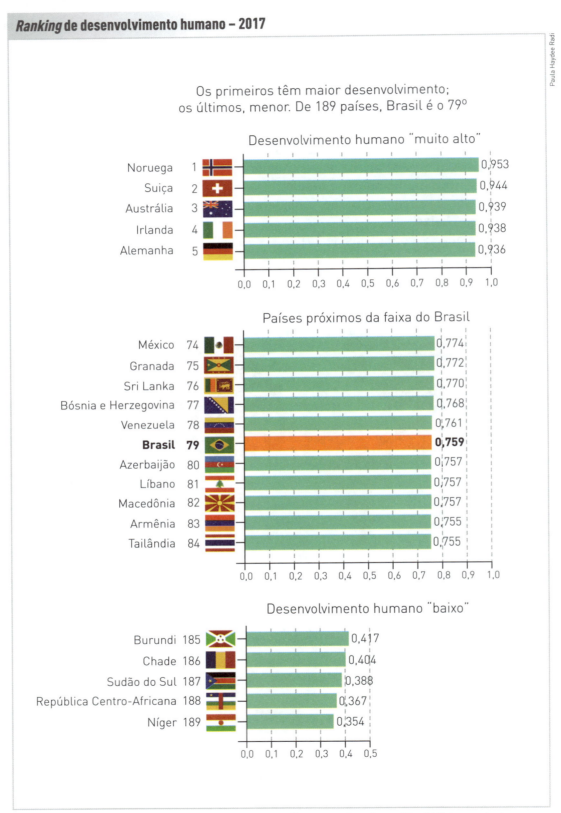

Fonte: Pnud. *Human Development Indices and Indicators 2018.* <http://hdr.undp.org/sites/default/files/2018_human_development_statistical_update.pdf>. Acesso em: out. 2018.

No gráfico a seguir, observe a evolução do IDH no Brasil entre 2010 e 2015 (anos de referência).

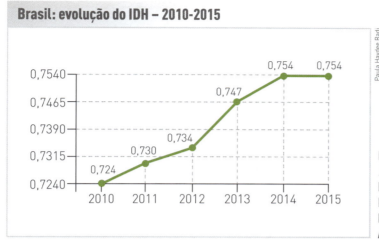

Fonte: PNUD. Human *Development Report 2016*. Disponível em: <www.br.undp.org/content/dam/brazil/docs/RelatoriosDesenvolvimento/undp-br-2016-human-development-report-2017.pdf>. Acesso em: ago. 2018

No entanto, o impacto da desigualdade fica expresso quando o IDH é ponderado pela desigualdade social, verificação que vem sendo feita pelo Pnud desde 2010. Nessa modalidade de análise não há um *ranking* dos países porque nem todos têm dados suficientes disponíveis. Estudos da ONU mostram os efeitos negativos que a desigualdade social produz sobre o Brasil. Se a enorme disparidade entre as pessoas é levada em conta, o país perde uma parte significativa do desenvolvimento conquistado nas últimas décadas.

Existem desigualdades também nos países ricos. Em alguns deles com elevado IDH – como Estados Unidos, França, Alemanha e Itália, entre outros – uma parcela da população vive em más condições. Na Itália, por exemplo, as condições de vida da população do norte do país são superiores às da população do sul, e isso, certamente, reflete em indicadores socioeconômicos diferentes.

Nos Estados Unidos, há diferenças de condições de vida entre os estados. Mesmo nas grandes cidades, parcelas da população vivem à margem das boas condições de vida. Em Nova York, por exemplo, é comum encontrar pessoas em situação de rua.

Homem em situação de rua. Paris, França, 2017.

Cartografia em foco

Observe os mapas abaixo e faça o que se pede.

1 Mapa-múndi: renda *per capita* (em dólares americanos) – 2018

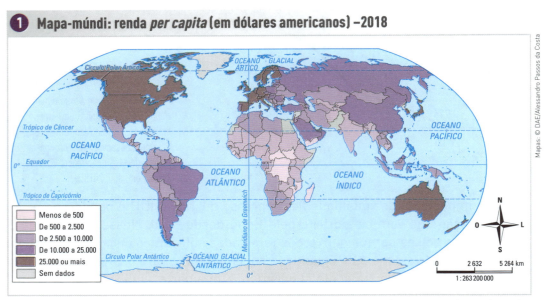

Fonte: Fundo Monetário Internacional (FMI). Disponível em: <www.imf.org/external/datamapper/NGDPDPC@WEO/OEMDC/ADVEC/WEOWORLD>. Acesso em: ago. 2018.

2 Mapa-múndi: pobreza absoluta no mundo – 2016

Fonte: PNUD. *Human Development Report 2016*. Disponível em: <http://hdr.undp.org/sites/default/files/2016_human_development_report.pdf>. Acesso em: ago. 2018.

1. O que é renda *per capita*? Que dado o mapa 1 revela sobre o Brasil?

2. Conforme a análise do mapa 2, do tipo anamorfose, escreva o nome de três países que apresentam baixa pobreza absoluta.

3. Os mapas 1 e 2 estão relacionados aos diferentes níveis de desenvolvimento econômico no espaço mundial? Justifique.

# Atividades

1. Observe o mapa da página 30 e faça o que se pede.
   a) Que critério de regionalização é utilizado no mapa?
   b) Explique a principal característica de cada grupo de países representados no mapa.
   c) Justifique por que a Austrália e a Nova Zelândia se distinguem dos demais países do Hemisfério Sul nessa regionalização.
   d) De acordo com a regionalização apresentada, mencione em qual grupo de países o Brasil está classificado.
   e) Justifique sua resposta à questão anterior.

2. O tipo de colonização adotado pelos europeus na América influenciou o nível de desenvolvimento dos países do continente? Justifique.

3. O que é expectativa de vida? Você considera esse indicador importante para medir as condições de vida em um país? Comente.

4. O que é IDH? Quais são os critérios utilizados para essa medição?

5. Por que a classificação dos países pelo IDH não pode ser tomada como uma verdade absoluta?

6. Interprete a charge e, em seguida, faça o que se pede.

   a) Qual é a principal causa da desigualdade social?
   b) Escreva três consequências da desigualdade social no Brasil.

Retomar

1. Diferencie terras imersas de emersas.

2. Analise as imagens e faça o que se pede.

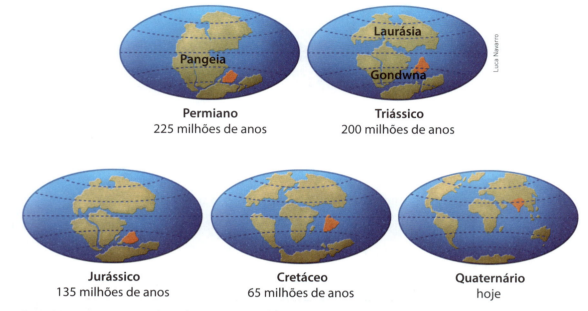

Fonte: *Atlas geográfico escolar*. 7. ed. Rio de Janeiro: IBGE, 2016. p. 12.

a) Escreva o nome da teoria que explica a configuração atual dos continentes com base na existência e fragmentação da Pangeia.

b) Quem foi o cientista que elaborou e defendeu essa teoria?

c) Explique a teoria.

d) A distribuição das terras emersas na superfície terrestre possibilita que tipo de regionalização do espaço mundial?

3. Considerando aspectos históricos, podemos denominar as áreas continentais de Velho Mundo, Novo Mundo e Novíssimo Mundo. Essa regionalização baseia-se na expansão e na colonização europeia pelo mundo. Sobre essa temática, escreva quais continentes pertencem a cada área mencionada e o motivo pelo qual foram classificados dessa forma.

a) Velho Mundo;

b) Novo Mundo;

c) Novíssimo Mundo.

4. Após a Segunda Guerra Mundial, duas superpotências dividiram áreas de influência, definidas por diferentes sistemas políticos e econômicos.

a) Cite o nome do período histórico em que ocorreu essa divisão e o nome dos países que disputaram a hegemonia mundial nessa época.

b) Indique quais sistemas econômicos eram defendidos pelos países que disputaram a hegemonia mundial nesse período.

c) Explique o que simbolizou a derrubada do Muro de Berlim em 1989 em seu contexto histórico.

5 Elabore um quadro conforme o modelo a seguir. Complete-o com as informações solicitadas a respeito da regionalização dos "três mundos".

	Características principais	Países (cite dois exemplos para cada mundo)
Primeiro Mundo		
Segundo Mundo		
Terceiro Mundo		

6 Cite duas diferenças entre um país considerado desenvolvido e um subdesenvolvido.

7 Explique como os diferentes modelos de colonização promoveram diferentes níveis de desenvolvimento socioeconômico das colônias, tornando-as, atualmente, países de economias distintas.

8 Existem grandes diferenças socioeconômicas no mundo atual. Essas desigualdades econômicas e sociais podem ser expressas em uma divisão do mundo que agrupa os países por categorias: as nações desenvolvidas e as subdesenvolvidas. Escreva três características sociais que identificam o nível de desenvolvimento de um país.

9 Leia o trecho da notícia e faça o que se pede a seguir.

A Pesquisa Nacional por Amostra de Domicílios Contínua (Pnad Contínua), no segmento de Educação, foi divulgado nesta quinta-feira, 21, pelo Instituto Brasileiro de Geografia e Estatística (IBGE). Os dados revelam que cinco em cada 10 brasileiros adultos não frequentaram a escola além do Ensino Fundamental. O levantamento considerou pessoas maiores de 25 anos.

As informações obtidas no estudo dão conta que 51% da população no Brasil nesta faixa etária possuía o Ensino Fundamental, 26,3% tinham o Ensino Médio, e 15,3%, o Superior completo. Em 2016, o número médio de anos de estudo para esse intervalo de idade foi de oito anos, enquanto, no Nordeste, foi de 6,7. [...]

Pesquisa do IBGE registra baixa escolaridade entre adultos. Coletiva.net, 21 dez. 2017.
Disponível em: <https://coletiva.net/negocios-/pesquisa-do-ibge-registra-baixa-escolaridade-entre-adultos,233152.jhtml>.
Acesso em: out. 2018.

a) O que a notícia informa quanto à educação no Brasil?

b) Considerando as informações da notícia, que medidas precisam ser tomadas para que esse indicador se aproxime dos países do Norte?

10 Algumas instituições internacionais, como o Banco Mundial, deixaram de classificar em seus relatórios os países agrupados em duas categorias distintas: desenvolvidos (de renda alta) e em desenvolvimento (de renda baixa ou média). A instituição afirma que a distinção ficou "menos relevante" na atualidade em razão da pobreza ter caído acentuadamente nas últimas décadas. Assim, em alguns países o crescimento do PIB aumentou consideravelmente, ocorreram quedas nas taxas de mortalidade, entre outras mudanças. Portanto, agrupar países com rendas tão distantes num mesmo grupo deixou de ser um critério para os estudos econômicos.

Com base no texto e nas regionalizações estudadas, podemos afirmar que o espaço geográfico é dinâmico? Justifique e cite outros exemplos.

Visualização

A seguir apresentamos um mapa conceitual do tema estudado nesta unidade. Trata-se de uma representação gráfica que organiza o conteúdo, composto de uma estrutura que relaciona os principais conceitos e as palavras-chave. Essa ferramenta serve como resumo e instrumento de compreensão dos textos, além de possibilitar consultas futuras.

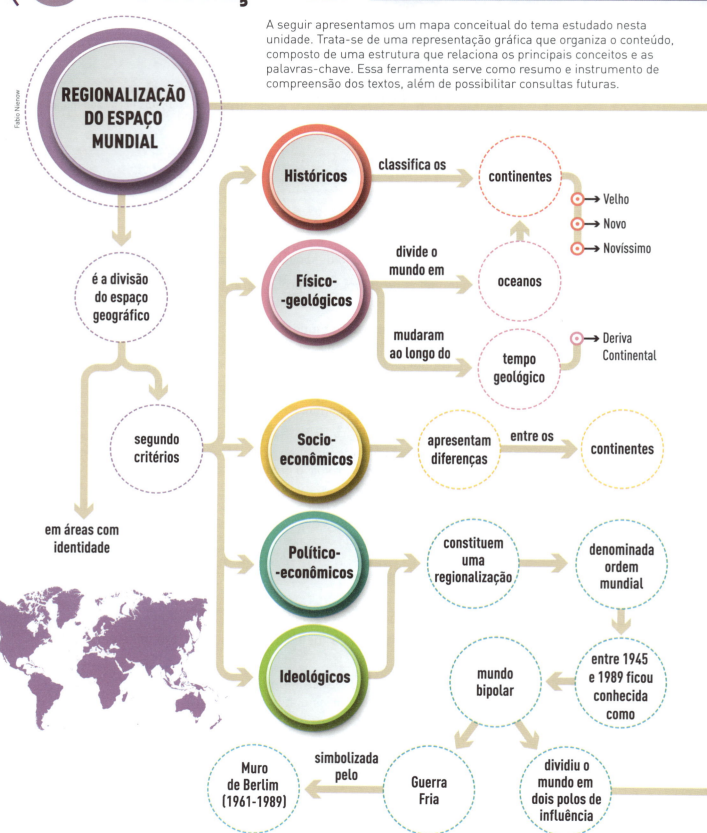

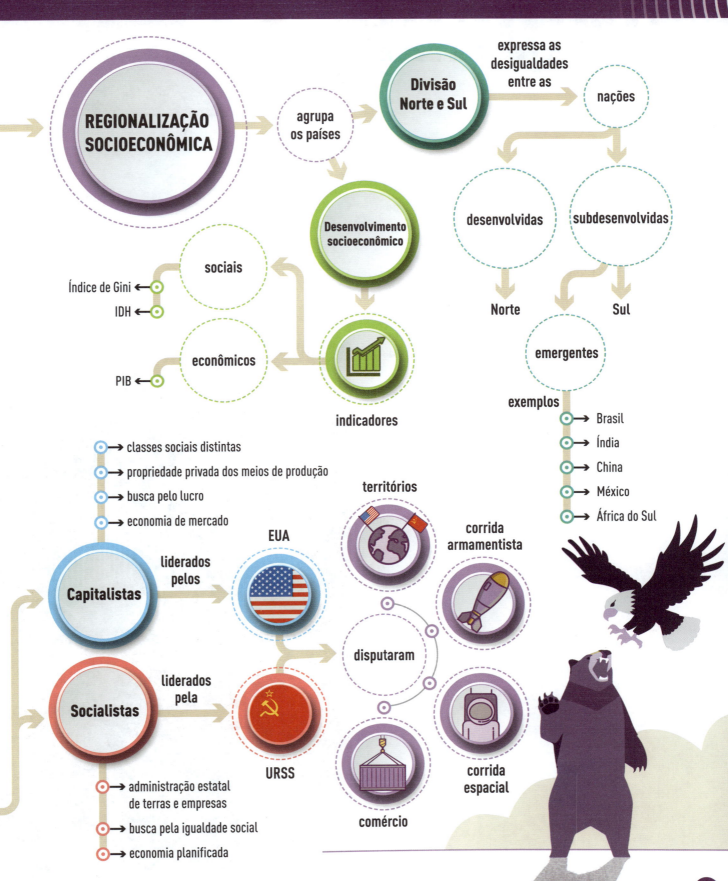

UNIDADE 2

> **Antever**
>
> **1** Qual é a importância de um território autônomo para as diferentes nações do mundo?
>
> **2** Por que é importante compreender o fenômeno social retratado na fotografia?
>
> **3** Você conhece algum caso recente de migração de refugiados para o Brasil? Qual?
>
> Você sabe qual é o significado do termo **refugiado**? De uma forma ampla, o movimento dos refugiados caracteriza-se como uma migração forçada, em virtude de catástrofes naturais ou perseguições políticas, étnicas, religiosas ou guerras em seus países de origem. De acordo com a agência da ONU para refugiados (Acnur), em 2017 havia cerca de 68,5 milhões de refugiados no mundo.

Glossário

Refugiado: pessoa que deixa seu lugar de origem para fugir de perseguições por diversos motivos, por exemplo, etnia, religião, nacionalidade, opinião ou associação a determinado grupo social ou político.

Milhares de refugiados vagam pela Europa em busca de acolhimento. Calais, França, 2016.

População, povos e territórios

CAPÍTULO 4
Dinâmica populacional

Conceitos demográficos

Para o estudo e a análise das condições socioeconômicas dos diferentes grupos de países abordados na unidade anterior, utilizam-se diferentes aspectos demográficos. É fundamental, portanto, retomar os conceitos apresentados a seguir.

População total ou absoluta: é o total do contingente populacional de um país ou de uma área. Quando há mais de 100 milhões de pessoas no país, este passa a ser considerado **populoso**, termo usado para se referir à elevada população absoluta de um país.

População relativa ou densidade demográfica: é a quantidade de habitantes por km². A densidade demográfica é obtida por meio da divisão entre a população total e a área em estudo. Mediante esse cálculo é possível considerar se o espaço em questão é ou não **povoado**. Espaços povoados são aqueles que apresentam alta densidade demográfica ou elevada população relativa.

A densidade demográfica está relacionada à área; isso significa que um país populoso não é necessariamente um país povoado e vice-versa. Vejamos alguns exemplos: os Estados Unidos é o terceiro país mais populoso do mundo, mas é pouco povoado, com apenas 36 hab./km² em virtude de seu imenso território; a Nigéria é o sétimo país mais populoso do mundo e é considerado povoado, com densidade demográfica de 200 hab./km² em razão da área; isso também ocorre com Bangladesh, oitavo país mais populoso e também povoado, com 1 236 hab./km².

Lagos, Nigéria, 2016.

Taxa de natalidade: corresponde ao número de nascimentos com vida em determinado período, geralmente por ano, num grupo de 1 000 indivíduos.

Taxa de mortalidade: corresponde ao número de óbitos ocorridos em determinado período, geralmente por ano, num grupo de 1 000 indivíduos.

Taxa de mortalidade infantil: corresponde ao número de crianças que morrem antes de completar 1 ano de idade, em determinado período, geralmente por ano, em cada 1 000 nascidas vivas.

Taxa de fecundidade: corresponde ao número médio de filhos por mulher com idade entre 15 e 49 anos, considerada a faixa etária de procriação.

Crescimento vegetativo ou natural: corresponde ao saldo obtido entre as taxas de natalidade e de mortalidade, podendo ser **positivo** (quando a taxa de natalidade é maior que a taxa de mortalidade, como ocorre na maioria dos países do mundo, por exemplo, em especial, em países do continente africano, onde as taxas de mortalidade em queda e a manutenção de taxas de natalidade ainda elevadas fazem da África a região do mundo com as maiores taxas de crescimento vegetativo), **negativo** (quando a taxa de natalidade é menor que a taxa de mortalidade, como ocorre em alguns países europeus, por exemplo, Alemanha e Hungria) ou de **reposição** (quando a taxa de natalidade é semelhante à taxa de mortalidade, situação da maioria dos países europeus). Observe no mapa a seguir o crescimento vegetativo dos países.

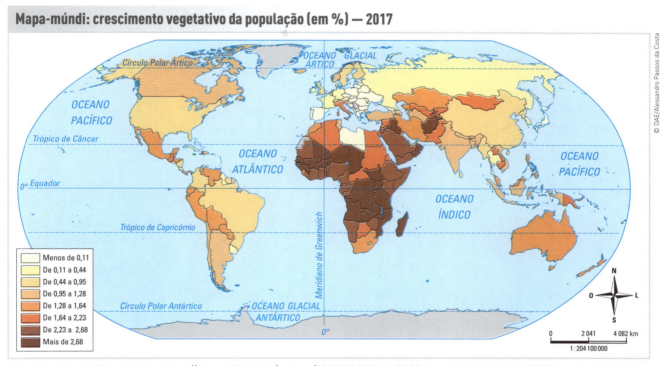

Fonte: Banco Mundial. Disponível em: <https://data.worldbank.org/indicator/SP.POP.GROW?end=2017&name_desc=false&start=1960&view=chart>. Acesso em: set. 2018.

É importante compreender que apenas o cálculo de crescimento vegetativo não é suficiente para verificar o **crescimento populacional** de um país. Para tal, devemos considerar também os fluxos de entrada e de saída de pessoas nos países. Os deslocamentos populacionais (migrações) sempre ocorreram na história da humanidade. Atualmente, eles estão associados basicamente a fatores políticos, religiosos, sociais e, sobretudo, econômicos. O número de migrantes internacionais alcançou a marca de 244 milhões em 2015 – um aumento de 41% em relação a 2000, segundo informações do Departamento de Assuntos Econômicos e Sociais da ONU (Desa). Há dois tipos de movimentos migratórios: a **saída**, ou **emigração**, e a **entrada**, ou **imigração**. Veremos mais detalhes sobre o fenômeno migratório no Capítulo 7.

Crescimento da população mundial

Por séculos, as taxas de natalidade e mortalidade foram bastante altas no espaço mundial. A longevidade ou expectativa de vida (quantos anos se espera que um indivíduo viva) era baixa e geralmente não ultrapassava 40 anos. A mortalidade infantil também era muito significativa, e as famílias eram bastante numerosas.

Com o fenômeno da urbanização, intensificado pela Revolução Industrial, ocorreram mudanças drásticas no crescimento populacional mundial. A revolução médico-sanitária, por exemplo, reduziu as taxas de mortalidade em escala global. Destaca-se também que os avanços da medicina durante os séculos XIX e XX, como a descoberta do uso de antibióticos e de novas formas de tratamento para muitas doenças, além da vacinação em massa, associada à implantação de saneamento básico (redes de água e esgotos e coleta de lixo), repercutiram em condições que ocasionaram queda efetiva nas taxas de mortalidade mundial.

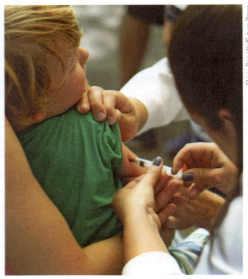

Criança toma vacina em campanha de vacinação. São Paulo (SP), 2018.

Fonte: Banco Mundial. Disponível em: <https://data.worldbank.org/indicator/SP.POP.GROW?end=2017&start=1960&view=chart>. Acesso em: nov. 2018.

A queda nas taxas de natalidade é explicada por um conjunto de fatores. Além do processo de urbanização, destaca-se o aumento do grau de escolaridade e de informação das populações. Na medida em que as pessoas têm mais informação, tendem a limitar o número de filhos, visando garantir-lhes melhores condições de vida no que se refere às condições econômicas.

Outro fator que contribuiu para a diminuição do crescimento populacional foi a popularização da pílula anticoncepcional, a partir da década de 1960. Esse método anticoncepcional possibilitou que os casais evitassem o risco de uma gravidez indesejada. Nesse mesmo período também se tornou comum o uso de outros métodos anticoncepcionais, como o preservativo e as esterilizações masculina (vasectomia) e feminina (ligadura de trompas).

Deve-se considerar que a entrada maciça da mulher no mercado de trabalho, após 1945, foi outro agente de redução nas taxas de natalidade. Esse fenômeno aconteceu em um primeiro momento nos países desenvolvidos e, a partir da década de 1970, espalhou-se pelo mundo, em especial nas economias emergentes.

Na atualidade, segundo a ONU, a projeção da população mundial é de aproximadamente 7,6 bilhões de pessoas (dados referentes a 2018), podendo chegar a 8,5 bilhões em 2030, 9,7 bilhões em 2050 e 11,2 bilhões em 2100. Vale ressaltar que apenas alguns países têm apresentado crescimento populacional significativo.

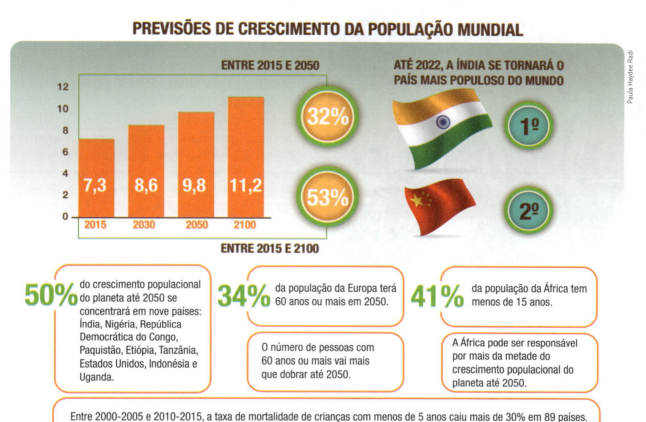

Fonte: Nações Unidas, Departamento de Assuntos Econômicos e Sociais, Divisão de População (2017). *Perspectivas da população mundial: revisão de 2017, principais conclusões e tabelas avançadas*. Disponível em: <https://esa.un.org/unpd/wpp/Publications/Files/WPP2017_KeyFindings.pdf>. Acesso em: set. 2018.

Observe na tabela abaixo os países mais populosos do mundo e suas respectivas taxas médias de crescimento populacional anual.

	Países	População	Taxas de crescimento
1	China	1.376.048.943	0,516%
2	Índia	1.311.050.527	1,26%
3	Estado Unidos	321.773.631	0,754%
4	Indonésia	257.563.815	1,279%
5	Brasil	204.450.649	0,909%
6	Paquistão	188.924.874	2,106%
7	Nigéria	182.201.962	2,671%
8	Bangladesh	160.995.642	1,2%
9	Rússia	143.456.918	0,042%
10	México	127.017.224	1,368%

Fonte: Países IBGE, 2016 – Disponível em: <https://paises.ibge.gov.br/#/pt>. Acesso em: set. 2018.

No mapa abaixo, em representação denominada **anamorfose**, é possível perceber que a Ásia é o continente mais populoso do planeta, com cerca de 60% da população mundial. Por sua vez, a Europa apresenta declínio populacional. A população desse continente, que já representou 21,7% das pessoas no mundo, responde hoje por 10,8%. Já o continente africano, segundo projeções da ONU, deve chegar a 2050 com 25% da população mundial. Verifica-se também a participação considerável da China, o país mais populoso do mundo, com aproximadamente 1,372 bilhão de habitantes, seguida da Índia, com cerca de 1,278 bilhão de habitantes conforme você pôde verificar na página anterior.

Rua da cidade de Varanasi, Índia, 2017.

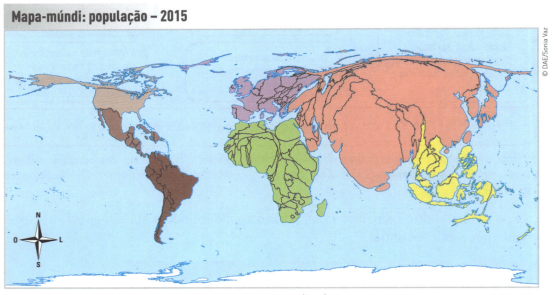

Fonte: Nações Unidas. Departamento para Assuntos Econômicos e Sociais (Desa). *Perspectivas da população mundial 2017*. Disponível em: <https://population.un.org/wpp/DataQuery/>. Acesso em: out. 2018.

Crescendo ao ritmo de 0,33% ao ano, a projeção da ONU para 2050 é de que a Terra terá cerca de 9,7 bilhões de habitantes. Vários fatores contribuem para a desaceleração do crescimento:
- redução das taxas de fecundidade;
- aumento da mortalidade em países afetados pela epidemia de aids (os africanos, por exemplo);
- política de controle da natalidade em alguns países – a China, por exemplo, instituiu a "política do filho único" por casal como forma de reduzir sua população; aqueles que não cumpriam a meta sofriam punições – pagamento de taxas ou falta de gratuidade em muitos serviços básicos, como educação do segundo ou terceiro filho. Apenas em 2015, o governo chinês acabou com a "política do filho único" permitindo que todos os casais do país possam ter até dois filhos.

Observe neste gráfico de linhas as diferenças quanto às taxas de fecundidade de algumas regiões mundiais.

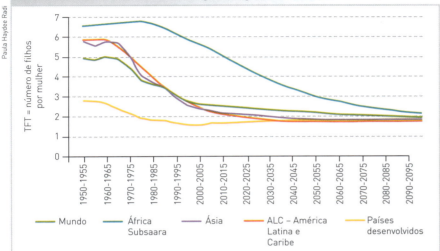

Fonte: Nações Unidas, Departamento de Assuntos Econômicos e Sociais, Divisão de População (2017). *Perspectivas da População Mundial: Revisão de 2017, Principais Conclusões e Tabelas Avançadas.* Disponível em: <https://esa.un.org/unpd/wpp/Graphs/DemographicProfiles/>. Acesso em: set. 2018.

zoom

❶ Pode-se perceber pelo gráfico que, de forma geral, está havendo uma redução das taxas de fecundidade nas regiões do mundo. Aponte duas possíveis razões para isso.

❷ Que região apresenta as maiores taxas de fecundidade do período indicado? Justifique.

Viver

[...]

Maior expectativa de vida e metas do milênio

A expectativa de vida no nascimento, registrou um crescimento significativo nos países pobres nos últimos anos, chegando a 62 anos entre 2010 e 2015 [...]. Apesar da previsão do índice continuar a crescer, o relatório aponta que a sua velocidade de crescimento, no entanto, deve diminuir significativamente em grandes regiões entre 2045 e 2050.

Uma das principais Metas do Milênio, a redução da taxa de mortalidade infantil antes dos 5 anos de idade tem sido realizada com sucesso nos últimos anos. Entre os períodos de 2000-2005 e 2010-2015, esse índice caiu mais de 30% em 86 países, dos quais 13 viram um declínio de mais de 50%. [...]

População mundial vai crescer 53% e chegar a 11,2 bilhões em 2100, diz relatório da ONU. O Globo, 29 jul. 2016. Disponível em: <https://oglobo.globo.com/sociedade/sustentabilidade/populacao-mundial-vai-crescer-53-chegar-112-bilhoes-em-2100-diz-relatorio-da-onu-17003177>. Acesso em: set. 2018.

A expectativa de vida e as taxas de mortalidade infantil são importantes indicadores para avaliar as condições sociais e econômicas de um país. Sobre isso, faça o que se pede a seguir.

❶ Quais fatores estão relacionados ao aumento da expectativa de vida nos países pobres, como citado no texto?

❷ O Brasil é um dos exemplos de redução das taxas de mortalidade infantil na América Latina. Em 2000, a taxa era de 29 mortes por mil nascidos e em 2015, 13,82. Você percebe, no dia a dia, fatores que levam à redução dessa taxa?

❸ Apresente dois fatores que explicam o declínio das taxas de mortalidade nos últimos 15 anos em vários países do mundo.

Estrutura etária da população

A estrutura etária caracteriza a distribuição da população por faixas de idade: **população jovem** – até 19 anos; **população adulta** – de 20 a 59 anos; **população idosa** – mais de 60 anos. Diferentes países apresentam grande diversidade nessa composição, por serem bem variadas as taxas de natalidade e mortalidade no mundo.

A **estrutura etária** da população é comumente retratada por meio de gráficos em forma de pirâmides. De modo geral, ao analisar a pirâmide etária de um país, é importante observar que:
- a base da pirâmide representa a população jovem;
- o corpo da pirâmide (parte intermediária) representa a população adulta;
- o ápice da pirâmide representa a população idosa;
- à direita são representadas as mulheres e, à esquerda, os homens;
- no eixo vertical está representada a idade e, no horizontal, o número de habitantes.

A análise detalhada de uma pirâmide etária revela a evolução demográfica da população quanto à natalidade, mortalidade e expectativa de vida. Também é possível analisar a capacidade da população economicamente ativa (PEA, composta, em sua maioria, por adultos de 20 a 59 anos), ou seja, aquela que provavelmente está inserida no mercado de trabalho e produz riquezas, sustentando a economia nacional.

O formato da **pirâmide etária** de um país é constantemente associada a seu grau de desenvolvimento. As pirâmides etárias referentes a países subdesenvolvidos em geral possuem uma base larga, que reflete as altas taxas de natalidade, e um topo estreito, resultante da baixa expectativa de vida da população. Entretanto, diversos países subdesenvolvidos têm apresentado redução das taxas de natalidade e, em consequência, um estreitamento na base das pirâmides etárias.

O grande número de crianças e jovens num país implica uma grande demanda por investimentos estatais em educação; da mesma forma, o elevado número de idosos na população total exige maiores investimentos públicos – nesse caso, aposentadorias, programas de assistência e de saúde etc.

Pirâmide de países com população jovem

Esse tipo de pirâmide está relacionada a países subdesenvolvidos que apresentam altos índices de fecundidade e natalidade e menor expectativa de vida.

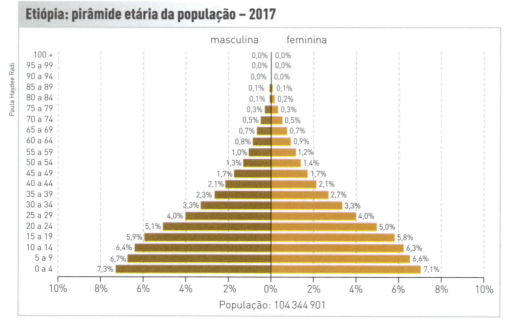

Fonte: Nações Unidas, Departamento de Assuntos Econômicos e Sociais, Divisão de População (2017). *Perspectivas da população mundial: revisão de 2017, Principais Conclusões e tabelas avançadas.* Disponível em: <https://esa.un.org/unpd/wpp/Graphs/DemographicProfiles/>. Acesso em: set. 2018.

Pirâmide de países com população intermediária

Característica de países que apresentam queda nas taxas de natalidade e aumento na expectativa de vida, com maior número de população adulta.

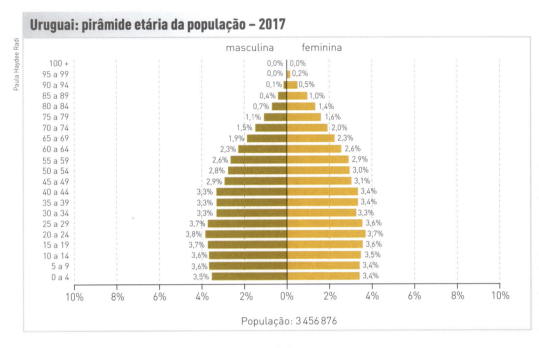

Fonte: Nações Unidas, Departamento de Assuntos Econômicos e Sociais, Divisão de População (2017). *Perspectivas da população mundial: revisão de 2017, principais conclusões e tabelas avançadas.* Disponível em: <https://esa.un.org/unpd/wpp/Graphs/DemographicProfiles/>. Acesso em: set. 2018

Pirâmide de países com população idosa

Característica de países que apresentam baixas taxas de natalidade, elevada expectativa de vida e consequente aumento na proporção de população idosa.

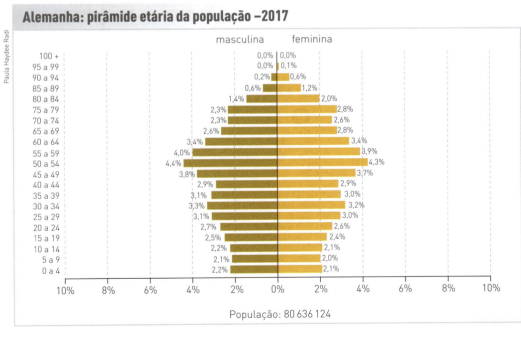

Fonte: Nações Unidas, Departamento de Assuntos Econômicos e Sociais, Divisão de População (2017). *Perspectivas da população mundial: revisão de 2017, principais conclusões e tabelas avançadas.* Disponível em: <https://esa.un.org/unpd/wpp/Graphs/DemographicProfiles/>. Acesso em: set. 2018.

Se houver na pirâmide qualquer alteração profunda de uma faixa para outra, é possível que tenham ocorrido guerras, epidemias etc. Por isso, há necessidade de analisar também o contexto histórico e econômico de cada país.

Atividades

 no caderno

1 Leia o texto a seguir, sobre alguns aspectos da demografia mundial.

"No mundo, a taxa de fecundidade total (TFT) estava em torno de 5 filhos por mulher entre 1950 e 1965 e caiu para 2,5 filhos por mulher no quinquênio 2010-15. Houve uma diminuição de 2,5 filhos na TFT em meio século. Porém, o ritmo da transição global da fecundidade se reduziu a partir do quinquênio 2010-15. A resistência à continuidade da transição da fecundidade ainda é suficientemente grande para inviabilizar uma taxa abaixo do nível de reposição, o que seria necessário para garantir o decrescimento demográfico de longo prazo", escreve José Eustáquio Diniz Alves [...]

A velocidade do declínio da fecundidade nos diferentes países do mundo. Instituto Humanas Unisinos, 27 mar. 2018. Disponível em: <www.ihu.unisinos.br/78-noticias/577386-a-velocidade-do-declinio-da-fecundidade-nos-diferentes-paises-do-mundo>. Acesso em: set. 2018.

a) O que é taxa de fecundidade? Que alteração mundial ocorreu ao longo dos últimos 60 anos?

b) No contexto da notícia, o que se entende por "nível de reposição"?

c) Explique a importância do planejamento familiar para a sociedade.

2 Analise o gráfico sobre a projeção da população mundial para alguns países e regiões do mundo e depois faça o que se pede.

Projeção da população – 1950-2100

Fonte: Nações Unidas, Departamento de Assuntos Econômicos e Sociais, Divisão de População (2017). *Perspectivas da População Mundial: Revisão de 2017, Principais Conclusões e Tabelas Avançadas*. Disponível em: <https://esa.un.org/unpd/wpp/Graphs/DemographicProfiles/>. Acesso em: set. 2018.

Compare as projeções de crescimento populacional de China e Índia e registre uma conclusão.

3 Países como China e Índia são considerados muito populosos; já Holanda e Cingapura são países povoados. Diferencie país populoso e país povoado.

4 A estrutura etária de diferentes populações está retratada nas pirâmides etárias a seguir. Sua forma está constantemente associada ao grau de desenvolvimento socioeconômico de um país.

Analise-as e identifique o nível de desenvolvimento socioeconômico dos países das pirâmides **A** e **B**.

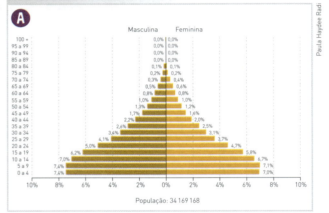

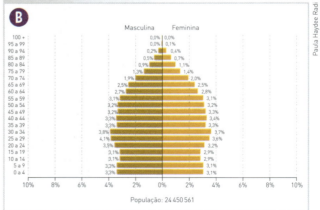

Fonte dos gráficos: Nações Unidas, Departamento de Assuntos Econômicos e Sociais, Divisão de População (2017). *Perspectivas da População Mundial: Revisão de 2017, Principais Conclusões e Tabelas Avançadas*. Disponível em: <https://esa.un.org/unpd/wpp/Graphs/DemographicProfiles/>. Acesso em: set. 2018.

CAPÍTULO 5
Espaço, poder e territórios nacionais

Nação, Estado e territórios

Uma **nação** é formada por um grupo de indivíduos que apresenta características históricas, culturais, de língua, costumes e valores sociais em comum. Geralmente pertencem a um mesmo grupo étnico, que passa a ter consciência de nacionalidade. O brasileiro, por exemplo, integra uma nação, a nação brasileira, por apresentar essas características.

A expressão cultural é um dos elementos que define uma nação. Recife (PE), 2018.

Um **Estado** é uma entidade com poder soberano para governar um povo dentro de uma área territorial delimitada.

Um dos requisitos para uma nação possuir um Estado é ter um **território**, primeiro elemento material do Estado. O território é o espaço geográfico delimitado por fronteiras, dentro do qual há soberania e autonomia política.

Quando fazemos a leitura de um mapa-múndi político, identificamos o território dos países, delimitado por fronteiras. Em cada um desses territórios, que chamamos de países, podem viver uma ou mais nações. O território, com suas fronteiras demarcadas e seus limites, tem o reconhecimento da comunidade internacional. No Estado espanhol, por exemplo, vivem catalães, bascos, navarros e os próprios espanhóis.

57

O Estado possui poder de mando sobre a população, poder este reconhecido como soberano e supremo dentro de seus limites: é o princípio da **territorialidade**.

No mapa ao lado, que retrata a América do Sul, os países se constituem como Estados soberanos, com seus territórios e governo reconhecidos pela comunidade internacional.

Outro elemento material do Estado é o **povo**, que pode ser formado por mais de uma nação. Há casos, inclusive, de nações que extrapolam o território de um país. Um exemplo é a nação basca, na Europa, fixados no extremo norte da Espanha e sudeste da França. Observe isso no mapa abaixo.

Além do território, uma nação se configura como Estado quando tem um **governo**, reconhecido pelas pessoas como a autoridade máxima de uma nação ou unidade política. O governo é a instância máxima de administração executiva, a liderança de um Estado ou nação.

Fonte: *Atlas geográfico escolar*. 7. ed. Rio de Janeiro: IBGE, 2016. p. 40.

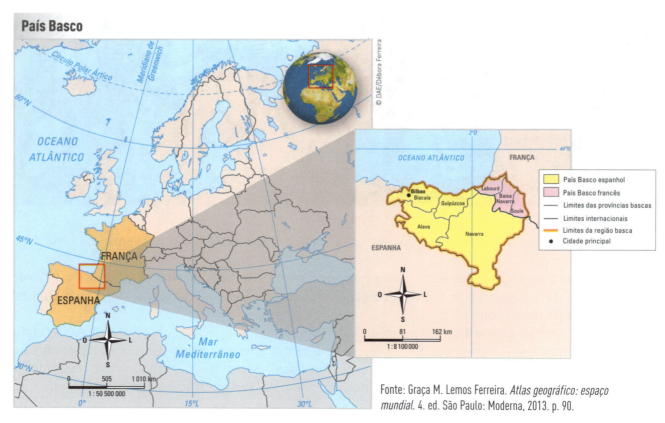

Fonte: Graça M. Lemos Ferreira. *Atlas geográfico: espaço mundial*. 4. ed. São Paulo: Moderna, 2013. p. 90.

Nações sem Estado

Será que todas as nações do mundo têm um Estado? A resposta é não, várias nações do mundo não têm um território autônomo, com seus limites e fronteiras, nem mesmo um governo definido. Muitas nações vivem em áreas onde o poder é exercido por outros grupos. Assim, como você pode entender, a nação é anterior ao Estado e pode existir sem ele. Muitos povos e nações reivindicam a criação de um Estado próprio.

Uma das principais reivindicações que perdura há muitos anos é a do povo palestino, que luta pela retomada e consolidação de um Estado próprio. Segundo a ONU, atualmente, dos mais de 11 milhões de palestinos em todo o mundo, cerca de 5 milhões estão refugiados na Jordânia, no Líbano, na Síria ou vivem em assentamentos no Território Ocupado da Palestina, controlado por Israel.

O povo palestino reivindica o reconhecimento da comunidade internacional de um Estado soberano. Beirute, Líbano, 2018.

Também são exemplos de migrações internas os deslocamentos inter-regionais e intra-regionais no interior dos países.

Minorias étnicas no mundo

As **minorias étnicas** e nacionais são grupos que se diferenciam da maioria da população em razão de sua língua, nacionalidade, religião ou cultura.

No mundo há muitas regiões em que as minorias étnicas e nacionais ou outros grupos buscam a soberania ou a independência de diferentes maneiras e por diferentes razões (religiosas, étnicas, territoriais, nacionalistas, entre outras).

Observe no quadro a seguir algumas das principais nações separatistas do mundo.

Nação	Localização	O que deseja
Basca	Norte da Espanha e sudoeste da França	Separar-se da Espanha e formar um Estado.
Catalã	Leste da Espanha e sul da França	Separar-se da Espanha e formar um Estado.
Curda	Iraque, Irã, Turquia e Síria	Formar um Estado curdo.
Chechena	Região do Cáucaso (Rússia)	Separar-se da Rússia e formar um Estado.
Tibetana	Oeste da China	Separar-se da China e formar um Estado.
Caxemira	Norte da Índia (Província da Caxemira)	Separar-se da Índia e tornar-se independente ou unir-se ao Paquistão.

Quadro elaborado pelos autores.

Geopolítica e sua importância para a compreensão do mundo

A **geopolítica** é o estudo das relações internacionais, um ramo da Geografia que interpreta os fatos da atualidade e do desenvolvimento político dos países usando como parâmetro as informações geográficas.

Com base nos estudos de geopolítica é possível identificar, por exemplo, as várias regiões de conflito no mundo e, principalmente, detectar os fatores que levam a esses embates.

Um conflito pode ser alimentado por diversos fatores, como hostilidades étnicas, disputa por territórios, pela posse do poder, pelo acesso a riquezas, por pontos estratégicos, por exemplo, uma saída para o mar, entre outros. Nesse sentido, a geopolítica ajuda a entender as estratégias utilizadas pelos Estados e nações para dominar territórios.

Para entender melhor o papel da geopolítica, observe os mapas a seguir.

Fonte: Graça Maria Lemos Ferreira. *Atlas geográfico: espaço mundial*. 4. ed. São Paulo: Moderna, 2013. p. 90.

Fonte: Julio Cezar Winkler. *Atlas do estudante da era digital*. 2. ed. Curitiba: Positivo, 2013. p. 54.; *Atlas geográfico escolar*. 7. ed. Rio de Janeiro: IBGE, 2016. p. 43.

*Nota: Em 17 de fevereiro de 2008, a província do Kosovo declarou unilateralmente sua independência da Sérvia. Esta situação ainda está em processo de reconhecimento.

 Ampliar

Sete anos no Tibet
Reino Unido, EUA, 1997. Direção: Jean Jacques Annaud, 139 min.

História do alpinista austríaco Heinrich Harrer, cuja tentativa de escalar o Pico do Himalaia é interrompida pela Segunda Guerra Mundial. Depois de muitas aventuras, ele se encontra no Tibete, na época da ocupação militar chinesa.

A ex-Iugoslávia é um exemplo típico para entender a importância da geopolítica na busca pelas causas de conflitos internos na formação de Estados. Esse país foi desintegrado na década de 1990, dando origem a vários países (Bósnia e Herzegovina, Croácia, Montenegro, Macedônia, Sérvia, Eslovênia e Kosovo). Mas, afinal, o que aconteceu? Por que se desintegrou? Por que surgiram novos países?

As respostas a essas perguntas podem ser encontradas na geopolítica, que fornece condições para entender as disputas pelo poder no espaço mundial. As lutas políticas não são imutáveis, ao contrário, podem ser alteradas a qualquer momento: territórios podem ser anexados, nações podem vir a constituir Estados.

Ao longo do tempo a geopolítica esteve alinhada aos interesses expansionistas de impérios e governos, por exemplo, no expansionismo do Império Romano na Antiguidade, no poderio econômico de Portugal e Espanha durante as Grandes Navegações e na liderança econômica dos Estados Unidos na atualidade.

No caso da Iugoslávia, o separatismo e a fragmentação do país estiveram, sobretudo, relacionados às divergências étnicas da região, pois as repúblicas que a constituíam eram diferentes nações.

Atividades

1. Diferencie Estado de nação.
2. O Brasil é uma nação, um Estado ou os dois? Explique.
3. Com base na observação do mapa a seguir, responda às questões.

Fonte: Graça Maria Lemos Ferreira. *Atlas geográfico: espaço mundial*. 4. ed. São Paulo: Moderna, 2013. p. 100.

a) Que minoria étnica está retratada no mapa?
b) No Curdistão vivem cerca de 5 milhões de curdos, mas os curdos somam mais de 25 milhões no mundo. Justifique.
c) Com base no mapa, em que países os curdos vivem?

4. O que há em comum entre bascos e catalães na Espanha?
5. Explique a importância dos estudos de geopolítica. Cite exemplos.
6. A Declaração Universal dos Direitos Humanos (ONU, 1948) conta hoje com a adesão da maioria dos Estados nacionais. O conteúdo desse documento, no entanto, permanece como um ideal a ser alcançado. Observe o que está disposto em seu 15º artigo:

> 1. Todo o indivíduo tem direito a ter uma nacionalidade.
> 2. Ninguém pode ser arbitrariamente privado de sua nacionalidade nem do direito de mudar de nacionalidade.
>
> Organização das Nações Unidas. Declaração Universal dos Direitos Humanos.
> Disponível em: <www.ohchr.org/EN/UDHR/Pages/Language.aspx?LangID=por>. Acesso em: out. 2018.

a) Desde a década de 1960, em virtude de conflitos, o direito expresso nesse artigo vem sendo sonegado a alguns povos. Explique.
b) Relacione as dificuldades enfrentadas por alguns povos para contar com uma nacionalidade.

CAPÍTULO 6
Questões geopolíticas

O papel da ONU nos conflitos

A **Organização das Nações Unidas (ONU)** foi criada em 1945, em São Francisco, nos Estados Unidos, com o objetivo de promover a cooperação internacional, a paz e a convivência pacífica entre Estados e nações. Surgiu para evitar que o mundo mergulhasse numa Terceira Guerra Mundial, até porque as duas grandes guerras que aconteceram no século XX tiveram o desastroso saldo de dezenas de milhões de mortes, destruição de milhares de cidades e elevado prejuízo econômico, sobretudo no continente europeu.

Embora não tenha alcançado seus objetivos em várias situações, sua importância está no fato de que constitui o instrumento mais eficaz para tentar, muitas vezes com sucesso, resolver conflitos e amenizar os problemas sociais do mundo.

Sua sede fica em Nova York, nos Estado Unidos, e atualmente a organização conta com 193 países-membros. Os países vencedores da Segunda Guerra – Estados Unidos, Rússia, China, França e Inglaterra – são os mais influentes dentro da organização. Esses países pertencem ao **Conselho de Segurança Permanente** da ONU e têm poder de veto sobre as resoluções aprovadas pela organização, o que desagrada muitos países que gostariam que nesse Conselho houvesse mais representantes. O poder de veto confere a esses cinco países maior peso de votação e decisão dentro da organização.

Sede da ONU em Nova York. Estados Unidos, 2018.

Bandeira da Organização das Nações Unidas (ONU). Israel, 2016.

A ONU tem um papel importante na defesa da soberania de povos e nações no mundo, sobretudo de todos que lutam por seu reconhecimento na condição de Estado.

Vamos conhecer os principais propósitos dessa organização?

- Manter a paz e a segurança internacionais;
- Desenvolver relações amistosas entre as nações;
- Realizar a cooperação internacional para resolver os problemas mundiais de caráter econômico, social, cultural e humanitário, promovendo o respeito aos direitos humanos e às liberdades fundamentais;
- Ser um centro destinado a harmonizar a ação dos povos para a consecução desses objetivos comuns.

Nações Unidas no Brasil. Propósitos e princípios da ONU. Disponível em: <https://nacoesunidas.org/conheca/principios/>. Acesso em: out. 2018.

Desde sua criação, a ONU colheu fracassos e sucessos nessas questões. Entre os fracassos destacam-se a situação da nação palestina perante Israel, da nação tibetana perante a China e da nação curda perante Turquia, Irã, Síria e Iraque: são povos sem um Estado reconhecido.

Mas em muitos casos, a ONU atuou com sucesso, como na formação da Bósnia e Herzegovina, que entre 1992 e 1995 esteve em conflito armado com a Sérvia. A ONU interveio, negociou um acordo de paz e conseguiu fazer da Bósnia um Estado independente.

Outros casos recentes de sucesso reconhecido dos trabalhos da ONU foram a formação do país Timor Leste, na Ásia, que declarou sua independência da Indonésia em 2002, e do Sudão do Sul, na África, que declarou sua independência do Sudão em 2012.

Mais um caso de sucesso recente da ONU ocorreu no Haiti, entre 2004 e 2017, quando o Brasil liderou uma Missão de Paz no país, então dominado por uma série de conflitos internos, com ondas de violência e turbulência política.

Ampliar

Siglas da ONU e de seus organismos

https://nacoesunidas.org/organismos/siglas

Página do *site* da ONU com as siglas de seus organismos.

Soldados da ONU, também conhecidos como "capacetes azuis", em trabalho. Les Cayes, Haiti, 2016.

Fluxos migratórios

Movimentos populacionais, também conhecidos como **movimentos migratórios**, têm causas variadas, como políticas, étnicos-raciais, religiosas, econômicas, guerras civis, entre outras.

As migrações podem ser **internas** ou **externas**. Exemplos de migrações internas são o **êxodo rural**, que, como você já estudou, é o deslocamento da população da área rural para a área urbana, e o **movimento pendular**, aquele realizado diariamente, da periferia para o centro da cidade e das cidades-satélites (aquelas que fazem parte de regiões metropolitanas) para a metrópole, com retorno da população no final do dia, após concluída a jornada de trabalho. Também são exemplos de migrações internas os deslocamentos inter-regionais e intra-regionais no interior dos países.

As migrações externas são hoje constituídas principalmente de pessoas que deixam os países pobres em busca de melhores condições de vida nos países ricos. São exemplos desse tipo de migração o fluxo de latino-americanos para os Estados Unidos e o de africanos e asiáticos em direção à Europa Ocidental.

Tanto as migrações internas como as externas podem ser **voluntárias**, quando realizadas pela vontade do migrante, ou **forçadas**, quando realizadas por algum tipo de imposição de governos, perseguição política e étnica, catástrofes naturais, guerras e até mesmo pelo tráfico de seres humanos.

Migrações internacionais

O que mais tem chamado a atenção do mundo nos últimos anos é a intensidade das migrações internacionais.

Os principais fluxos se deslocam da Síria, país do Oriente Médio, na Ásia, em **guerra civil** desde 2011, e do norte da África, em função da pobreza, da perseguição étnica e de guerras, em direção aos países da União Europeia.

O Mar Mediterrâneo é a passagem obrigatória desses povos em direção à Europa, e o trajeto geralmente ocorre por três rotas: a do Mediterrâneo ocidental, com início no Marrocos e término na costa espanhola, a do Mediterrâneo central, partindo da Líbia para a costa italiana, e a do Mediterrâneo oriental, com passagem obrigatória pelos **países dos Balcãs**.

Na rota do Mediterrâneo central, a estratégia dos imigrantes é conseguir chegar até a Ilha de Lampedusa, que pertence à Itália. Nesse percurso, milhares de pessoas perderam a vida desde 2009, em naufrágios.

Glossário

Guerra civil: disputa hostil e armada entre pessoas de um mesmo país.

Países dos Balcãs: também conhecidos como países balcânicos, estão localizados nos Balcãs ou Península Balcânica, no sudeste da Europa (Bulgária, Grécia, Sérvia, Albânia, entre outros).

Ilha de Lampedusa (Itália)

Fontes: Google Maps; *Atlas geográfico escolar*. 7. ed. Rio de Janeiro: IBGE, 2016. p. 32.

A rota do Mediterrâneo oriental tem sido uma das mais difíceis para os imigrantes, sobretudo pela resistência dos países balcânicos, que tentam dificultar ao máximo a passagem dessas pessoas. A Hungria, por exemplo, tem sido um dos países mais anti-imigrantes de toda a Europa, ao ponto de levantar barreiras físicas para impedir a entrada deles.

Na Europa, o principal destino desses imigrantes tem sido a França e a Alemanha, economias fortes do continente, que atraem dezenas de milhares de pessoas em busca de trabalho, segurança e melhores perspectivas de vida.

Fora a Europa, mais distante geograficamente desses países, os Estados Unidos também atraem interesse desses imigrantes, muito em razão da liderança econômica estadunidense a partir da Segunda Guerra.

Esse fluxo intenso de pessoas tem feito crescer a intolerância a estrangeiros na Europa e em outros lugares do mundo, despertando preconceito, discriminação e xenofobia (aversão a estrangeiros). Em geral, essa intolerância é mais acentuada em relação aos refugiados.

Centro de Imigrantes. Lampedusa, Itália, 2015.

Muro contra imigrantes. Hungria, 2017.

As migrações provocam significativo aumento de imigrantes ilegais nos países desenvolvidos, onde, não raras vezes, sofrem discriminação e exploração; como não são cidadãos do país em que se encontram, ocupam-se de trabalhos informais e remuneração inferior à dos trabalhadores nacionais.

Dependendo da situação econômica do país de destino, não há empregos para toda a população, o que provoca rejeição aos imigrantes, em geral acusados de "roubar" as poucas vagas disponíveis ou de diminuir o valor da mão de obra. Situações como essas geram grande tensão entre a população local e os grupos de migrantes que tentam uma vida melhor fora de seus países de origem.

Fontes: Elaborado com base em R7 Notícias. Onda conservadora bloqueia entrada de refugiados na Europa (Eugenio Goussinsky, 17/06/2018). Disponível em: <https://noticias.r7.com/internacional/onda-conservadora-bloqueia-entrada-de-refugiados-na-europa-17062018>. Acesso em: set. 2018; *Atlas geográfico escolar*. 7. ed. Rio de Janeiro: IBGE, 2016. p. 43

A questão dos refugiados

De acordo com as Nações Unidas, **refugiados** são as pessoas que se encontram fora de seu país por temor de perseguição, por motivos de raça, religião, nacionalidade, opinião política ou participação em grupos sociais, e que, por isso, não podem ou não conseguem retornar para suas casas.

O **Alto Comissariado das Nações Unidas para Refugiados (Acnur)** trabalha para assegurar que qualquer pessoa, em caso de necessidade, possa exercer o direito de buscar e receber refúgio em outro país e, caso deseje, regressar a seu país de origem.

Ampliar

Acnur
www.acnur.org/portugues
Site que mostra notícias de ação da Acnur e seu papel na ajuda e acompanhamento dos refugiados pelo mundo.

O terminal
EUA, 2004. Direção: Steven Spielberg, 128 min.
Quando Viktor Navorski, um turista da Europa Oriental, chega ao aeroporto de Nova York, seu país se extingue e seus documentos perdem a validade.

Diariamente refugiados deixam seus países em busca de melhores condições de vida. Horgos, Sérvia, 2016.

Campo de refugiados sob comando do Acnur. Boa Vista (RR), 2018.

Viver

Obrigadas a abandonar seus países, crianças refugiadas sofrem para se adaptar à nova realidade

Deixar tudo para trás. Abandonar o lar, bens, amigos, parentes, emprego, cultura, língua. Ganhar em troca o direito viver e, com sorte, estar junto da família. É essa a condição dos refugiados. "Quero esquecer tudo isso. Já era. Tenho casa, como uma vez por dia, minha família está junta". A frase é de Wajeha*, 29 anos. Ela deixou o Sudão do Sul há quase três anos junto com o marido, Omar*, 39, e as filhas Nyaring*, 9, e Angelina*, 6. Cristãos em um país majoritariamente islâmico, eram vítimas constantes de agressões verbais e físicas decorrentes da intolerância religiosa. No país de origem, tinham uma vida confortável. Omar era dono de um mercado, a família tinha três carros, residência grande e empregados domésticos. "Meus parentes não sabem da condição que vivemos aqui", confessa Wajeha. A situação no país de origem ficou insustentável quando Omar passou a ser obrigado a pagar propina para ter o direito de manter seu negócio. "Eles queriam nos expulsar de lá", diz. Hoje, o sul-sudanês sustenta esposa e filhas com a venda de produtos eletrônicos como celulares e *tablets* para lojas em São Paulo.

[...]

*Os nomes foram trocados a pedido dos entrevistados.

Valéria Mendes. Obrigadas a abandonar seus países, crianças refugiadas sofrem para se adaptar à nova realidade. Uai, 1º jun. 2014. Disponível em: <www.uai.com.br/app/noticia/saude/2014/06/01/noticias-saude,192309/obrigadas-a-abandonar-seus-paises-criancas-refugiadas-sofrem-para-se.shtml>. Acesso em: set. 2018.

1. Você sabe se há refugiados em sua cidade? Quem são, de onde vieram e como vivem? Se por acaso você desconhece a existência de refugiados na cidade, faça uma pesquisa sobre a existência deles em cidades próximas ou mesmo no estado. Com base nas informações coletadas na pesquisa, será que a escola poderia desenvolver uma ação conjunta para ajudar essas pessoas? De que maneira isso poderia ser feito? Troque ideias com os colegas e, com a ajuda do professor, desenvolvam uma prática solidária a essas pessoas.

1. Cite casos de sucesso da ONU na resolução de problemas e conflitos mundiais.

2. Leia o trecho do artigo de opinião a seguir e depois faça o que se pede.

   O retorno da xenofobia

   O fenômeno da xenofobia está de volta. Ou ele nem sequer foi superado? Normalmente só se discute sobre isso quando um perigo emergente já se torna tão perceptível que a situação possa vir a piorar. Até então, costuma-se acreditar que esse problema seja coisa passada e que a discriminação nos últimos anos tenha diminuído. Mas a realidade, que novamente confirma o caráter contraditório da existência humana, demonstra que a história não necessariamente ruma numa direção positiva, como se quer acreditar, mas que avanços contrastam com recuos. Ideias que se tinha como fora de moda, absurdas e retrógradas, podem novamente vir a ser atuais e modernas. Isso significa que as ideias não morrem pelo simples decurso do tempo e que, em conformidade com o espírito de uma época, podem retornar. [...]

   Antônio Inácio Andrioli. O retorno da xenofobia. Antônio Inácio Andrioli, 20 out. 2017. Disponível em: <www.andrioli.com.br/index.php/artigos/23-o-retorno-da-xenofobia>. Acesso em: set. 2018.

   a) Com base no contexto do artigo, explique o que é xenofobia.
   b) Mencione um fator de ordem social que leva à prática da xenofobia e faça uma crítica a esse comportamento.

3. Os fluxos migratórios são fenômenos antigos e bastante complexos que envolvem pessoas de países, regiões e cidades de diferentes culturas e classes sociais. Os motivos que levam as pessoas a se deslocar são diversos e têm gerado consequências no campo e na cidade. Na perspectiva de entender os fluxos migratórios, a Geografia trabalha alguns conceitos e relaciona alguns fatores que explicam tal fenômeno. Sobre esses conceitos e fatores, defina:

   a) êxodo rural, apontando duas de suas causas;
   b) migração externa.

4. Observe a fotografia:

   Refugiados sírios. Kilis, Turquia, 2017.

   De acordo com a ONU, o número de refugiados tem crescido nos últimos anos. Em relação a esse fenômeno, faça o que se pede a seguir.

   a) Cite duas causas principais desses deslocamentos, explicando, ao menos, uma delas.
   b) Aborde as causas recentes que impulsionaram a migração de parte da população síria para outros países.

5. Observe a foto a seguir e faça o que se pede.

   Baranjsko Petrovo Selo, Croácia, 2015.

   a) Justifique a tendência de muitos países europeus levantarem barreiras físicas em suas fronteiras nos últimos anos.
   b) Faça uma crítica a essa prática.

Retomar

1. Sobre a temática da demografia, apresente os conceitos de:
   a) taxa de natalidade;
   b) taxa de mortalidade;
   c) crescimento vegetativo.

2. Com base no gráfico a seguir e em seus conhecimentos, faça o que se pede.

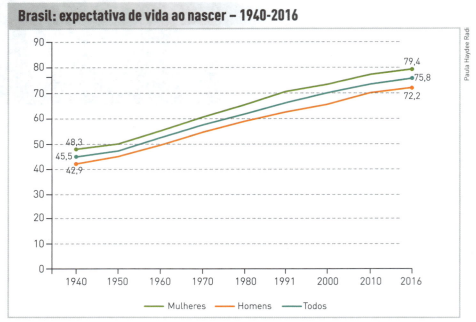

Fonte: IBGE. Expectativa de vida do brasileiro sobe para 75,8 anos. Agência IBGE Notícias. 5 jul. 2018. Disponível em: <https://agenciadenoticias.ibge.gov.br/agencia-noticias/2012-agencia-de-noticias/noticias/18469-expectativa-de-vida-do-brasileiro-sobe-para-75-8-anos>. Acesso em: set. 2018.

   a) O que é expectativa de vida ou longevidade?
   b) Que tendência o gráfico revela nesse indicador no Brasil?
   c) Cite dois fatores que contribuem para uma elevada expectativa de vida.

3. Leia a notícia a seguir e elabore um comentário sobre o desejo de muitas nações do mundo de virem a constituir Estados.

> O polêmico plebiscito sobre a independência da região mais rica da Espanha terminou com mais de 800 feridos, uma vitória do "sim" e muitas dúvidas.
> Ainda é incerto o que vai acontecer com a Catalunha e como será, a partir de agora, a relação dela com o governo central em Madri.
> Cerca de 90% dos 2,2 milhões de eleitores que compareceram às urnas – pouco mais de 42% do total – votaram pela separação.
> Logo após a contagem dos votos, Carles Puigdemont, presidente da Generalitat, o governo regional da Catalunha, declarou que a região autônoma espanhola "ganhou o direito de ser um Estado".
> A consulta popular, porém, foi feita à revelia do governo central, que a considera ilegal e acionou a Justiça para impedi-la. [...]

Referendo na Catalunha: as muitas dúvidas geradas pela vitória do "sim" à independência. Disponível em: <www.bbc.com/portuguese/internacional-41467201>. Acesso em: set. 2018.

4. Com base na observação do mapa e em seus conhecimentos, responda às questões.

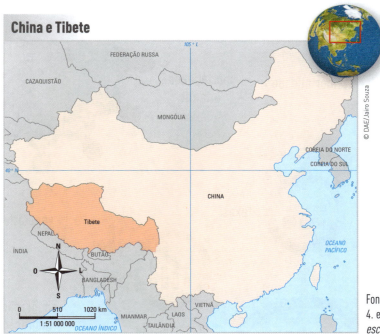

a) O que está retratado no mapa?
b) Ambos, China e Tibete, são nações e possuem Estados? Justifique.

Fontes: Vera Caldini e Leda Ísola. *Atlas geográfico Saraiva*. 4. ed. São Paulo: Saraiva, 2013. p. 144.; *Atlas geográfico escolar*. 7. ed. Rio de Janeiro: IBGE, 2016. p. 47.

5. O que é a ONU e qual é sua importância nas relações internacionais?

6. Leia o texto e faça o que se pede a seguir.

>Um número recorde de refugiados e migrantes cruzam as fronteiras internacionais fugindo de conflitos, perseguições e da pobreza. Outros motivos são a escassez de mão de obra e profissionais qualificados, assim como mudanças demográficas; muitos migrantes também deixam seus países de origem à procura de melhores oportunidades de vida.
>
>Essas viagens não estão livres de perigos. Todos os dias, as manchetes de jornais e outros meios de comunicação informam sobre terríveis tragédias. Aqueles que conseguem chegar a seus destinos, não raramente são recebidos com alguma hostilidade e intolerância. De acordo com a ONU, um número reduzido de países aceita uma quantidade desproporcional de refugiados e requerentes de asilo, além de migrantes. [...]
>
>O Pacto Global para Migração integra a Agenda 2030 de Desenvolvimento Sustentável. Cada Estado-membro da ONU se compromete a fortalecer a cooperação para facilitar a migração segura, ordenada e regular. Os objetivos do Pacto foram detalhados na Declaração de Nova Iorque, como ficou conhecido o documento sobre o tema, aprovado em 2016. São eles:
>
>• Tratar todos os aspectos da migração internacional, incluindo as questões de tipo humanitário, de desenvolvimento e de direitos humanos, entre outros aspectos.
>
>• Contribuir para a governança mundial e fortalecer a cooperação sobre migração internacional.
>
>• Criar um marco legal para uma cooperação internacional integral que beneficie os migrantes [com o direito] à mobilidade humana. [...]

Nações Unidas. Migração e refugiados. ONU News. Disponível em: <https://news.un.org/pt/focus/migrantes-e-refugiados>. Acesso em: out. 2018.

Você considera que os objetivos para o Pacto Global para Migração estão sendo atingidos? Explique.

Visualização

A seguir apresentamos um mapa conceitual do tema estudado nesta unidade. Trata-se de uma representação gráfica que organiza o conteúdo, composto de uma estrutura que relaciona os principais conceitos e as palavras-chave. Essa ferramenta serve como resumo e instrumento de compreensão dos textos, além de possibilitar consultas futuras.

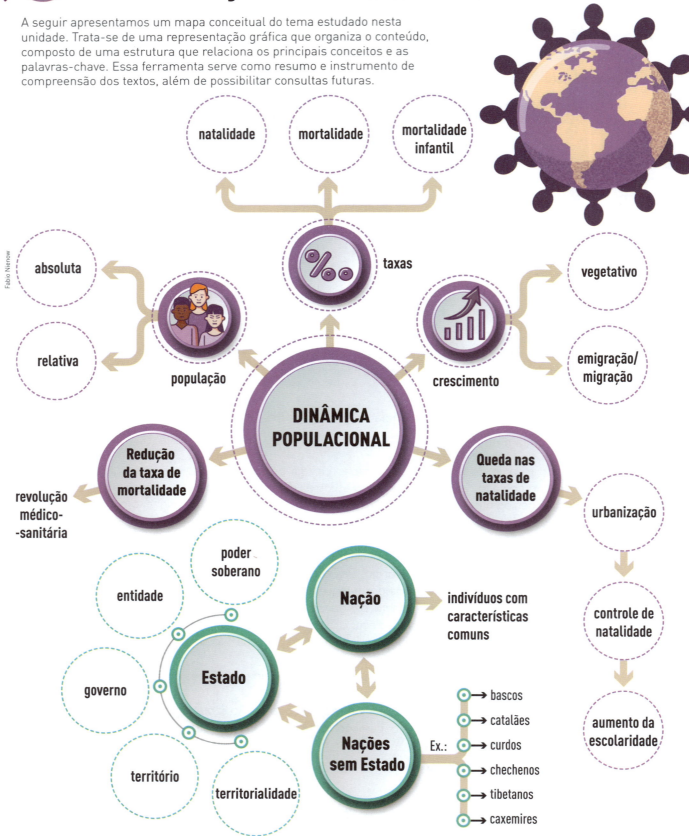

UNIDADE 3

Antever

1. O que mais chamou sua atenção na fotografia?

2. O que significa dizer que os participantes do fórum são defensores do capitalismo?

A fotografia retrata o Fórum Econômico Mundial, realizado em Davos, na Suíça. Trata-se de um encontro anual em que se discute a economia global. Dele participam chefes de Estado e outros líderes da economia mundial, como ministros da Economia, presidentes de bancos centrais, diretores do FMI, do Banco Mundial e de organismos internacionais, além de empresários e até celebridades. Esse evento é considerado uma iniciativa em defesa da globalização e do capitalismo.

É um símbolo das **relações mundiais**, título desta unidade.

Representantes mundiais no Fórum Econômico Mundial na Suíça, 2018.

As relações mundiais

CAPÍTULO 7 Globalização

O que é globalização

Por **globalização** entende-se um mundo com vários segmentos conectados entre si, como política, economia e cultura, além de interdependência econômica e política entre os países com o avanço dos sistemas de comunicação e transporte.

Olhando ao redor, por exemplo, você verá que alguns produtos e mercadorias presentes no dia a dia das pessoas não foram fabricados no Brasil. Assim como circulam no país, por exemplo, carros fabricados no exterior, outros países utilizam aviões brasileiros e importam grãos cultivados aqui. Essas trocas comerciais e a **interdependência econômica**, que se intensificaram ao longo do século XX, caracterizam o mundo capitalista globalizado.

As atividades de exportação e importação constituem uma expressão da interdependência econômica característica do mundo globalizado. Santos (SP), 2018.

O processo da globalização também encurtou as distâncias entre as pessoas. Pelo sistema moderno de comunicação, que utiliza intensamente as redes sociais, um número cada vez maior de pessoas de diferentes lugares do mundo se comunica e se relaciona. Em fração de segundos, ficamos sabendo de tudo o que acontece do outro lado do mundo em comunicação *on-line*, por diálogo eletrônico. Assim, a rapidez de conectividade entre pessoas e lugares é uma consequência e uma característica do processo de globalização.

Jovens jogam *on-line* pelo celular, 2017.

Para alguns estudiosos, a globalização começou no século XV, quando as Grandes Navegações geraram intensos fluxos comerciais entre a Europa e as colônias. Com a industrialização, esses fluxos intensificaram-se, na medida em que aumentou o interesse das metrópoles pelas matérias-primas e fontes de energia das colônias.

O aperfeiçoamento dos meios de transporte foi importante no processo de globalização, pois possibilitou que as distâncias pudessem ser vencidas com mais facilidade. Já a tecnologia propiciou avanços nos meios de comunicação.

Para garantir os investimentos e os interesses envolvidos na intensificação do intercâmbio comercial, foram estabelecidos inúmeros acordos e criadas associações de cooperação entre as nações. Todas essas trocas propiciaram uma relativa universalização de culturas e promoveram a padronização de hábitos de consumo.

Caravelas portuguesas. Lisboa, Portugal, século XVI. Museu de Marinha.

O desenvolvimento do transporte é um dos símbolos da globalização. Goiânia (GO), 2018.

A bipolaridade do período da Guerra Fria, quando as superpotências Estados Unidos e a extinta União Soviética se preocupavam com a expansão e a prevalência de seu sistema econômico-ideológico, perdeu sentido no atual estágio da globalização. A preocupação agora são as finanças, os mercados, a economia. Ganhou força o discurso econômico e político do neoliberalismo, defendendo a liberdade do mercado e uma menor intervenção do Estado. Acompanhamos hoje um amplo processo de integração de economias e de interdependência entre países, com intensificação do intercâmbio de bens, serviços, tecnologia e capital.

Os fluxos da globalização

O mundo globalizado caracteriza-se, principalmente nessas primeiras duas décadas do século XXI, pela intensificação dos fluxos de capitais, mercadorias, pessoas e informações.

Os **fluxos de capitais** são representados pelos investimentos no setor produtivo, em fundos de investimentos e bolsas de valores. Um exemplo é o que ocorre em empresas transnacionais: elas investem em diversos locais para a construção de suas filiais, compondo, assim, uma rede de circulação do capital com o objetivo de aumentar a segurança de sua lucratividade.

Os **fluxos de mercadorias** são representados pelo comércio internacional de mercadorias, estimulado pela expansão e globalização do consumo.

Já os **fluxos de pessoas** se referem principalmente aos deslocamentos de turistas, migrantes e refugiados, por via aérea, terrestre ou marítima.

E os **fluxos de informações** compõem as redes de dados e informações. Hoje há no mundo uma complexa rede de comunicação, formada por TVs, rádios, jornais, revistas, internet, entre muitos outros meios. Pode-se assistir a qualquer evento local ou mundial pela TV ou pelo *smartphone*, por exemplo, ao vivo.

Os aeroportos são os principais meios de entrada e saída de pessoas nos países. Istambul, Turquia, 2018.

> A notícia do assassinato do presidente norte americano Abraham Lincoln, em 1865, levou 13 dias para cruzar o Atlântico e chegar à Europa. A queda da bolsa de valores de Hong Kong [outubro-novembro de 1997] levou 13 segundos para cair como um raio sobre São Paulo e Tóquio, Nova York e Tel Aviv, Buenos Aires e Frankfurt. Eis, ao vivo e em cores, a globalização. [...]
>
> Clóvis Rossi. Globalização diminui as distâncias e lança o mundo na era da incerteza. *Folha de S.Paulo*.
> Disponível em: <www1.folha.uol.com.br/fsp/1997/11/02/caderno_especial/1.html>.
> Acesso em: ago. 2018.

As conquistas e contradições da globalização

A globalização possibilitou avanços nas relações internacionais, tais como a intensificação do comércio e o intercâmbio científico. Contribuiu também para modernizar a economia de muitos países, que foram levados a melhorar a qualidade de sua produção interna e praticar menores preços para concorrer com produtos importados.

Um componente negativo desse processo, porém, é a valorização do consumismo, reforçada por meio de um agressivo sistema de propaganda nos meios de comunicação em geral, sobretudo a televisão e a internet. O consumismo compromete ainda mais o meio ambiente, pois intensifica a produção excessiva e a exploração de recursos naturais, que não são renovados na mesma velocidade com que são retirados da natureza.

Do ponto de vista cultural, ao pressupor a ideia de um mundo sem fronteiras por meio da rápida interação, a globalização tende a uniformizar hábitos e costumes pelo mundo, podendo anular assim identidades e culturas locais.

Outro aspecto negativo da globalização é que, desde a década de 1980, os países do Norte vêm concentrando ainda mais riqueza e distanciando-se dos países subdesenvolvidos em aspectos econômicos e sociais. Isso acabou por intensificar as desigualdades regionais.

Um indicativo dessas desigualdades são os movimentos migratórios oriundos de países do sul em direção às nações emergentes ou desenvolvidas. Embora não seja o único motivo, a busca por melhores condições de vida tem impulsionado o deslocamento de muitas pessoas pelo mundo. Observe o sentido dos movimentos migratórios no mapa a seguir.

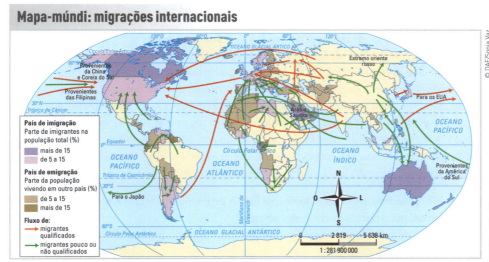

Glossário

Protecionismo: prática de proteção da indústria ou do comércio nacional que onera os produtos estrangeiros com taxas mais elevadas que as praticadas com os produtos locais.

Fonte: Graça Maria Lemos Ferreira. *Atlas geográfico: espaço mundial*. 3. ed. São Paulo: Moderna, 2010. p. 43.

Conscientes dessas contradições, muitas pessoas se articulam em manifestações contra a globalização econômica, que acontecem com frequência por todo o mundo, numa reafirmação do repúdio de uma parcela da sociedade ao fenômeno, que não tem gerado riqueza para todos.

As relações comerciais no mundo também têm se apresentado injustas. Muitas nações praticam o **protecionismo** em seus mercados, ao fixar altas taxas de importação e/ou subsidiar sua produção interna, prejudicando os produtores de outros países.

Manifestações públicas antiglobalização ocorrem com frequência pelo mundo. Quebec, Canadá, 2018.

Pontos de vista

Quem é
Roberto Ellery

O que faz
É professor de Economia na Universidade de Brasília.

1. O senhor acredita que o neoliberalismo é um modelo eficiente para garantir o desenvolvimento social e econômico? Por quê?

É importante definir o neoliberalismo original: ele visava garantir proteção aos mais pobres sem comprometer a liberdade dos indivíduos. Esse modelo virou uma força política com a chegada ao poder da primeira-ministra do Reino Unido, Margaret Thatcher, em 1979, e do presidente dos Estados Unidos, Ronald Reagan, em 1981. Nesse contexto, o Banco Mundial organizou, em 1989, o chamado Consenso de Washington, um encontro de economistas no qual foram elaborados dez princípios voltados para mercados livres, disciplina fiscal, privatizações e abertura da economia, que viraram a base do neoliberalismo atual. Essas teses foram criadas para garantir desenvolvimento. No período em que a economia brasileira foi mais influenciada pelo neoliberalismo, de 1990 a 2006, houve redução da pobreza e melhora de indicadores sociais.

2. Em sua opinião, por que é importante que não haja interferência do Estado na economia?

O neoliberalismo propõe que o Estado ofereça uma rede de proteção social, além de segurança, justiça e proteção das fronteiras. As intervenções repudiadas são as voltadas para os ricos, como subsídios para empresas ou universidades gratuitas para quem tem renda alta. O neoliberalismo se preocupa com medidas que aumentam o poder do Estado, pois, quando são aprovadas, a tendência é que uma parcela maior da renda dos indivíduos seja convertida em tributos e que eles fiquem com menor poder de decisão individual.

3. As privatizações, políticas de austeridade fiscal, livre-comércio e cortes nos gastos com políticas sociais – ações defendidas pela maioria dos neoliberais – podem aumentar o desemprego e o empobrecimento da população? Como essas medidas impactam na economia?

As privatizações são defendidas como forma de aumentar a eficiência e reduzir privilégios, e a austeridade como o cuidado que o Estado deve ter com o dinheiro que tira de empresas e famílias. Privatizações, austeridade e livre-comércio não causam desemprego nem empobrecimento, ao contrário, levam ao aumento do emprego e da renda e a criação de uma sociedade mais justa. Cortes de gastos sociais não fazem parte da receita neoliberal e costumam ocorrer devido a ajustes emergenciais por falta de cuidado nos períodos de bonança.

4. A crise de 2008 mostrou, de alguma forma, os limites do neoliberalismo? Quais as propostas desse modelo econômico para superar essa recessão?

Os críticos do neoliberalismo apontam que a desregulamentação do mercado financeiro causou a crise de 2008, mas defendemos que não foi exatamente assim. O neoliberalismo, na versão Consenso de Washington, não sugere desregulamentação completa da economia. Ademais, é fácil encontrar a influência de políticas de governo na origem da crise. Por exemplo, a bolha no mercado financeiro foi impulsionada por políticas para facilitar o crédito.

1. Em sua opinião, por que o neoliberalismo não é suficiente para proporcionar desenvolvimento social e econômico a uma nação? Quais os limites desse modelo?

Ele não é suficiente. A História já mostrou que a economia de mercado deixada a seu próprio controle sofre com contrações cíclicas na taxa de crescimento de produtos e de emprego. Esse cenário exige que o Estado tenha uma atitude proativa para impedir que uma crise e o desemprego se alastrem. No caso de um país como o Brasil, com a enorme desigualdade social, esse modelo é ainda mais inadequado, pois a lógica do mercado é dar mais a quem mais tem.

2. Que políticas macroeconômicas são necessárias para promover bem-estar social?

Em primeiro lugar, políticas que cuidem para que o nível de emprego não sofra abalos permanentes. Uma taxa de emprego instável, na qual o desemprego tende a crescer, afeta fortemente o bem-estar porque traz insegurança à vida das pessoas, principalmente àquelas que pertencem às faixas mais baixas de renda. Em segundo lugar, é preciso que o Estado ofereça bens como saúde, educação e previdência de forma universal, para todos. Por fim, programas sociais focados em determinadas faixas da população, como os extremamente pobres, também podem fazer diferença, além das políticas afirmativas, como as cotas raciais.

3. A não interferência do Estado na economia pode ser prejudicial para a população? Por quê?

Sim, principalmente por causa do desemprego. O Estado tem instrumentos e condições para impedir que o desemprego aumente, ou ao menos para diminuir seu crescimento. A política neoliberal é completamente contrária a essas medidas ou a qualquer tipo de intervenção do Estado na economia. Por isso, seus defensores são a favor de privatizar tudo que estiver à frente, já que, dentro dessa lógica, não faz sentido que o Estado tenha empresas. O Estado deve ter o menor tamanho possível e a existência de empresas públicas o torna maior e com maior poder de intervenção.

4. A lógica neoliberal pode estar presente em políticas de outras áreas do governo, como Saúde e Educação? Como ela se apresentaria?

Sim. Na política neoliberal não faz nenhum sentido que um país tenha educação e saúde gratuitos e oferecidos pelo Estado. Já os críticos do neoliberalismo não acreditam que o mercado possa resolver todos os problemas materiais e defendem que educação e saúde sejam públicas, gratuitas e para todos, como direitos do cidadão e passaporte para a cidadania.

Quem é
Leda Maria Paulani

O que faz
É economista e professora do Departamento de Economia da Universidade de São Paulo.

---

1 Segundo o professor Roberto Ellery, qual deve ser o papel do Estado no desenvolvimento da economia? O que ele defende em relação à política de privatização?

2 Para a professora Leda Maria Paulani, quais são as consequências do neoliberalismo para países com grande desigualdade social? Segundo a entrevistada, qual deve ser o papel do Estado na promoção de políticas que visem ao bem-estar social?

3 Na opinião do professor Roberto Ellery, o neoliberalismo se preocupa com medidas que aumentam o poder do Estado. Segundo ele, a que isso se deve?

4 Na visão da professora Leda Maria Paulani, a não interferência do Estado na economia pode levar ao agravamento de questões sociais. Com base no posicionamento da entrevistada, cite três problemas sociais ocasionados ou agravados pela política do neoliberalismo econômico.

 **Viver**

Leia a letra da canção a seguir, que trata do consumismo.

Consumismo

[...]
Vivemos em Capitalismo consumo fanatismo
Ter é poder e quem não tem cai no abismo
[...]
Jovens esquecem a sonhar, a pensar o seu fio de ouro
Roupa cara, sapatos de couro, carro descapotável, cabelo pintado de loiro
esquecendo-se que é cá dentro que está o tesouro...
Porque é cá dentro ... o que realmente valemos
porque aparências ... não passam disso mesmo
Fazer-se passar por aquilo que não se é
[...]
Há quem se ache superior tem muitos bens materiais
influenciado pela campanha da TV e dos jornais
Compre mais compre mais mesmo que não precises
[...]
O consumismo não compensa
[...]

Disponível em: <www.vagalume.com.br/xeg/consumismo.html>. Acesso em: out. 2018.

 Ampliar

Sabedoria política
www.sabedoriapolitica.com.br/economia-politica/globalizacao/
Site dedicado ao estudo da política, que aprofunda a temática da globalização.

Akatu
www.akatu.org.br/noticia/portal-akatu-mirim-ja-esta-no-ar/
Organização não governamental sem fins lucrativos que trabalha em prol da conscientização e mobilização para o consumo responsável.

① Dos comportamentos expressos na letra da canção, qual você observa com mais frequência?

② A letra da canção pode ser utilizada para exemplificar elementos do mundo globalizado? Justifique sua resposta.

③ Releia o trecho da letra da canção reproduzido acima. Em seguida, faça uma versão para esse trecho usando palavras que estejam relacionadas a elementos de seu cotidiano.

④ Relacione a imagem à questão do consumismo.

Pessoas fazendo compras para o Dia das Crianças. São Paulo (SP), 2017.

1 Cite exemplos que evidenciem as características de um mundo globalizado.

2 Um aspecto importante tem contribuído para o aumento da globalização: o avanço tecnológico. Tal avanço, que envolve setores de informática, meios de comunicação e informação e meios de transporte, contribui para uma relação mais intensa entre as regiões. Explique a importância do desenvolvimento tecnológico para os fluxos da globalização.

3 A charge a seguir retrata uma contradição do mundo globalizado. Que contradição é essa? Comente.

4 O trecho a seguir, retirado do livro *O ócio criativo*, do sociólogo italiano Domenico de Masi, retrata o mundo globalizado. Considerando esse trecho como exemplo, escreva um fato que, em sua opinião, represente o mundo globalizado.

> Se um avião sofre um atraso na rota Tóquio-Moscou, isto gera repercussões e distúrbios em todos os aeroportos do mundo. Se as ações da IBM sofrem algum tipo de inflexão na Bolsa de Milão, este fato atingirá Wall Street imediatamente. Globalização é isso: o globo, agora, é uma grande aldeia.
>
> Domenico de Masi. *O ócio criativo*. Rio de Janeiro: Sextante, 2000. p. 32.

5 Cite uma vantagem e uma desvantagem do mundo globalizado.

6 Globalização se tornou uma palavra-chave para a organização de nossos pensamentos no que diz respeito à compreensão do mundo e seu funcionamento. Identifique uma característica econômica e uma cultural do processo de globalização.

7 Considerando o mundo globalizado, caracterize os fluxos de capitais e de informações.

8 A globalização tem grande impacto no âmbito econômico e influencia a cultura de diferentes povos. Com base nessa informação, apresente aspectos da "padronização da vida cotidiana".

CAPÍTULO 8
Tecnologia, conhecimento e globalização

Revolução Técnico-científica e Informacional

O mundo já passou por três fases ou momentos, desde o início do processo de evolução industrial, os quais ficaram conhecidos como Primeira, Segunda e Terceira Revolução Industrial.

A **Primeira Revolução Industrial** teve início na Inglaterra e durou, aproximadamente, de 1750 a 1850. O principal acontecimento dessa fase foi a introdução da máquina no processo produtivo e do uso do carvão mineral como fonte de energia.

A **Segunda Revolução Industrial** durou aproximadamente de 1850 a 1950, com ampla utilização do aço, além do uso do petróleo como principal fonte de energia. Caracterizou-se também pelo aumento do número de países participantes do processo industrial, como França, Alemanha e Estados Unidos.

A **Terceira Revolução Industrial** ou **Revolução Técnico-científica e Informacional** começou na segunda metade do século XX, com o surgimento da tecnologia da informação e das telecomunicações, a informática e a internet, sendo esta a mais importante inovação nessa fase do desenvolvimento industrial.

A comunicação rápida proporcionada por esses novos sistemas tornou-se o principal combustível do capitalismo moderno, possibilitando que as empresas se conectem e fechem acordos diariamente, movimentando as bolsas de valores e investimentos globais em volumes nunca vistos antes.

Teorias recentes já mencionam a expressão "capitalismo informacional", defendendo que já na primeira década do século XXI o mundo ingressou na **Quarta Revolução Industrial**, caracterizada pela total automatização das fábricas, inteligência artificial e uso de impressoras 3-D, entre outras inovações.

No mundo globalizado, as informações circulam pela rede em tempo real, por meio de imagens e textos divulgados pelos mais diversos tipos de transmissão, sendo possível saber o que está acontecendo em determinado local, em tempo real, mesmo a milhares de quilômetros de distância.

A Bolsa de Valores constitui-se como o principal mercado de negociação de capitais, agilizado pela rapidez da informação do mundo globalizado. São Paulo (SP), 2016.

Concentração científica e tecnológica

Pela atual **Divisão Internacional do Trabalho** (DIT), estabelecida na Terceira Revolução Industrial, os países industrializados desenvolvidos do Norte controlam a economia mundial, detêm a tecnologia e concentram as sedes das grandes empresas transnacionais, enquanto os países do Sul oferecem matérias-primas, mão de obra barata e incentivos fiscais para tentar atrair capitais daqueles países sob forma de investimentos.

As empresas transnacionais, cujas sedes estão concentradas nos países do Norte, preferem produzir nos países do Sul para aproveitar as vantagens que eles oferecem. Assim, uma empresa automobilística dos Estados Unidos, por exemplo, pode montar seus carros no Brasil utilizando componentes e peças que vêm de outros países: a borracha para as portas vem da Indonésia, os componentes eletrônicos vêm da Índia, as peças do motor, da Coreia do Sul, e assim por diante.

Nesse processo, o capital estadunidense e chinês tem dominado investimentos em todo o mundo, sobretudo em países africanos e da América Latina, e efetuado grandes remessas de lucros para suas matrizes.

Observe a imagem a seguir, que mostra a montagem de um avião, cujas partes têm origem em diversos países, como exemplo de modelo de produção no mundo globalizado.

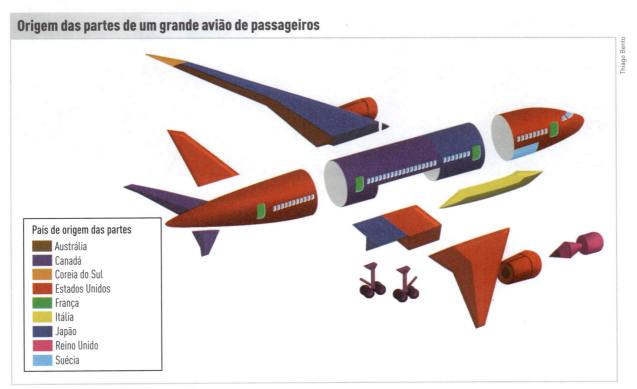

Fonte: Daniel Michaels e Peter Sanders. Dreamliner Production Gets Closer Monitoring. *The Wall Street Journal*, out. 2009. Disponível em: <www.wsj.com/articles/SB125486824367569007>. Acesso em: out. 2018.

A Divisão Internacional do Trabalho aumenta a desigualdade econômica entre os países, pois os emergentes pagam muito caro pela tecnologia que adquirem, e os lucros das empresas neles fixadas são remetidos para as sedes, centradas nos países industrializados.

Atualmente, o **G-7**, grupo dos sete países mais industrializados do mundo: Estados Unidos, Canadá, França, Reino Unido, Alemanha, Itália e Japão, concentra a base científica e tecnológica do mundo, ou seja, detêm o poder econômico global. Vale comentar que, nas últimas décadas, a China teve um excepcional crescimento econômico e, consequentemente, passou também a realizar investimento em várias partes do mundo.

De olho no legado

Desigualdade é a face da globalização, diz secretário geral da ONU

Secretário Geral das Nações Unidas discursa em Assembleia Geral da ONU. Nova York, Estados Unidos, 2018.

O secretário-geral da ONU, Antonio Guterres, lamentou nesta terça-feira (8), em Cuba, que a globalização, apesar de ter tirado muitos da pobreza, também aumenta a desigualdade no mundo e gera instabilidade social.

"O aumento da desigualdade se tornou a face da globalização e gerou descontentamento, intolerância e instabilidade social, sobretudo entre nossos jovens", disse Guterres durante a inauguração do 37º período de sessões da Comissão Econômica para a América Latina e o Caribe (Cepal), em Havana.

"É verdade que a globalização trouxe diversos benefícios. Mais pessoas deixaram a pobreza extrema que nunca [...], mas há demasiadas pessoas que ficaram para trás", acrescentou.

O líder da ONU lembrou que "por mais de uma geração, a renda do 1% mais rico do mundo cresceu em um ritmo duas vezes maior que a dos 50% mais pobres".

Guterres destacou que "o desemprego entre os jovens alcança níveis alarmantes, com trágica repercussão" em seu bem-estar, "nas possibilidades de desenvolvimento dos países e até mesmo em algumas regiões do mundo, com impacto negativo em matéria de segurança".

Ele afirmou que as mulheres continuam a ter menos possibilidades de participar do mercado de trabalho "e a desigualdade salarial por gênero continua a ser uma preocupação mundial". [...]

Desigualdade é a face da globalização, diz secretário-geral da ONU. Em.com.br Internacional, 8 maio 2018. Disponível em: <www.em.com.br/app/noticia/internacional/2018/05/08/interna_internacional,957121/desigualdade-e-a-face-da-globalizacao-diz-secretario-geral-da-onu.shtml>. Acesso em: out. 2018.

1 Qual crítica a globalização recebeu do secretário-geral da ONU?

2 Qual é o efeito negativo da globalização para jovens e mulheres?

Inovações tecnológicas no cotidiano

Há décadas, o liquidificador, a batedeira ou a máquina de lavar roupa foram inovações tecnológicas. Embora esses aparelhos também tenham se sofisticado, hoje as inovações vão muito além; consistem em uma infinidade de eletrônicos de altíssima tecnologia, como *smartphones*, carros inteligentes (veículos autônomos, conduzidos eletronicamente) e itens domésticos que se assemelham a robôs.

As inovações tecnológicas no mundo globalizado estão relacionadas a criação da internet no final da década de 1960, nos Estados Unidos. A internet é considerada uma das invenções mais expressivas da Terceira Revolução Industrial, mudando a economia, as relações de trabalho e os hábitos. Seu impacto na vida das pessoas tem sido comparado ao da máquina a vapor, durante a Primeira Revolução Industrial. Sua popularização impulsionou a globalização.

O computador e a internet são considerados os grandes símbolos do mundo globalizado e da tecnologia da Terceira Revolução Industrial. Pensilvânia, Estados Unidos, c.1946.

Primeiro computador pessoal. Estados Unidos, 1981.

Notebook moderno.

A internet provocou uma verdadeira "revolução digital" nas últimas décadas, influenciando até mesmo o surgimento e o desaparecimento de profissões, movimentando muito o mercado de trabalho. Principalmente no espaço urbano apareceram várias ocupações ligadas à comunicação que dependem da internet. É o caso dos **blogueiros** e ***youtubers***. Além deles, há redatores e editores de conteúdo para a internet, analistas de mídias sociais, responsáveis por divulgar produtos em redes sociais, entre outros.

A internet também tem possibilitado avanços ao setor agropecuário, facilitando a execução de tarefas, por exemplo, de agrônomos e agricultores, que adotam essa ferramenta para realizar tarefas rotineiras como consulta das condições meteorológicas e de outros aspectos ambientais, pesquisa de preços de insumos, controle de estoques. *Tablets*, *notebooks* e *smartphones* passaram a fazer parte dos equipamentos usados na produção agrícola.

Glossário

Blogueiro: termo utilizado para designar o indivíduo que publica conteúdos em *blogs*.
Youtuber: produtor de conteúdo para divulgação na plataforma YouTube.

Os principais avanços tecnológicos que possibilitaram a criação da internet e da rede de informática, de uma forma geral, foram desenvolvidos no **Vale do Silício**, no estado da Califórnia, nos Estados Unidos. Trata-se de um formidável tecnopolo, uma parceria entre empresas de informática e universidades.

A partir de 1950, o Vale do Silício destacou-se na produção de circuitos eletrônicos e passou a gerar conhecimento tecnológico de ponta. Hoje abriga várias empresas de alta tecnologia, como Apple, Facebook, Google, Intel, Microsoft, Yahoo, Adobe e Oracle, entre outras.

O nome **silício** é uma homenagem ao próprio silício, principal elemento químico utilizado na produção de circuitos e *chip* eletrônicos.

A internet promove a cidadania quando faz a inclusão digital, possibilitando a todos o acesso à rede. São José dos Campos (SP), 2016.

As vantagens da internet são muitas, como facilidade de comunicação, informação, entretenimento e acesso a serviços. As redes sociais são utilizadas até mesmo como canal de organização popular para se fazer reivindicações e organizar protestos políticos. Foi o que aconteceu em 2011, na Primavera Árabe, quando diversos manifestações ocorridas em países como Líbia, Egito e Tunísia levaram centenas de milhares de pessoas às ruas em protesto contra seus governantes.

A fotografia registra um momento de protesto popular contra o governo no Cairo, capital do Egito, 2014.

zoom

1. Qual é o papel das redes sociais e da internet na promoção dos protestos populares como o retratado na fotografia?

2. Os protestos de rua ocorridos no Brasil em 2012 e 2013, amplamente noticiados na mídia, também foram organizados por meio das redes sociais. Pesquise sobre esses acontecimentos no país e escreva suas conclusões sobre o tema.

Devido ao movimento dos negócios, a tecnologia se tornou indispensável à vida e ao trabalho da maior parte das pessoas e empresas. Por isso, estar no ambiente *on-line* é agora fundamental na estratégia de *marketing* de qualquer marca, produto ou serviço. No mundo dos negócios, a internet também possibilitou que empresas e comerciantes de pequeno porte reduzissem seus custos com comunicação, além de proporcionar maiores opções de publicidade.

Observe no mapa a seguir a densidade do uso da internet no mundo.

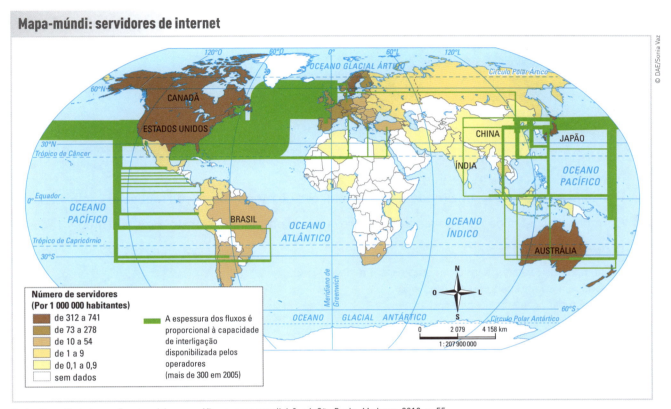

Fonte: Graça Maria Lemos Ferreira. *Atlas geográfico: espaço mundial*. 3. ed. São Paulo: Moderna, 2010. p. 55.

Os dados do mapa revelam que também há uma desigualdade digital no planeta, com maior utilização da rede nos países do norte, os mais industrializados. Note que na América Latina, na Ásia e, sobretudo, na África, há um número reduzido de servidores por habitantes.

Esse cenário reflete uma exclusão digital planetária, com mais da metade da população mundial excluída dessa rede de comunicação.

Outro problema do "mundo virtual" é o perigo da alienação, pois muitos têm as redes sociais como a única fonte de informação, o que pode torná-los incapazes de avaliar de forma ampla os acontecimentos na sociedade em que vivem, perdendo a capacidade de correlacionar fatos de acordo com sua visão de mundo.

A ONU estabeleceu que o dia 17 de maio é o Dia Mundial da Internet, também conhecido como Dia Mundial das Telecomunicações e da Sociedade da Informação, com o objetivo de promover uma reflexão sobre as potencialidades e os desafios das novas tecnologias na vida dos cidadãos.

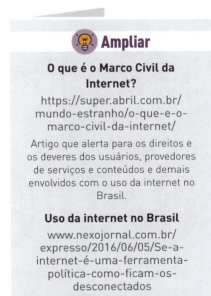

Ampliar

O que é o Marco Civil da Internet?

https://super.abril.com.br/mundo-estranho/o-que-e-o-marco-civil-da-internet/

Artigo que alerta para os direitos e os deveres dos usuários, provedores de serviços e conteúdos e demais envolvidos com o uso da internet no Brasil.

Uso da internet no Brasil

www.nexojornal.com.br/expresso/2016/06/05/Se-a-internet-é-uma-ferramenta-política-como-ficam-os-desconectados

Pesquisa realizada pelo Pnad sobre o uso da internet no Brasil.

Atividades

1. Qual é o papel dos países do Sul na Divisão Internacional do Trabalho?

2. Leia o trecho da canção Pela Internet 2 de Gilberto Gil.

   Pela Internet 2

   [...] Que o desejo agora é garimpar
   Nas terras das serras peladas virtuais
   As criptomoedas, bitcoins e tais
   Não faz economias, novos capitais
   Se é música o desejo a se considerar
   É só clicar que a loja digital já tem
   Anitta, Arnaldo Antunes, eu não sei mais quem [...]

   Disponível em: <www.vagalume.com.br/gilberto-gil/pela-internet-2.html>.
   Acesso em: out. 2018.

   Considerando o trecho, que mudanças nas relações do mundo atual são motivadas pela internet?

3. Com base na letra da canção a seguir, escreva um exemplo que retrate o mundo globalizado.

   Disneylândia

   Multinacionais japonesas instalam empresas em Hong-Kong
   E produzem com matéria-prima brasileira
   Para competir no mercado americano
   [...]
   Crianças iraquianas fugidas da guerra
   Não obtêm visto no consulado americano do Egito
   Para entrarem na Disneylândia

   Arnaldo Antunes. Disponível em: <www.letras.mus.br/titas/86548/>.
   Acesso em: ago. 2018. (fragmento)

4. A tira a seguir revela uma crítica aos meios de comunicação, em especial à internet.

   a) Comente a crítica presente na tira.
   b) No que se refere à crítica apresentada, você observa em seu cotidiano situações como as da tira?
   c) Que forma de comunicação você mais utiliza? Explique?

CAPÍTULO 9
Blocos econômicos e organizações mundiais

Mundo multipolar

Com o fim da Guerra Fria e do mundo bipolar, a partir da década de 1990 se sobressaíram três polos de poder econômico no mundo: os **Estados Unidos**, a **União Europeia** e o **Japão**. Assim, sob o ponto de vista econômico, passamos a ter um mundo multipolar, uma maneira de regionalizar o mundo com a perpectiva da influência das grandes forças da economia internacional.

Observe no mapa a seguir as potências econômicas do **mundo multipolar** e suas áreas de influência.

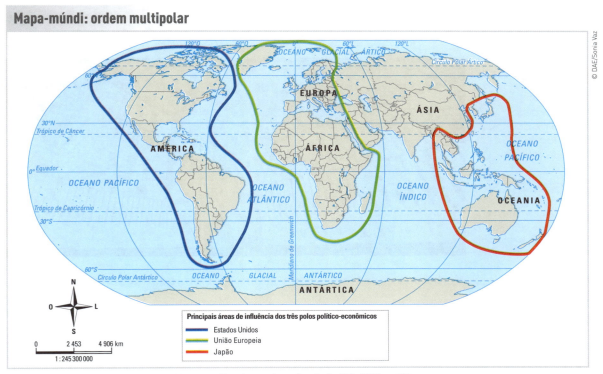

Fonte: Gisele Girardi e Jussara Vaz Rosa. *Atlas geográfico do estudante*. São Paulo: FTD, 2011. p. 135.

Note que, na formação do mundo multipolar, toda a América Latina estava sob a influência econômica dos Estados Unidos; a África, da União Europeia; e uma parte da Ásia e da Oceania, do Japão. Novos polos de poder e influência surgiram desde então, a Rússia, a China e a Índia também têm força econômica, e a região do Oriente Médio ainda consegue sobreviver do petróleo, sua maior riqueza.

Nas últimas décadas, a **China** tem se destacado na liderança da economia mundial, em razão de seu crescimento econômico. Atualmente, seu Produto Interno Bruto (PIB) já supera o da maioria dos países do G-7, ficando atrás apenas dos Estados Unidos. O desenvolvimento industrial chinês é um exemplo do tipo de desenvolvimento que ocorre nos polos de poder emergentes: baseia-se em manufaturas bastante diversas, que compõem polos formados principalmente por empresas transnacionais.

89

Blocos econômicos

No mundo multipolar, o poder não é mais medido pela força militar, como no período da Guerra Fria, mas pela disponibilidade de capitais, avanço tecnológico, qualificação da mão de obra, nível de produtividade e índice de competitividade dos países. Assim, a **nova ordem mundial** é regida principalmente pelo poder econômico.

Nas últimas décadas, instaurou-se um novo arranjo geopolítico e econômico no plano internacional, com a formação de **blocos econômicos**. Para muitos países, participar desses blocos passou a ser uma estratégia para conseguir maior inserção no comércio internacional do mundo globalizado.

Seguindo essa tendência, esses países passaram a substituir os **acordos bilaterais** pelos acordos multilaterais, que envolvem um número maior de países em suas relações comerciais. A ideia é a redução e até mesmo a eliminação das tarifas alfandegárias para que haja maior integração comercial e circulação mais rápida das mercadorias entre os países envolvidos.

Mas o que são tarifas alfandegárias?

Nas relações econômicas, para obter a permissão de venda, os países precisam efetuar o pagamento de taxas para aqueles que pretendem vender. Essa é uma prática comum nas transações comerciais entre países. A **Organização Mundial do Comércio** (OMC), que fiscaliza e impõe regras ao comércio internacional, aceita que haja o pagamento de tarifas alfandegárias, dentro de um limite estabelecido, para proteger os mercados nacionais. Contudo, essas tarifas muitas vezes são elevadas, configurando protecionismo econômico, prática combatida e criticada pela OMC.

Glossário

Acordo bilateral: acordo ou transação econômica entre dois países que visa à reciprocidade entre as partes.

Sede da OMC em Genebra, Suíça, 2018. Essa organização fiscaliza as relações comerciais entre os países.

Há vários modelos de blocos econômicos, que se diferenciam quanto ao nível de integração, objetivos e interesses.

- **Zona de preferência tarifária** – é o primeiro nível de integração econômica na formação de um bloco e consiste no estabelecimento de níveis tarifários preferenciais para um conjunto de países, os quais se beneficiam de melhores tarifas em suas transações comerciais. Exemplo: Associação Latino-Americana de Integração (Aladi).
- **Zona de livre comércio** – segundo nível de integração, trata-se de um modelo cujo objetivo é reduzir ou eliminar as tarifas de importação e exportação, a fim de facilitar maior circulação de mercadorias entre os países-membros. Exemplo: Acordo de Livre Comércio da América do Norte (Nafta, na sigla em inglês).
- **União aduaneira** – modelo que propõe a redução gradativa das tarifas de importação e exportação, como a zona de livre comércio, mas que estabelece uma Tarifa Externa Comum (TEC), imposto cobrado sobre produtos de países que não pertencem ao bloco. Exemplo: Mercosul.
- **Mercado comum** – modelo mais completo de bloco econômico, que, além de reduzir e até eliminar as taxas de importação e exportação, estabelece a livre circulação de mercadorias, capitais, serviços e pessoas pelas fronteiras políticas de seus membros. Exemplo: União Europeia.

- **União econômica e monetária** – considerado o nível mais completo e complexo de integração, esse modelo adota, entre os países-membros, uma moeda única, a padronização de política econômica, a fixação de taxas de inflação e política de juros. É o caso, por exemplo, da Zona do Euro, em que os 19 países da União Europeia extinguiram as moedas nacionais e adotaram apenas uma, com um banco central supranacional para controlar o sistema financeiro dos países-membros.

No processo de globalização da economia, vários blocos econômicos se formaram. Observe no mapa a seguir alguns deles. Esses blocos também são uma forma de regionalizar o mundo, sob o aspecto econômico.

A criação de uma moeda única parecia uma medida impossível no mercado financeiro internacional, até ser criado o bloco da União Europeia, 2016.

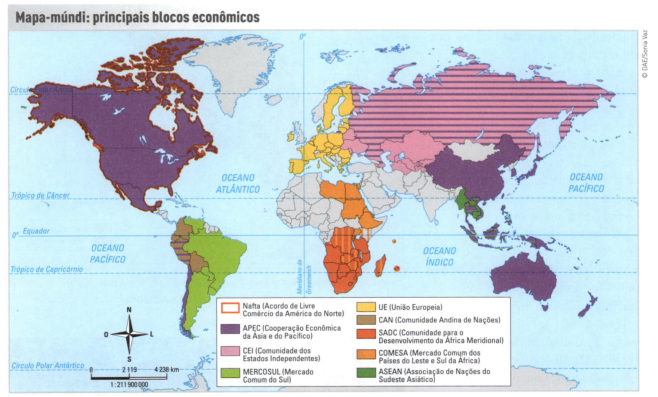

Fonte: *Atlas geográfico Melhoramentos*. 4. ed. São Paulo: Melhoramentos, 2017. p. 36.

Note no mapa que quase todos os países estão envolvidos em um ou outro bloco econômico, o que demonstra uma tendência de parcerias e associações nessa nova ordem internacional. A África apresenta organizações econômicas, como a Comunidade para o Desenvolvimento da África Meridional (**SADC**, na sigla em inglês) e o Mercado Comum dos Países do Leste e Sul da África (**Comesa**, na sigla em inglês). As parcerias africanas têm contribuído para o crescimento das economias dos países, promovendo um maior intercâmbio comercial.

Também podemos constatar, no mapa, que a proximidade territorial é um fator importante para a formação de blocos, embora não seja uma regra. Assim, os Estados Unidos, por exemplo, participam do Acordo de Livre Comércio da América do Norte (**Nafta**) com os vizinhos México e Canadá, mas também da Associação de Cooperação Econômica da Ásia e do Pacífico (**Apec**, na sigla em inglês), em que muitos países-membros estão distantes uns dos outros. Assim também acontece com a Rússia, que faz parte da Apec e da Comunidade dos Estados Independentes (**CEI**).

O Brasil pertence ao **Mercosul**, união aduaneira formada também por Argentina, Paraguai e Uruguai. O bloco foi criado em 1991, no Tratado de Assunção.

Muitos acordos comerciais foram realizados, intensificando as exportações e as importações entre os países-membros. Por conta do bloco, desde a década de 1990 têm aumentado as exportações do Brasil aos países parceiros. Muitos pequenos e médios empresários brasileiros exportam seus produtos para países do Mercosul graças principalmente à proximidade geográfica dos países.

Mas o Mercosul também apresenta problemas, como a desigualdade econômica dos países-membros, ausência de uma moeda forte e, principalmente, falta de infraestrutura de transporte adequada entre os países: as estradas não oferecem boas condições e não há ligação ferroviária importante.

No contexto da América também atuam outros blocos, como a **Comunidade Andina de Nações**, união aduaneira integrada por Bolívia, Colômbia, Equador e Peru.

Em 1980, foi criada a Associação Latino-Americana de Integração (**Aladi**), com o objetivo de promover o desenvolvimento econômico e social da região e que visa, no futuro, à criação de um mercado latino-americano. Fazem parte dessa organização Peru, Uruguai, Venezuela, Argentina, Bolívia, Brasil, Chile, Colômbia, Cuba, Equador, México, Panamá e Paraguai.

Fontes: *Atlas geográfico escolar*. 7. ed. Rio de Janeiro: IBGE, 2016. p. 41.; MERCOSUL. Disponível em: <www.mercosur.int/innovaportal/v/7824/3/innova.front/paises-do-mercosul>. Acesso em: ago. 2018.

Encontro da Unasul, uma das organizações recentes criada para integrar ainda mais os países da América do Sul. Quito, Equador, 2016.

Em 2008, foi criada a União das Nações Sul-Americanas (**Unasul**), uma organização não governamental composta de 12 países da América do Sul com o objetivo de propiciar uma maior integração entre os países, não apenas no campo econômico mas também no social, propondo uma maior cooperação nos setores de educação, cultura e ciência.

Uma das organizações mais antigas da América não é um bloco econômico: a Organização dos Estados Americanos (**OEA**) foi criada em 1948 com o objetivo de garantir a paz, a segurança e promover a democracia no continente americano.

Associações internacionais

Uma associação internacional, no sentido econômico, configura-se quando um grupo de países se compromete a seguir as mesmas diretrizes e executar uma ação combinada e conjunta no sentido de ajuda mútua. Uma importante associação é o **G-20**, que reúne as grandes economias industrializadas e emergentes, criado em 1999 para discutir questões-chave da economia global. O G-20 é representado pelos ministros das finanças e dirigentes de bancos centrais de 19 países e da União Europeia.

Veja o mapa a seguir.

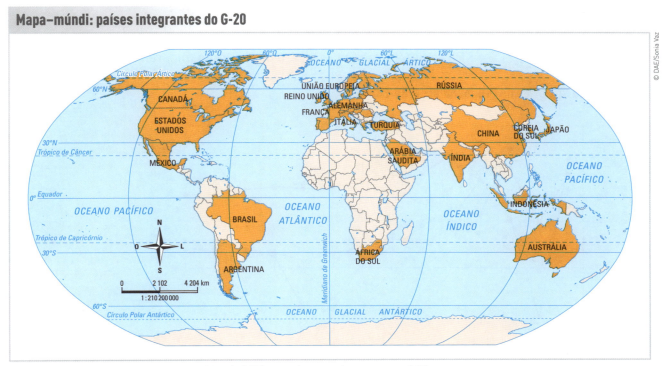

Fonte: G20 Member Map. Disponível em: <www.g20.org/es/g20/quienes-integran>. Acesso em: ago. 2018.

Outra importante associação, conhecida como "*clube dos ricos*", é a Organização para a Cooperação e Desenvolvimento Econômico (**OCDE**). Essa organização promove ações com o objetivo de fortalecer a economia e a estabilidade financeira global.

A maioria dos países que integram a OCDE tem PIB e IDH elevados, ou seja, são países desenvolvidos. A organização auxilia o desenvolvimento econômico de outros países, promovendo medidas para gerar emprego, garantir acesso à educação, reduzir as desigualdades sociais e, enfim, melhorar a qualidade de vida das pessoas.

Reunião da OCDE. Paris, França, 2018.

Em 2001, o economista estadunidense Jim O`Neil criou a sigla **Bric** para se referir a um grupo de países emergentes – no caso, Brasil, Rússia, Índia e China – que vinham alcançando significativo crescimento econômico desde a década de 1990.

Esses países amadureceram essa ideia e, em 2006, criaram uma parceria econômica, com reuniões anuais e trocas de informações e ajustes para ajuda financeira mútua. Em 2011, o grupo passou a se chamar **Brics**, com a entrada de um novo parceiro, a África do Sul, mesmo com críticas da comunidade internacional, pois esse novo país não estaria no mesmo nível de desenvolvimento que os demais.

O Brics não é considerado um bloco econômico, mas um agrupamento informal, visto que não há registro de um estatuto e de uma carta de intenções, procedimentos comuns aos blocos econômicos.

Esse grupo tem representatividade mundial principalmente por retratar 42% da população, 45% da força de trabalho, 21% do PIB e deter grandes reservas de recursos minerais.

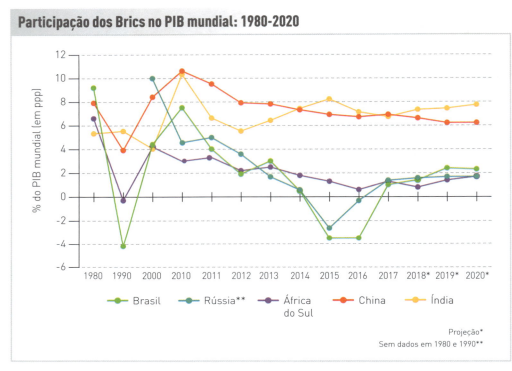

Fonte: Fundo Monetário Internacional. Perspectiva Econômica Mundial, outubro 2018. Disponível em: <www.imf.org/external/datamapper/NGDP_RPCH@WEO/BRA/IND/CHN/RUS/ZAF>. Acesso em: out. 2018.

Em 2013, o grupo decidiu criar um banco internacional, o que desagradou as grandes forças econômicas mundiais, como o Fundo Monetário Internacional (FMI) e o Banco Mundial.

As trocas comerciais entre os países do Brics têm aumentado nos últimos anos, principalmente no que se refere à produção e distribuição de produtos agrícolas e industrializados, com medidas que favoreçam a relação de exportação e importação entre eles.

Encontro anual do Brics realizado em Xiamen, China, 2017.

Atividades

1. O que é o mundo multipolar? O que o diferencia da antiga ordem bipolar?

2. Com base no mapa a seguir, responda às questões.

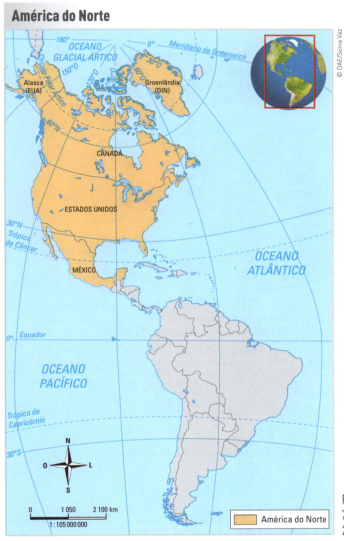

Fonte: *Atlas geográfico escolar.* 7. ed. Rio de Janeiro: IBGE, 2016. p. 37, 39 e 41.

   a) Que bloco econômico esses países integram?
   b) Qual é o modelo desse bloco? Explique.

3. Sobre o bloco econômico do Mercosul, responda:
   a) Que países integram o bloco?
   b) Qual é o modelo desse bloco? Explique.

4. Apresente **dois argumentos** que justifiquem a importância da formação de blocos econômicos.

5. Os blocos econômicos têm diferentes níveis de integração. Um deles é a zona de livre comércio. Caracterize essa integração.

6. O que são políticas de subsídios agrícolas e barreiras protecionistas? De que forma elas beneficiam alguns países e prejudicam outros?

Retomar

1 Cite exemplos que evidenciem características do mundo globalizado.

2 Escreva sobre a importância do desenvolvimento dos meios de transporte e das telecomunicações para o processo da globalização.

3 Observe a figura-esquema a seguir e faça o que se pede.

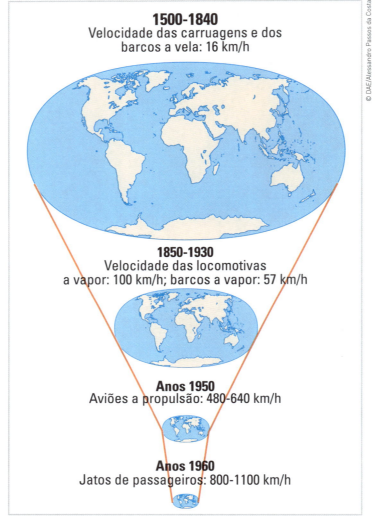

Fonte: David Harvey. *Condição pós-moderna*. São Paulo: Loyola, 1992. p. 220-221.

a) Que título você daria a essa figura-esquema?

b) Escreva o que você entendeu das mudanças mostradas em sequência nos mapas-múndi da figura-esquema.

4 Elabore um quadro ilustrativo que represente, por meio de imagens obtidas em revistas, jornal ou internet, os fluxos da globalização: capitais, mercadorias, pessoas e informações.

5 Qual é o significado da palavra informacional na expressão "revolução técnico-científica e informacional"?

6 Você costuma usar a internet em suas atividades cotidianas? Em caso afirmativo, com qual finalidade?

7 Mencione a crítica feita na charge.

8 A formação de blocos econômicos tornou-se essencial para o fortalecimento e a expansão econômica no mundo globalizado. Explique essa afirmação mencionando exemplos.

9 Leia o trecho a seguir e faça o que se pede.

O mundo encolheu. [...] encurtando as distâncias ou aumentando nossa velocidade de deslocamento, abraçamos regiões cada vez maiores ou chegamos cada vez mais longe. Somos globalizadores.

Márcio Masatoshi Kondo. O mundo e a globalização. *Folha de S.Paulo*, 5 dez. 2000.
Disponível em: <www1.folha.uol.com.br/folha/educacao/ult305u1744.shtml>. Acesso em: out. 2018.

Considerando o mundo globalizado e os avanços tecnológicos explique a expressão "O mundo encolheu".

10 Considerando o mundo globalizado, mencione a crítica feita na charge a seguir aos fluxos de globalização apresentados.

Visualização

A seguir apresentamos um mapa conceitual do tema estudado nesta unidade. Trata-se de uma representação gráfica que organiza o conteúdo, composto de uma estrutura que relaciona os principais conceitos e as palavras-chave. Essa ferramenta serve como resumo e instrumento de compreensão dos textos, além de possibilitar consultas futuras.

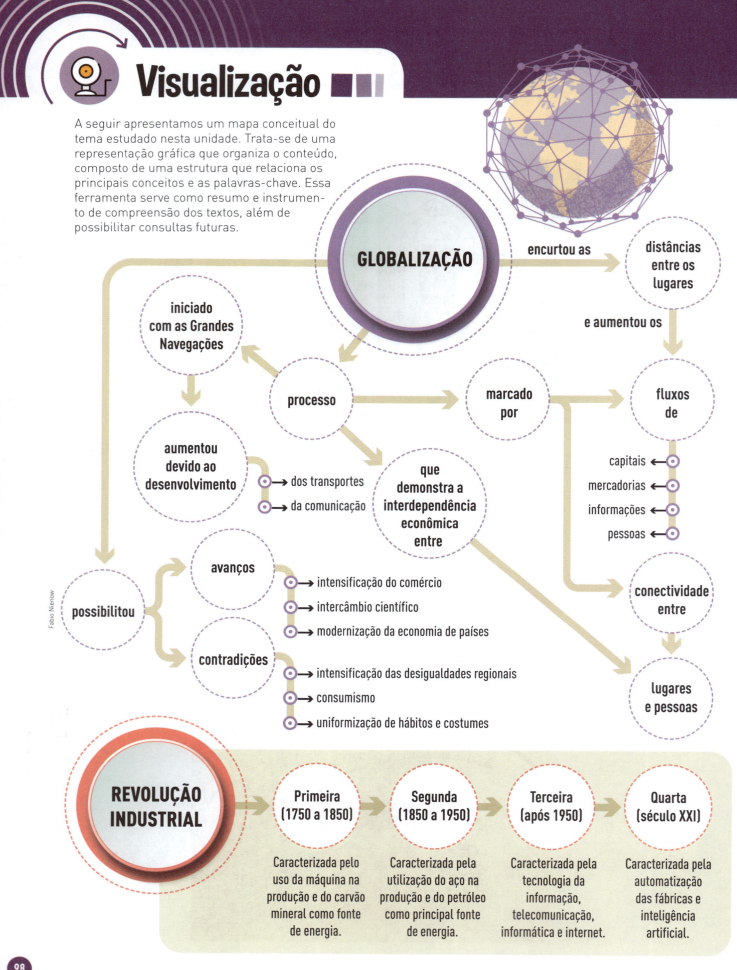

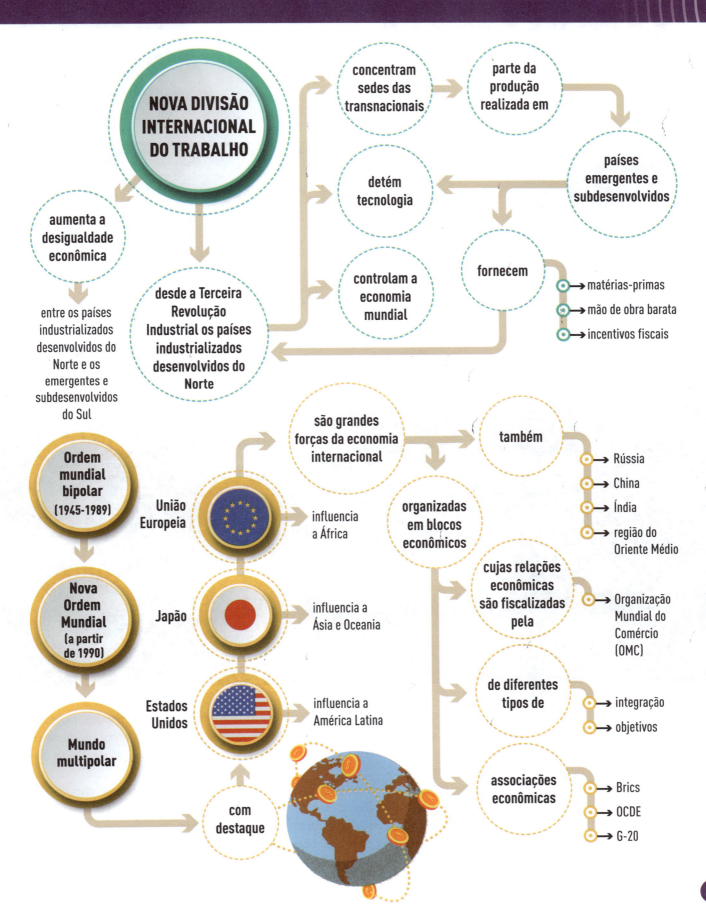

UNIDADE 4

Visão do Atacama, Chile, 2018.

A América tem uma rica diversidade de paisagens naturais e humanizadas. Florestas densas, desertos, geleiras, cordilheiras, lagos e rios volumosos estão entre os inúmeros aspectos naturais do continente. Além disso, diversos povos, culturas e tradições se distribuem pelo território.

O processo histórico de ocupação e povoamento em nosso continente criou os diferentes modelos de organização social e econômica que temos hoje. Também, muitas paisagens naturais sofreram, ao longo do tempo, significativas transformações e degradações em decorrência da construção de espaços geográficos diversos.

América: o nosso continente

Floresta Equatorial, Guatemala, 2018.

1. Observe os elementos que compõem as paisagens. É possível perceber a diversidade natural do continente americano ao comparar as fotografias?

2. Que outras paisagens ou aspectos naturais da América você conhece?

3. Em relação à diversidade cultural, o que você sabe sobre isso?

CAPÍTULO 10
Localização e regionalização

Localização da América

O **continente americano**, com área de 42.560.270 km², corresponde ao segundo maior continente em extensão da superfície terrestre, ocupando 28% das terras emersas do planeta. Nesse imenso continente, vivem mais de 1 bilhão de pessoas, a terceira maior população continental do mundo.

Observe no mapa a seguir a localização da América e dos demais continentes terrestres.

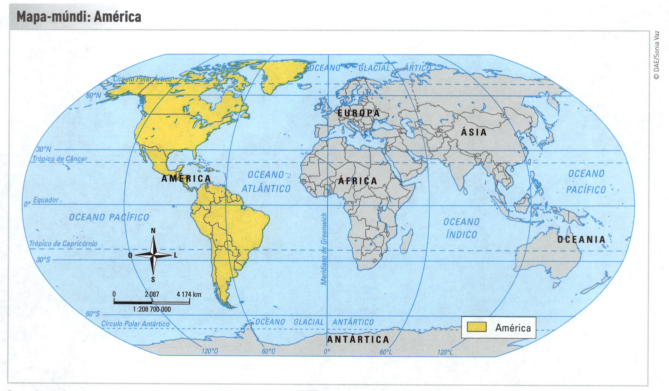

Mapa-múndi: América

Fonte: Gisele Girardi e Jussara Rosa Vaz. *Atlas geográfico do estudante*. São Paulo: FTD, 2011. p. 115.

No sentido latitudinal, ou seja, norte-sul, o continente americano é o de maior extensão, pois se estende entre 84° 40' N e 59° 42' S. Desse modo, as terras americanas distribuem-se pelos hemisférios Norte e Sul do planeta, atravessadas pela Linha do Equador, pelos trópicos de Câncer e de Capricórnio e, ainda, pelo Círculo Polar Ártico. O continente está totalmente localizado no Hemisfério Ocidental, a oeste do Meridiano de Greenwich.

A América é banhada a leste pelo Oceano Atlântico, a oeste pelo Oceano Pacífico e, ao norte, pelo Oceano Glacial Ártico.

O continente ocupa diferentes faixas climáticas do planeta: tropical, temperada norte e sul e polar ártica. Esse fato se deve à grande variação latitudinal da América.

Regionalizações do continente americano

Podemos regionalizar o continente americano com base em diferentes critérios. Por exemplo, na disposição das terras (físico-geográfico), no passado colonial (histórico-cultural) e no nível de desenvolvimento e características econômicas (socioeconômico).

Regionalização físico-geográfica

Considerando o critério físico-geográfico, a América é constituída de três porções, denominadas **América do Norte**, **América Central** e **América do Sul.**

Observe no mapa a seguir os países que formam cada uma delas.

Fonte: *Atlas geográfico escolar*. 7. ed. Rio de Janeiro: IBGE, 2016. p. 37, 39 e 41.

Na **América do Norte**, além dos três países que a compõem – Canadá, Estados Unidos e México –, está situada a Groenlândia, ilha que pertence à Dinamarca, país europeu. A **América Central** interliga as porções norte e sul do continente e está dividida em **América Central Continental**, que agrupa 7 países do **istmo**, e **América Central Insular** (conjunto de ilhas). A **América do Sul** é formada por 12 países soberanos e a Guiana Francesa.

Glossário

Istmo: porção estreita de terra que liga duas porções maiores.

Regionalização histórico-cultural

Quando o critério é o processo de colonização do continente, a América é regionalizada em dois conjuntos: **América Latina** e **América Anglo-Saxônica**. Essa regionalização considera, para efeito de divisão, a forma de ocupação colonial empreendida pelos povos europeus a partir do século XVI. A estrutura de domínio das terras americanas implantada por esses povos não foi a mesma: em muitas áreas a finalidade foi a exploração, e, em outras, a fixação para moradia. Isso determinou diferenças políticas e econômicas, assim como traços culturais distintos.

Os países que compõem a **América Anglo-Saxônica** são Estados Unidos e Canadá, onde predominou a colonização inglesa.

Na **América Latina**, formada pelo México e pelos países da América Central e da América do Sul, a colonização foi predominantemente espanhola e portuguesa. Por isso, na América Anglo-Saxônica predomina a língua inglesa e, na América Latina, o espanhol e o português.

Observe no mapa esses conjuntos regionais e, a seguir, os principais fatores que deram origem a essa divisão.

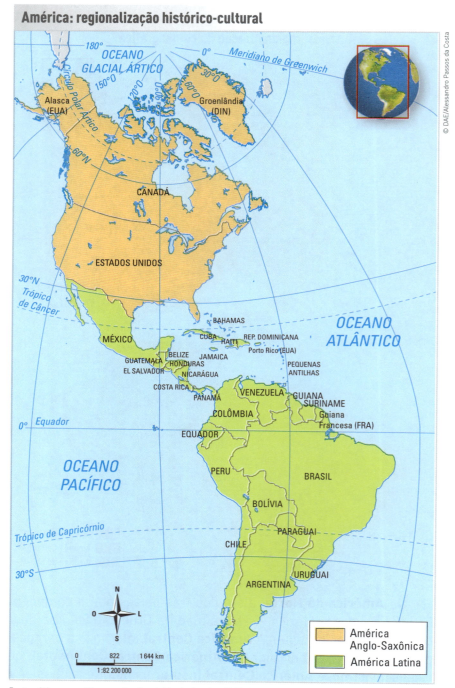

Fonte: *Atlas geográfico escolar*. 7. ed. Rio de Janeiro: IBGE, 2016. p. 32.

Colonização de povoamento e colonização de exploração

A partir do século XVI, grande parte das terras americanas, em especial as localizadas na zona intertropical, passou a ser organizada de modo a atender aos interesses comerciais das metrópoles, principalmente Portugal e Espanha. Com o objetivo de enriquecer as coroas portuguesa e espanhola, os colonizadores exploraram os recursos naturais – como madeira, ouro e prata – do território e estabeleceram áreas de produção agrícola destinadas exclusivamente ao mercado europeu. Para isso, empregaram mão de obra escravizada – inicialmente dos nativos e, posteriormente, dos africanos (especialmente nas colônias portuguesas).

A esse tipo de ocupação deu-se o nome de **colonização de exploração**. Ela foi empreendida, em sua maioria, na América Latina.

Processo diferente ocorreu nos países que hoje constituem a América Anglo-Saxônica, colonizados, sobretudo, por ingleses e franceses. Em parte das terras dos Estados Unidos e do Canadá, desenvolveu-se a **colonização de povoamento**, caracterizada pela ocupação familiar, com o objetivo de estabelecer moradia. As terras eram divididas em médias e pequenas propriedades, cultivadas pelas próprias famílias, e a produção era destinada principalmente ao mercado interno.

Veja a seguir um quadro comparativo dos dois tipos de colonização.

Colônias de povoamento	Colônias de exploração
Norte e centro-norte das Treze Colônias inglesas (EUA) e parte do Canadá.	América Espanhola, Brasil, Caribe e sul das Treze Colônias inglesas (EUA).
Pequenas e médias fazendas.	Grandes fazendas.
Trabalho livre.	Trabalho escravo.
Produção voltada para atender ao mercado interno.	Produção voltada para o mercado externo, ou seja, para a metrópole.
Grande autonomia e liberdade de comércio.	Exploração das riquezas e comércio feito exclusivamente com a metrópole.
Relativa autonomia administrativa.	Administração controlada pelo governo da metrópole.

Gravura da colonização pelos colonizadores dos Estados Unidos, 1882.

Gravura de derrubada de floresta durante o período da colonização do Brasil no século XIX.

Os diferentes tipos de colonização do território americano estão entre os fatores que deram origem aos marcantes desequilíbrios regionais no continente. Durante o período colonial, a maior parte dos países da América Latina se manteve exclusivamente como fornecedora de matéria-prima e produtos agrícolas para as metrópoles, o que imprimiu grande dependência e tardia autonomia econômica desses países.

Regionalização socioeconômica

Atualmente, enquanto a economia dos países da América Anglo-Saxônica, classificados como **países do norte**, é baseada na elevada industrialização e urbanização, com bons indicadores econômicos e sociais, nos países da América Latina, os **países do sul**, há economias emergentes e outras com desenvolvimento econômico e social relativamente baixo. No entanto, tanto nos países do sul como nos do norte, há desequilíbrio econômico interno, embora seja mais acentuado nos países do sul.

Observe no mapa a seguir a regionalização socioeconômica do continente americano e a base econômica dos países.

Fontes: Vera Caldini e Leda Ísola. *Atlas geográfico Saraiva*. 4. ed. São Paulo: Saraiva, 2013. p. 97; Michel Hagnerelle. *L'espace mondial*. Paris: Magnard, 1988; André Gauthier. *Les hommes et la terre*. Paris: Bréal, 1996; *Images économie-géostratégie 2008*. Paris: Armand Colin, 2007. p. 184-206.

Quando analisamos e comparamos indicadores sociais do continente americano, percebemos nitidamente que, ao longo do tempo, alguns países da América tiveram maiores avanços econômicos e sociais do que outros.

Cartografia em foco

Observe o mapa do continente americano a seguir.

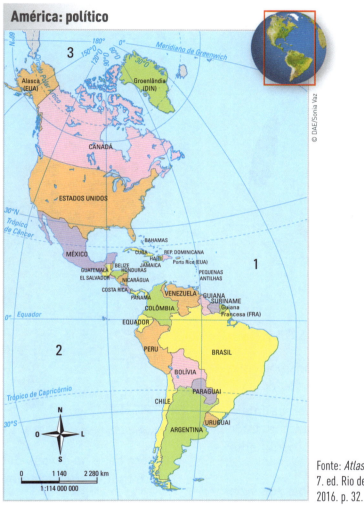

Fonte: *Atlas geográfico escolar*. 7. ed. Rio de Janeiro: IBGE, 2016. p. 32.

1 De acordo com a numeração, quais são os oceanos que banham a América?

2 Cite o nome de dois países ou territórios localizados totalmente ou no Hemisfério Norte ou no Hemisfério Sul.

3 Escreva o nome de um país ou território do continente americano atravessado pelos paralelos a seguir:

a) Trópico de Capricórnio;

b) Trópico de Câncer;

c) Linha do Equador;

d) Círculo Polar Ártico.

4 Cite o nome de três ilhas do continente americano.

5 Que países fazem parte da América do Norte?

6 Que países estão localizados no istmo do continente? Como se chama essa porção continental?

7 Qual a localização do Brasil no continente americano?

Atividades

1 Identifique os oceanos e os paralelos relacionados ao continente americano.

América

Fonte: *Atlas geográfico escolar*. 7. ed. Rio de Janeiro: IBGE, 2016. p. 34.

2 Diferencie as duas regionalizações do continente americano quanto ao critério adotado.

3 Apresente um argumento a favor da interpretação do passado colonial como um fator que explica a atual situação do continente americano.

4 O continente americano teve dois tipos de colonização: de exploração e de povoamento.

Complete o quadro a seguir com as características solicitadas.

	Colonização de exploração	Colonização de povoamento
Local predominante		
Objetivo		
Tamanho das propriedades agrícolas		
Tipo de mão de obra		
Destino da produção		

5 Observe o mapa a seguir e faça o que se pede.

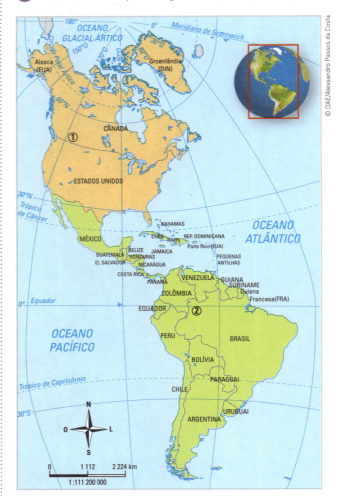

Fonte: *Atlas geográfico escolar*. 7. ed. Rio de Janeiro: IBGE, 2016. p. 32.

a) Com base na divisão da América, escreva um título para esse mapa.

b) Identifique cada um dos conjuntos regionais.

c) O que foi considerado para se estabelecer essa divisão?

d) Cite o nome de um país que pertence à América Anglo-Saxônica.

e) Cite o nome de um país que pertence à América Latina.

f) Que país pertence à América do Norte e à América Latina?

6 Com base nos critérios socioeconômicos, como podemos regionalizar o continente americano? Explique.

7 De acordo com a regionalização socioeconômica do continente americano, mencione dois países cuja economia é considerada emergente.

CAPÍTULO 11

Povos originários

Origem dos povos pré-colombianos

Você pode estar se perguntando: Qual é a origem dos seres humanos da América?

Pois bem, a teoria que por muitos anos foi a mais aceita para explicar a chegada dos seres humanos ao continente americano e a origem deles é a da passagem pelo Estreito de Bering. Segundo essa teoria, na última glaciação da Terra, quando o nível do mar baixou, grupos humanos se deslocaram da Ásia para a América por esse estreito, onde se formou uma ponte terrestre (15 mil anos atrás).

No entanto, outras teorias sugerem que os humanos, com embarcações primitivas, partiram de ilhas do sudeste asiático e da Oceania (Austrália e Polinésia) e chegaram à América pelo Oceano Pacífico, fazendo escala em suas ilhas.

Recentemente, alguns grupos de cientistas passaram a acreditar que esse último foi o caminho mais provável para a entrada de grupos humanos na América, visto que, por evidências biológicas, o estreito não poderia ter sido atravessado antes de 12,6 mil anos atrás, já que não era colonizado por plantas e animais, impossibilitando a longa viagem migratória. Nesse caso, os grupos teriam se deslocado ao longo da costa do Oceano Pacífico.

Observe essas diferentes rotas no mapa a seguir.

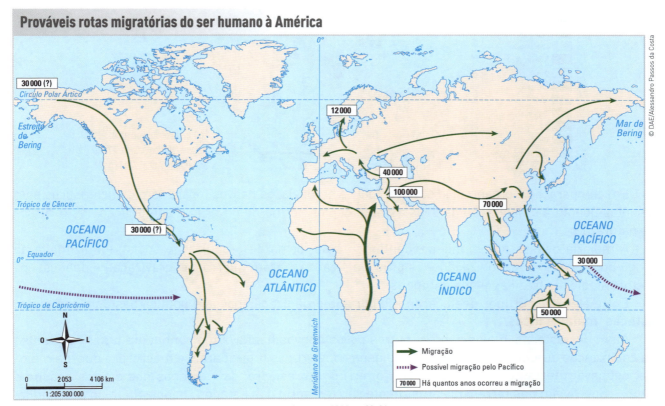

Prováveis rotas migratórias do ser humano à América

Fonte: Cláudio Vicentino. *Atlas histórico geral e do Brasil*. São Paulo: Scipione, 2011. p. 20-21.

Diversidade de povos pré-colombianos

Como você pôde compreender, a América não era uma terra desabitada até a conquista europeia. Naquele momento da História, numerosos povos já se espalhavam de norte a sul do continente. Em 1492, quando o navegante Cristóvão Colombo e sua expedição chegaram a essas terras, elas eram habitadas por civilizações com grande diversidade cultural.

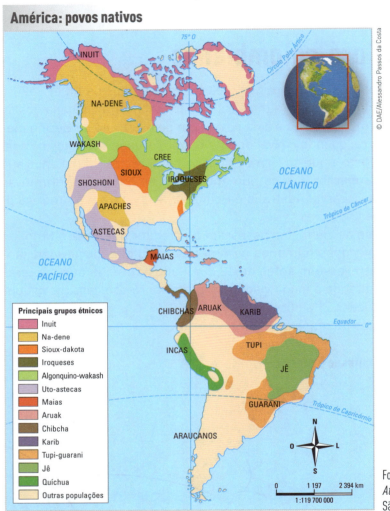

Fonte: José Jobson de A. Arruda. *Atlas histórico básico*. 17. ed. São Paulo: Ática, 2011. p. 21.

Em comparação à organização social e política europeia, os nativos mostravam características bem distintas quanto à organização de seus assentamentos, forma de governo e apropriação dos recursos da natureza.

A maioria desses povos, independentemente da forma de organização social, foi dizimada ao longo do processo de colonização – as principais causas foram guerras, escravização e doenças infectocontagiosas trazidas pelos europeus.

Entre eles, três grupos destacaram-se por sua organização social e política bastante complexa: **astecas**, **maias** e **incas**.

Além dos astecas, maias e incas, outros povos nativos habitavam o continente americano antes da colonização europeia. Entre eles, os indígenas dos grupos tupi-guarani e macro-jê – que, na maioria, ocupavam terras que hoje compõem o território brasileiro; os indígenas dos grupos apache e sioux – que viviam nas terras que atualmente são território dos Estados Unidos; além do povo inuíte, habitantes das terras mais frias, ao norte do continente (atual Canadá, Alasca e Groenlândia).

Os maias

O povo maia habitou a região das florestas tropicais, nos atuais territórios de Guatemala, Honduras e México.

Fonte: José Jobson de A. Arruda. *Atlas histórico básico*. 17. ed. São Paulo: Ática, 2011. p. 21.

A base da economia maia era a agricultura, principalmente de milho e feijão. Os maias aplicavam técnicas de irrigação muito avançadas e comercializavam mercadorias com povos vizinhos e no interior do próprio império.

Eram politeístas, acreditavam em vários deuses ligados à natureza. Como os egípcios, usavam uma escrita com base em símbolos e desenhos. Ergueram pirâmides, templos e palácios, demonstrando grande desenvolvimento na arquitetura. Atualmente, esses monumentos são importantes sítios arqueológicos, além de atrações turísticas.

Ruínas em Palenque, México, 2017.

Os astecas

Os astecas viveram em uma parte do atual território mexicano. Fundaram, no século XIV, a importante cidade de Tenochtitlán, no local ocupado atualmente pela Cidade do México.

A sociedade asteca era hierarquizada e comandada por um imperador, chefe do exército. A nobreza era formada também por sacerdotes e chefes militares. Os camponeses, artesãos e trabalhadores urbanos compunham a maior parte da população: constituíam uma camada social inferior e eram obrigados a doar parte dos frutos do trabalho ao imperador.

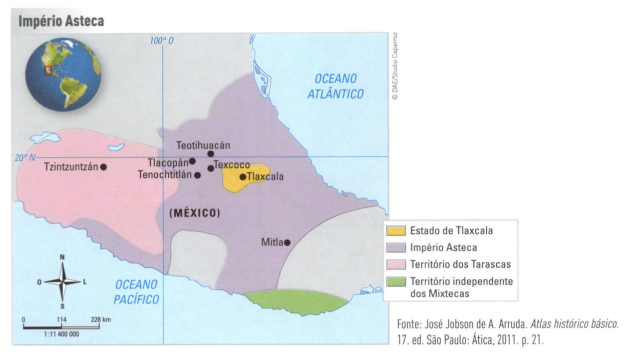

Fonte: José Jobson de A. Arruda. *Atlas histórico básico*. 17. ed. São Paulo: Ática, 2011. p. 21.

Os astecas construíram enormes pirâmides, usadas em cultos religiosos que podiam incluir sacrifícios humanos, realizados em datas específicas, pois acreditavam que os sacrifícios poderiam deixar os deuses mais calmos e satisfeitos.

Eles desenvolveram técnicas agrícolas, construíram obras de drenagem e as chinampas (ilhas de cultivo), onde plantavam e colhiam milho, pimenta, tomate, cacau etc. As sementes de cacau eram usadas como moedas.

Pirâmide asteca. Teotihuacán, México, 2018.

Os incas

A civilização inca desenvolveu-se nos altiplanos da Cordilheira dos Andes (América do Sul), em trechos dos atuais territórios de Peru, Bolívia, Chile, Equador e Argentina. A cidade sagrada de Cuzco, capital do império, foi fundada no século XIII.

Os incas desenvolveram uma técnica de construção de templos, casas e palácios baseada em enormes blocos de pedras encaixados. As ruínas da cidade de Machu Picchu, descobertas somente em 1911, revelaram uma eficiente estrutura urbana.

Eles domesticaram a lhama (animal típico da região) e a utilizaram como meio de transporte. Do animal obtinham lã, carne e leite. Além da lhama, também criavam alpacas e vicunhas, outros animais da mesma família.

A agricultura dos incas era extremamente desenvolvida e baseava-se na técnica de terraceamento: degraus erguidos nas vertentes das montanhas e preenchidos com terra fertilizada. Os principais alimentos cultivados eram o feijão, a batata e o milho – considerado sagrado. Eles também construíram canais de irrigação, alterando o curso dos rios e desviando a água para as aldeias.

Fonte: José Jobson de A. Arruda. *Atlas histórico básico*. 17. ed. São Paulo: Ática, 2011. p. 21.

Machu Picchu, Peru, 2018.

Ampliar

Machu Picchu – A antiga cidade do Império Inca

www.airpano.ru/files/Machu-Picchu-Peru/2-2

Nesse *site* você pode visitar virtualmente a cidade de Machu Picchu.

113

De olho no legado

Cientistas conseguiram comprovar, pela primeira vez, que os índios americanos são parentes próximos de um povo da região siberiana.

Segundo uma demonstração realizada por uma equipe internacional de geneticistas, os incas, astecas, iroqueses e outros grupos nativos americanos são parentes próximos dos povos de Altai, uma divisão federal da Rússia, localizada entre a Sibéria, a Mongólia e a China.

A teoria que afirma que os índios americanos se aparentam estreitamente com os povos de Altai não é nova. A migração dos povos da região siberiana através do nordeste da Rússia e do Alasca até a América gera suspeita há mais de um século. No entanto, até hoje, ninguém tinha conseguido provar isso. Agora, graças ao geneticista russo Oleg Balanovski, esse movimento migratório foi comprovado cientificamente.

Pelo estudo comparado das famílias genéticas dos índios americanos e de seus antepassados siberianos, contrastadas com as do resto do mundo, foi possível estabelecer que os antepassados de povos aborígenes, como os astecas e os incas, chegaram ao continente há 20 ou 30 mil anos, vindos da Sibéria. Porém, o resultado do estudo proporcionou outra grande descoberta: "Além dos antepassados siberianos, em alguns índios encontramos uma relação misteriosa com a população da Austrália e da Melanésia, ilhas situadas no Oceano Pacífico. É algo surpreendente, já que essas regiões são quase diametralmente opostas", afirma Balanovski.

O modo pelo qual esses fluxos migratórios conseguiram ultrapassar as barreiras oceânicas tem uma explicação: "O local que atualmente ocupa o Estreito de Bering podia ser atravessado a pé. Durante a glaciação, a água se transformou em gelo e o nível do oceano mundial diminuiu", explica Balanovski.

Cientistas comprovam que índios americanos são parentes de povo siberiano. *History*. Disponível em: <https://seuhistory.com/noticias/cientistas-comprovam-que-indios-americanos-sao-parentes-de-povo-siberiano>. Acesso em: set. 2018.

Os povos asiáticos e americanos têm relações de parentesco. Nas fotografias, caçador cazaque da região de Bayan-Olgii, província na Mongólia, 2017, e indígena norte-americano nativo em veste tradicional festiva, em Fort Hall, Idaho, Estados Unidos, 2017.

1 Segundo dados da pesquisa, há quantos anos os povos migraram da Ásia para a América?

2 Em que teoria de migração dos povos pré-colombianos a pesquisa se baseia?

Os indígenas brasileiros

Vimos que nas terras que hoje compõem o Brasil também havia povos que antecederam o colonizador, entre eles os grupos tupi-guarani e macro-jê.

No Brasil, atualmente, alguns povos vivem em territórios indígenas (TI), espaços delimitados pelo governo federal, mas também há grupos que vivem fora dessas terras ou mesmo isolados.

O total da população indígena que habitava o território antes da chegada dos portugueses ainda é uma incógnita, entretanto, algumas estimativas apontam para números que vão de 3 a 6 milhões de pessoas. Estavam divididas em mais de 1 400 povos, que falavam cerca de 1 300 línguas diferentes. Hoje restam cerca de 220 povos. Observe no mapa as áreas ocupadas pelos povos indígenas no território brasileiro à época da chegada dos portugueses.

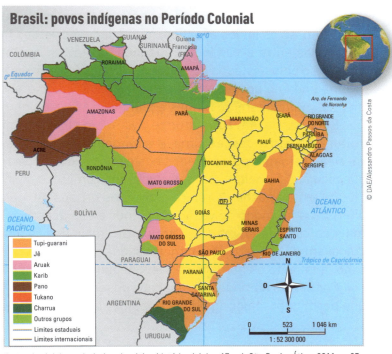

Fonte: José Jobson de A. Arruda. *Atlas histórico básico*. 17. ed. São Paulo: Ática, 2011. p. 35.

Se, no passado, os povos indígenas foram acuados pelo processo de colonização e expansão territorial das metrópoles europeias, atualmente seu reduzido espaço está sob ameaça – no Brasil, por exemplo, são frequentes as invasões das terras indígenas por garimpeiros, fazendeiros e madeireiros. O próprio poder público constrói obras de infraestrutura em terras indígenas.

Os povos nativos da América Latina sofreram muito preconceito e discriminação ao longo da História. Atualmente, se verifica um aumento da participação política dos indígenas, com um contínuo fortalecimento de suas organizações e o estabelecimento de alianças para a atuação política. Na elaboração da Constituição do Equador (2008) e na da Bolívia (2009), ambas recentes, os povos indígenas participaram da discussão da questão da governança dos recursos naturais.

Indígenas de etnia pataxó na Reserva da Jaqueira – Terra Indígena Pataxó. Porto Seguro (BA), 2018.

Os índios norte-americanos

Entre os vários povos indígenas existentes antes da colonização europeia nos Estados Unidos, destacam-se os índios apaches, nome dado a diversas tribos nativas daquele país culturalmente relacionadas entre si. Os índios **apaches** habitavam originalmente uma área que se estendia do norte do México pelos estados do Arizona, Novo México, Texas e Colorado (Estados Unidos). Algumas tribos viviam ainda no norte dos Estados Unidos. Dividido em vários clãs, o povo apache adaptou-se a ambientes muito diferentes: vales e planícies, áreas montanhosas, desertos e margens de rios.

Eles praticavam agricultura e viviam em aldeias familiares. A caça aos bisões era um símbolo da cultura e a carne desse animal era fundamental na dieta de muitos clãs. A religião apache relacionava-se ao xamanismo e à crença nos espíritos dos ancestrais. A religiosidade estava atrelada tanto ao sucesso nas colheitas como à vitória nos combates contra tribos inimigas.

O termo **apache** se refere a diversos grupos de índios americanos. Cada um deles apresentava diferenças no modo de vestir, de comer e nos acessórios utilizados. Alguns grupos se alimentavam mais da caça de animais e outros eram mais dedicados à agricultura. De modo geral, as mulheres cuidavam do preparo dos alimentos, das moradias, da água e de todas as outras funções dentro da tribo, enquanto os homens se responsabilizavam pela caça e pelas guerras.

Por serem nômades, os apaches desenvolveram um tipo de tenda feita de gravetos e lã, materiais que permitiam maior agilidade e rapidez em suas paradas e locomoções.

Gravura de tribo apache, por volta de 1884.

Gerônimo, líder dos apaches chiricahua. Povo que, durante muitos anos, guerreou contra a imposição pelos brancos de reservas tribais aos povos indígenas dos Estados Unidos – morreu em 17 de fevereiro de 1909. Fotografia de 1886.

A guerra contra os homens brancos começou com a chegada dos espanhóis e prolongou-se pelos séculos seguintes. Apesar disso, os apaches mantiveram relativa autonomia até o fim da Guerra Civil Americana. Eles foram os que resistiram por mais tempo à dominação do homem branco.

A imigração europeia introduziu na América do Norte doenças para as quais os nativos não tinham defesa, e as epidemias nas colônias inglesas atingiram os indígenas da mesma forma que nas áreas de colonização portuguesa e espanhola. O sarampo matou centenas de milhares de indígenas em toda a América.

Os inuítes

Outro povo originário da América do Norte são os inuítes. Durante séculos, eles foram chamados de "esquimós" pelos outros povos. Entretanto, a identidade cultural deles está intimamente ligada ao nome com que eles próprios sempre se identificaram: inuíte – que significa "povo" no idioma deles, o inuktitut.

Inuítes em iglu. Alasca, Estados Unidos, 1926.

As origens dos inuítes no atual território do Canadá datam de pelo menos 4 mil anos atrás. Seu modo de vida é adaptado à vasta terra fria em que habitam. Por milhares de anos, observaram atentamente o clima, as paisagens terrestres e marítimas e os sistemas ecológicos dos espaços que ocupavam. Com base nesse conhecimento, desenvolveram habilidades e tecnologias adaptadas a um dos ambientes mais inóspitos e exigentes do planeta.

Os inuítes tratavam com o mesmo respeito as pessoas, a terra, os animais e as plantas. Hoje, continuam tentando manter esse relacionamento harmonioso. Procuram utilizar os recursos terrestres e marinhos com sabedoria, preservando-os para as gerações futuras.

Antes da criação das colônias permanentes, nas décadas de 1940 e 1950, os inuítes migravam conforme a estação. Eles estabeleciam acampamentos de verão e de inverno, aos quais retornavam anualmente. Esses campos sazonais permitiam que usassem os recursos da terra e do mar nas épocas do ano em que eles eram mais abundantes.

A cultura inuíte foi exposta a muitas influências externas durante o século XX. Entretanto, eles conseguiram preservar seus valores e cultura. O inuktitut ainda é falado em todas as comunidades inuítes. É também o principal idioma dos programas de rádio e televisão originados no norte canadense, e faz parte do currículo escolar. Atualmente, segundo dados do governo canadense, os inuítes trabalham em todos os setores da economia, incluindo mineração, petróleo e gás, construção, governo e serviços administrativos. Muitos ainda complementam sua renda por meio da caça.

O turismo é uma indústria crescente na economia inuíte. Guias inuítes levam turistas em passeios com trenós, puxados por cães, e em expedições de caça, e trabalham em hospedarias para caçadores e pescadores. Cerca de um terço deles trabalham também meio período com esculturas, entalhes e gravuras. Você conhecerá mais sobre a condição atual dos inuítes na Unidade 5.

Viver

Leia trecho da Declaração das Nações Unidas sobre os Direitos dos Povos Indígenas, adotada pela Assembleia Geral da ONU em 2007.

Artigo 2

Os povos e pessoas indígenas são livres e iguais a todos os demais povos e indivíduos e têm o direito de não serem submetidos a nenhuma forma de discriminação no exercício de seus direitos, que esteja fundada, em particular, em sua origem ou identidade indígena. [...]

Artigo 5

Os povos indígenas têm o direito de conservar e reforçar suas próprias instituições políticas, jurídicas, econômicas, sociais e culturais, mantendo ao mesmo tempo seu direito de participar plenamente, caso o desejem, da vida política, econômica, social e cultural do Estado. [...]

Artigo 8

1. Os povos e pessoas indígenas têm direito a não sofrer assimilação forçada ou a destruição de sua cultura. [...]

Artigo 9

Os povos e pessoas indígenas têm o direito de pertencer a uma comunidade ou nação indígena, em conformidade com as tradições e costumes da comunidade ou nação em questão. Nenhum tipo de discriminação poderá resultar do exercício desse direito.

Artigo 10

Os povos indígenas não serão removidos à força de suas terras ou territórios. Nenhum traslado se realizará sem o consentimento livre, prévio e informado dos povos indígenas interessados e sem um acordo prévio sobre uma indenização justa e equitativa e, sempre que possível, com a opção do regresso.

Artigo 11

Os povos indígenas têm o direito de praticar e revitalizar suas tradições e costumes culturais. Isso inclui o direito de manter, proteger e desenvolver as manifestações passadas, presentes e futuras de suas culturas, tais como sítios arqueológicos e históricos, utensílios, desenhos, cerimônias, tecnologias, artes visuais e interpretativas e literaturas. [...]

Nações Unidas. Declaração das Nações Unidas sobre os Direitos dos Povos Indígenas. Disponível em: <www.un.org/esa/socdev/unpfii/documents/DRIPS_pt.pdf>. Acesso em: set. 2018.

Aldeia Aiha da etnia kalapalo. Querência (MT), 2018.

Grupo Yagua. Iquitos, Peru, 2018.

Debata com os colegas:
- a importância da declaração para a manutenção das culturas indígenas;
- o compromisso do Estado e de outros segmentos da sociedade de respeitar as necessidades coletivas dos povos indígenas;
- a participação dos povos indígenas nas decisões políticas que envolvem seus interesses e anseios;
- o direito dos povos indígenas de viver com integridade, liberdade e segurança;
- o cumprimento dos direitos das populações indígenas por parte do Estado e da sociedade.

Atividades

1 Explique o significado da expressão "povos nativos da América".

2 Elabore um quadro com duas características culturais de cada um dos povos nativos americanos mencionados.

Povos nativos da América	Aspectos culturais
astecas	
maias	
incas	

3 Leia o texto a seguir e identifique a que civilização de nativos da América ele faz referência. Justifique sua resposta.

> Nesse imenso território viviam 9 milhões de pessoas, distribuídas em mais de 250 tribos.
> Geograficamente, o império era marcado por contrastes extremos. Ao longo do Oceano Pacífico estendia-se um vasto deserto litorâneo. No interior, dominava a Cordilheira dos Andes com suas cadeias montanhosas e picos de mais de 6.000 metros de altura, entrecortada por profundos e férteis vales fluviais e uma planície que chegava a 4.000 m de altitude – o chamado altiplano. Ao norte deste estendia-se o lago Titicaca, o segundo maior da América do Sul. Ao leste, as cordilheiras desciam abruptamente até tocarem as florestas tropicais da Amazônia.
>
> Ralf-Peter Märtin. *Geo – um novo mundo de conhecimento*, n. 29, p. 43-44, 2011.

4 Leia o texto a seguir e escreva sobre os efeitos da colonização na cultura indígena.

> Os brancos acharam que a terra era deles. Eles não reconheceram que esta terra tinha dono. Eles não reconheceram que os índios eram gente livre, que os índios tinham um trabalho livre. Por isso, eles começaram a caçar os índios para fazer escravos. Eles começaram a atacar as aldeias do nosso povo. Eles começaram a matar gente do nosso povo... Aí nosso povo teve que lutar.
>
> Eunice G. de Paula et al. *História dos povos indígenas: 500 anos de luta no Brasil*. Petrópolis: Vozes, 1993. p. 41.

5 Leia o trecho do texto e a seguir faça as questões propostas.

> [...] A língua é o meio básico de organização da experiência e do conhecimento humanos.
> Quando falamos em língua, falamos também da cultura e da história de um povo. Por meio da língua, podemos conhecer todo um universo cultural, ou seja, o conjunto de respostas que um povo dá às experiências por ele vividas e aos desafios que encontra ao longo do tempo. [...]
> Há sociedades indígenas que, por viverem em contato com a sociedade brasileira há muito tempo, acabaram por perder sua língua original e por falar somente o português. De algumas dessas línguas não mais faladas ficaram registros de grupos de vocábulos e informações esparsas, que nem sempre permitem aos linguistas suficiente conhecimento para classificá-las em alguma família. De algumas outras línguas, não ficaram nem resquícios.
> Estima-se que cerca de 1.300 línguas indígenas diferentes eram faladas no Brasil há 500 anos.
> Hoje são 180, número que exclui aquelas faladas pelos índios isolados, uma vez que eles não estão em contato com a sociedade brasileira e suas línguas ainda não puderam ser estudadas e conhecidas. [...]
>
> Povos indígenas. *Construir notícias*. Disponível em: <www.construirnoticias.com.br/povos-indigenas>. Acesso em: set. 2018.

a) Explique, por meio de exemplos, o que você entendeu por: "Quando falamos em língua, falamos também da cultura e da história de um povo. Por meio da língua, podemos conhecer todo um universo cultural".

b) Por que muitas sociedades indígenas afastaram-se de sua língua original?

c) Os indígenas não dispunham de escrita, o que faz com que a língua seja uma importante fonte de pesquisa. Você concorda? Por quê?

d) No município ou no estado onde mora, existem elementos na paisagem e na cultura local que remetem à identidade cultural dos povos indígenas? Cite exemplos.

6 Cite semelhanças e diferenças entre os índios apaches e os inuítes.

CAPÍTULO 12

Relevo e hidrografia

Estrutura geológica e relevo da América

Além da grande diversidade humana, a América é um continente que se destaca pelas diferentes formas de relevo e por suas **vertentes hidrográficas** para três oceanos – Atlântico, Pacífico e Glacial Ártico –, além do Golfo do México. Nela também há grande variedade climática, abundante diversidade de espécies animais e vegetais, e inúmeros recursos naturais.

O relevo da América pode ser classificado em três porções distintas, que se estendem, paralelamente, de norte a sul do continente. São elas:

- **porção ocidental:** composta de elevadas cordilheiras ao longo da orla do Oceano Pacífico;
- **porção central:** constituída por extensas planícies fluviais, de formação recente;
- **porção oriental:** com predomínio de planaltos formados em terrenos antigos e bastante desgastados pela erosão.

Observe essa disposição no mapa físico do continente americano.

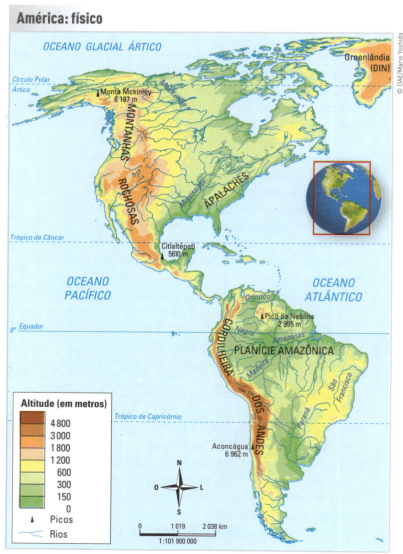

Fonte: *Atlas geográfico escolar*. 7. ed. Rio de Janeiro: IBGE, 2016. p. 56.

Glossário

Vertente hidrográfica: direção para onde seguem os rios de uma bacia hidrográfica; é associada à declividade do relevo.

Relevo ocidental

As montanhas do oeste do continente americano correspondem a **dobramentos modernos**, estrutura geológica que se formou mais recentemente na superfície terrestre. Podemos denominá-las montanhas jovens ou recentes, pois foram as últimas elevações que se formaram na superfície terrestre, na Era Cenozoica, há cerca de 65 milhões de anos.

Na **América do Norte**, destacam-se as **Montanhas Rochosas**, que se estendem do Alasca até o México, com altitudes elevadas e neve eterna na maior parte da cordilheira. Além das Montanhas Rochosas, destacam-se a Serra Nevada, a Serra das Cascatas e a Cadeia da Costa. Nesta última, localiza-se o Monte McKinley, no Alasca, ponto culminante dessa porção continental, com 6 194 metros. Nos Estados Unidos, estendem-se pelo oeste do território planaltos interiores formados por sedimentação, como o do Colorado, onde o **Rio Colorado** cavou grandes vales, cujo conjunto é denominado de **Grand Canyon**.

Vista das Montanhas Rochosas Canadenses a partir do Lago O'Hara, Colúmbia Britânica, Canadá, 2017.

Vista do Rio Colorado em parte do Grand Canyon. Arizona, Estados Unidos, 2018.

No relevo oeste, há grande instabilidade, pois a região se localiza em áreas limítrofes de placas tectônicas, onde ocorrem tremores de terra e erupções vulcânicas. Em geral, ela é pouco povoada devido às dificuldades naturais de sua ocupação. Contudo, na América do Norte há uma grande concentração humana, com maior intensidade no litoral do Oceano Pacífico. Cidades como São Francisco, Los Angeles e Seattle, nos Estados Unidos, e Vancouver, no Canadá, estão situadas nessa área.

Embora não exista uma continuidade topográfica nítida, a **Serra Madre Mexicana** é considerada um prolongamento das montanhas do oeste dos Estados Unidos. As principais cadeias montanhosas são a **Serra Madre Oriental**, formada pelo prolongamento das Montanhas Rochosas, e a **Serra Madre Ocidental**, um prolongamento da Cadeia da Costa.

Na **América do Sul**, estendendo-se da Venezuela ao sul do Chile, com extensão aproximada de 7 500 quilômetros, largura de 300 quilômetros e altitudes que atingem aproximadamente 7 mil metros, a **Cordilheira dos Andes** é considerada o segundo maior sistema montanhoso do mundo, menor apenas do que o Himalaia, na Ásia. Como você já estudou, em trechos dessa região desenvolveu-se a civilização pré-colombiana inca, cuja organização social e econômica ocorreu em terreno montanhoso.

A Cordilheira dos Andes originou-se do choque entre duas placas tectônicas (Placa Sul-Americana e Placa de Nazca), e o atrito entre essas duas placas ainda é causa de constantes terremotos na região.

É nos Andes que se situa o ponto culminante da América, o **Monte Aconcágua**, com aproximadamente 7 mil metros de altitude, entre o Chile e a Argentina. Em alguns países, como Bolívia e Colômbia, a cadeia montanhosa ramifica-se, formando duas ou três cadeias. Entre essas ramificações, aparecem planaltos elevados, os altiplanos, com altitudes que chegam a 4 mil metros, constituindo uma importante área de fixação humana.

Santiago, Chile, 2018.

Observe a imagem.

1. A qual tipo de estrutura geológica corresponde o relevo apresentado pela fotografia? Caracterize-a.
2. Esse tipo de relevo é encontrado no território brasileiro? Justifique.
3. Na América do Norte, que unidade de relevo é semelhante aos Andes?
4. Retome o mapa físico da América que se encontra na página 120. Que cores são utilizadas para representar esse tipo de relevo?

Relevo central

No interior do continente, a altitude do terreno é menor, abrigando extensas áreas de **planícies** por onde correm muitos rios e se formaram extensos lagos.

Na **América do Norte**, as mais extensas são a **Planície Central**, nos Estados Unidos e Canadá, e a **Planície dos Grandes Lagos**, na fronteira desses dois países. Já na **América do Sul**, estão as planícies dos rios **Orinoco** e **Madalena** e as planícies **Amazônica**, do **Pantanal** e **Platina**.

Nos terrenos do relevo central, as atividades humanas do setor primário da economia são mais acentuadas, sobretudo a agricultura e a pecuária.

Além da topografia suave, que favorece a pecuária e propicia o uso de máquinas na agricultura, essa região tem áreas de solo fértil. Essas características naturais, aliadas à alta tecnologia e aos investimentos, fazem com que alguns países sejam líderes na produção agrícola mundial, como o Canadá, os Estados Unidos, o Brasil e a Argentina.

Planície Central, Estados Unidos, 2016.

Relevo oriental

Na costa leste do continente americano, predominam os **planaltos**, constituídos de rochas antigas e bastante desgastados por processos erosivos. Isso explica as modestas altitudes, normalmente inferiores a 2 mil metros.

Os **Montes Apalaches**, nos Estados Unidos, e o **Planalto do Labrador**, no Canadá, são os principais destaques na **América do Norte**. Dessa região até o litoral, encontra-se a maior concentração populacional desses dois países. Foi entre os Apalaches e o Oceano Atlântico, nos Estados Unidos, que se estabeleceram e prosperaram as Treze Colônias inglesas, no século XVII. É um dos espaços mais alterados pelo ser humano em todo o mundo.

Na **América do Sul** estão os planaltos das **Guianas** e **Brasileiro**. Esses planaltos constituem centros dispersores de grandes bacias hidrográficas da América do Sul e também são áreas de grande ocupação humana.

Planície Platina, Uruguai, 2018.

Monte Apalaches, Estados Unidos, 2017.

 Conviver

Reunidos em grupos, elaborem um mural ilustrativo das diferentes formas de relevo encontradas na América. Você e os colegas podem ser organizados em três equipes, cada uma encarregada de coletar informações sobre uma das porções de relevo estudadas. Terminada a coleta de dados, selecionem as imagens, elaborem uma legenda para cada uma delas e agrupem-nas de acordo com os seguintes critérios: relevo oeste, relevo central e relevo leste. Em seguida, afixem o mural na sala de aula.

Os recursos hídricos e as principais bacias hidrográficas da América

Na América há vastos recursos hídricos, com muitos rios, lagos e grandes volumes de águas subterrâneas. Contudo, em termos geográficos, a distribuição da água é altamente desigual no continente. Juntos, Estados Unidos, Canadá e Brasil têm 26,5% de toda a água doce do mundo; se considerarmos apenas a América Latina, temos uma concentração de 31% dos recursos hídricos do mundo.

Observe no mapa a seguir o nível de potencialidade de água do continente americano comparado aos demais continentes, e a desigualdade no próprio continente.

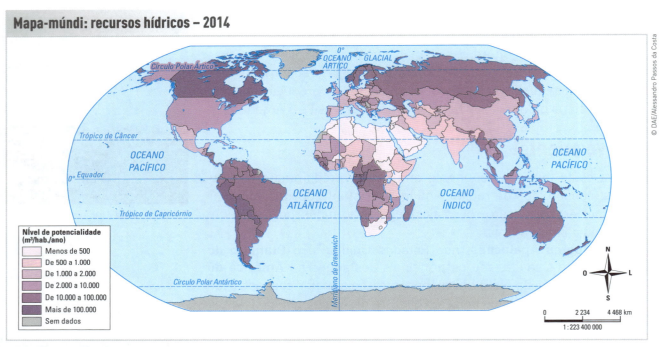

Fonte: Atlas geográfico escolar. 7. ed. Rio de Janeiro: IBGE, 2016. p. 66.

Embora as condições naturais, como a diversidade climática, a cobertura vegetal e os tipos de solo, sejam determinantes para essa distribuição desigual, a má gestão e o esgotamento dos recursos hídricos também são fatores expressivos. Nas últimas décadas, as crescentes demandas por recursos hídricos aumentaram os riscos de poluição e estresse hídrico severo em muitas regiões do continente americano.

Na América latina, especialmente, o abastecimento de água para a população é muito irregular e nem todas as fontes de águas são seguras; o manejo de águas poluídas por resíduos orgânicos e efluentes domésticos e industriais representa um grande risco para a saúde pública e para o meio ambiente dessa porção continental.

Já na América Anglo-Saxônica, nos Estados Unidos, por exemplo, a irrigação para a agricultura consome quantidades imensas de água. Em regiões desérticas, como as do oeste do país, são plantados algodão e arroz, cultivos que necessitam de muita água, que é extraída de rios e de aquíferos: isso consome cerca de 85% do total de água da região. Por causa disso, ocorreu significativa diminuição do nível da água nessas regiões e até mesmo o desaparecimento dela, pois muitos aquíferos se esgotaram e rios secaram. Mas situações como essas também acontecem em outros locais do continente. No Brasil, por exemplo, a captação excessiva de água do Rio São Francisco para irrigação é uma das principais razões para o baixo volume de águas dele atualmente.

Assim como ocorre com as águas superficiais de rios e lagos, a distribuição das águas subterrâneas pelo continente não é uniforme, e a produtividade dos aquíferos é variável, existindo regiões de escassez e, outras, de relativa abundância. Estima-se que a disponibilidade de água subterrânea no Brasil, por exemplo, seja em torno de 14 650 m³/s. E, como nos rios, a qualidade dessas águas é fundamental, pois sua disponibilidade é para diversos usos, por exemplo, produção de alimentos e abastecimento humano e industrial.

Vejamos, a seguir, as maiores bacias hidrográficas da América, nas vertentes hidrográficas do Golfo do México e do Oceano Atlântico.

Vertente do Golfo do México

Na **vertente do Golfo do México** destacam-se as bacias do Mississippi-Missouri, nos Estados Unidos, e a do Rio Grande ou Bravo do Norte, no México.

A **Bacia do Mississippi-Missouri** drena as planícies centrais dos Estados Unidos e oferece condições de navegabilidade em quase toda a sua extensão. Boa parte da produção agrícola dos Estados Unidos é transportada através de seus rios. A bacia também abastece muitas cidades do país, além de ser utilizada em sistemas de irrigação agrícola.

Rio São Francisco em período de seca. Remanso (BA), 2017.

Bacia do Mississippi-Missouri

Fonte: Gisele Girardi e Jussara Vaz Rosa. *Atlas geográfico do estudante*. São Paulo: FTD, 2011. p. 84.

A **Bacia do Rio Grande** serve parcialmente como limite entre os Estados Unidos e o México. Atualmente, quase toda a água desse rio abastece a produção agrícola e as cidades da região, o que causou a redução de seu nível de água, situação agravada pelos prologados períodos de seca. Ações governamentais e de produtores agrícolas vêm tentando reduzir o consumo de água desse rio e buscando alternativas para a captação de água.

Vertente do Atlântico

Na **vertente do Atlântico Norte** destaca-se a **Bacia do Rio São Lourenço**. Nas margens desse rio, que foi uma via de entrada fundamental dos colonizadores europeus, especialmente no Canadá, desenvolveram-se cidades como Quebec e Montreal, na província de Quebec.

Rio São Lourenço. Montreal, Canadá, 2018.

Atualmente o Rio São Lourenço é uma importante via de transporte, utilizada para o escoamento das mercadorias produzidas nos polos industriais do nordeste dos Estados Unidos e do sudeste do Canadá para o Atlântico. Além disso, ele liga a região dos Grandes Lagos, maior grupo de lagos de água doce do mundo, ao Oceano Atlântico.

Os **Grandes Lagos** são formados pelos lagos Michigan, Superior, Huron, Erie e Ontário. Eles delimitam parte da fronteira entre o Canadá e os Estados Unidos. Apenas o Lago Michigan está localizado totalmente em território estadunidense. Formados durante a última era glacial, há milhões de anos, os lagos estão conectados por rios e canais e são importantes vias fluviais. No período do inverno, grande parte da água congela, comprometendo a navegação.

Fonte: *Atlas geográfico escolar*. 7. ed. Rio de Janeiro: IBGE, 2016. p. 36.

Na **vertente do Atlântico Sul** destacam-se as bacias dos rios **Orinoco**, na Venezuela, **Amazonas** e **São Francisco**, no Brasil, e **Platina**, que drena territórios do Brasil, da Argentina, do Paraguai e do Uruguai.

A **Bacia Platina** (ou do Rio da Prata) é a segunda maior bacia hidrográfica do mundo. O **Rio da Prata** tem curta extensão, mas recebe águas de rios volumosos, como Paraná, Paraguai e Uruguai.

O **Rio Paraná** percorre áreas de planalto e tem grande potencial hidráulico, assim como outros de sua bacia hidrográfica. Sobressai, nesse rio, a usina Itaipu Binacional, que fornece energia para o Brasil e Paraguai. Segundo o Conselho Global de Energia, a América Latina é uma das regiões em que a produção de eletricidade mais aumentará até 2050: 550%, fazendo o consumo de água crescer 360%. Só perderá para a África, cuja produção de energia subirá 700% até a metade desse século. Com esses exemplos, você pode compreender como a água e a energia estão interligadas.

Usina Hidrelétrica Itaipu. Foz do Iguaçu (PR), 2018.

O **Rio Paraguai** é um rio de planície, navegável e constitui uma importante via de transporte e comunicação. Seu curso marca a fronteira entre o Brasil e o Paraguai, e entre o Paraguai e a Argentina. O **Rio Uruguai** delimita a fronteira entre o Brasil e a Argentina, e entre o Uruguai e a Argentina. Ele tem bom potencial energético em seu curso superior, ou seja, nas áreas próximas à nascente.

Rio Paraguai. Próximo a Concepción, Paraguai, 2016.

Cartografia em foco

A seguir, há duas representações gráficas que correspondem a um perfil topográfico da América do Norte e da América do Sul. Esse tipo de representação mostra as variações de altitude de determinado corte de terreno. Analise ambas e compare-as.

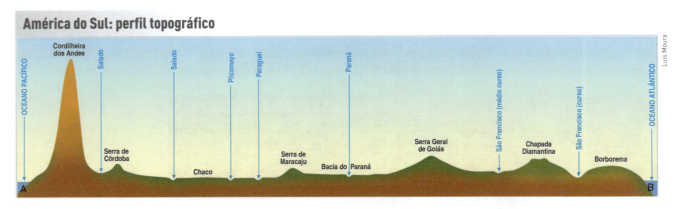

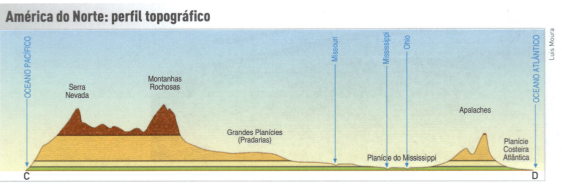

Fontes das imagens: Gisele Girardi e Jussara Vaz Rosa. *Atlas geográfico do estudante*. São Paulo: FTD, 2011. p. 119.

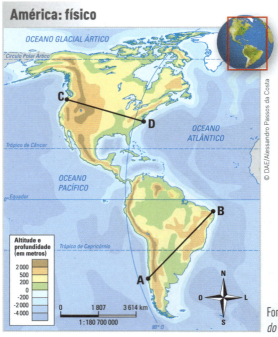

Fonte: Gisele Girardi e Jussara Vaz Rosa. *Atlas geográfico do estudante*. São Paulo: FTD, 2011. p. 118.

1. Caracterize as três porções de relevo da América partindo do Oceano Pacífico em direção ao Atlântico.

2. Quais são as áreas geologicamente mais instáveis do continente? Justifique.

3. No perfil topográfico da América do Sul, observe o Rio Paraguai e o Rio Paraná. Em que bacia hidrográfica se localizam e qual relevo percorrem?

4. Estabeleça semelhanças naturais e econômicas entre as porções centrais da América do Norte e da América do Sul. Cite exemplos.

1. Copie o quadro a seguir e complete-o com exemplos do relevo central americano e respectivas bacias hidrográficas.

	Relevo central	Principais bacias hidrográficas
América do Norte		
América do Sul		

2. Leia o trecho da notícia a seguir e relacione-a à estrutura geológica do relevo americano.

> Um terremoto de magnitude 5,4 na escala Richter sacudiu na manhã deste sábado, 22, a região do Atacama, no Chile, segundo informou o Serviço Geológico dos Estados Unidos, de acordo com reportagem publicada pela CNN.
> O epicentro do abalo foi a 23 km de profundidade, a uma distância de 77 km da cidade de Taltal, na província de Antofagasta. [...]
>
> Disponível em: <https://exame.abril.com.br/mundo/terremoto-sacode-regiao-do-chile-e-ha-risco-de-tsunami/>. Acesso em: out. 2018.

3. Identifique os rios e lagos indicados no mapa da hidrografia dos Estados Unidos e Canadá.

Fonte: *Atlas geográfico escolar*. 7. ed. Rio de Janeiro: IBGE, 2016. p. 36.

4. Qual a importância econômica do Rio São Lourenço para os Estados Unidos e o Canadá?

5. Leia o trecho a seguir e relacione-o a questões de desigualdade de acesso aos recursos hídricos da América. Discuta esse tema com os colegas.

> [...] Em toda a América Latina, 100 milhões de pessoas são desprovidas de acesso a saneamento básico. E, com mais de 80% dos latino-americanos vivendo em cidades, essa desigualdade é mais sentida nas áreas rurais da região, onde a falta de água e saneamento é comum. [...]
>
> Desigualdade no abastecimento de água é um dos grandes desafios para a América Latina. *The World Bank*, 30 ago. 2012. Disponível em: <www.worldbank.org/pt/news/feature/2012/08/30/agua-saneamiento-america-latina>. Acesso em: set. 2018.

6. Escreva sobre a potencialidade hídrica da Bacia Platina e os riscos ambientais que a demanda de energia pode acarretar no futuro.

129

CAPÍTULO 13

Clima e vegetação

Diversidade natural da América

Ao longo da história da ocupação da América, os seres humanos provocaram profundas alterações na cobertura vegetal do território ao explorar seus recursos e substituir as áreas de vegetação nativa por agricultura e pecuária. O processo de industrialização e urbanização acelerou essas modificações e hoje encontramos poucos espaços que não sofreram interferência humana.

Para entender a presença das formações vegetais e analisar o efeito da ação humana sobre elas, precisamos primeiro conhecer o clima americano, pois se trata de um fator essencial para a diversidade de paisagens.

No continente americano há grande **variedade de clima** e de solo, o que determina a existência de **diferentes formações vegetais**. Nos mapas a seguir, estão identificados os locais em que ocorrem. Observe e compare os dois mapas, e, em seguida, relacione os textos e imagens às respectivas localidades de abrangência de cada tipo climático e de vegetação.

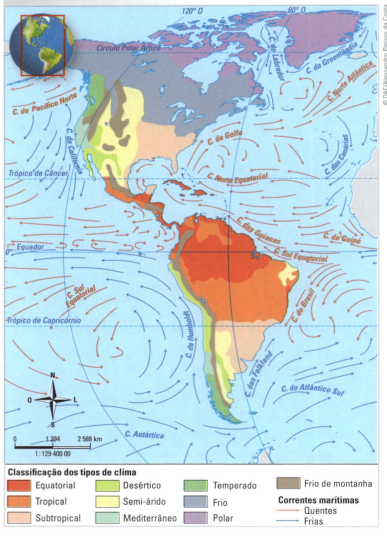

Fonte: *Atlas geográfico escolar: Ensino Fundamental do 6º ao 9º ano.* Rio de Janeiro: IBGE, 2010. p. 104.

Fonte: Gisele Girardi e Jussara Vaz Rosa. *Atlas geográfico do estudante*. São Paulo: FTD, 2011. p. 124.

Principais tipos climáticos e formações vegetais do continente

Na América, o clima é muito variável devido à grande extensão norte-sul do território. O relevo e a atuação das correntes marinhas e das massas de ar também são responsáveis por essas variações. O continente abrange áreas nas zonas climáticas ártica, temperada (norte e sul) e tropical.

Na **zona ártica**, ao norte, localizada em latitudes elevadas, ocorrem as menores temperaturas atmosféricas da Terra. Nessa área, predomina a atuação das massas de ar polares.

A **zona temperada**, de latitudes médias, entre os trópicos e os círculos polares, recebe massas de ar polares e tropicais, e por isso há grande variação térmica – os verões são quentes e os invernos, muito rigorosos em algumas regiões. O relevo de planaltos faz, das planícies centrais, um corredor pelo qual, durante o inverno, passam as massas polares e, no verão, as massas tropicais.

Na **zona tropical**, de baixas latitudes, localizada entre os trópicos, atuam mais intensamente as massas de ar quentes tropicais e equatoriais, o que resulta no predomínio de temperaturas elevadas.

Zona ártica

No extremo norte do continente, em territórios do Alasca (EUA) e do Canadá, o clima é **polar**, caracterizado por baixas temperaturas durante todo o ano e pelo solo congelado em boa parte da área abrangida. Na época do degelo, surge a **tundra** em algumas regiões, vegetação composta sobretudo de musgos e liquens.

Alasca, Estados Unidos, 2017.

Zona temperada

No norte do continente, na região subártica, ocorre o **clima frio**, com invernos rigorosos, verões curtos e temperaturas médias abaixo de 0 °C. Especialmente no Canadá e nos Estados Unidos, modernas tecnologias proporcionam à população uma série de recursos para enfrentar melhor o rigor do clima: um sofisticado sistema de previsão do tempo, serviços de remoção de neve, residências e áreas comerciais equipadas com sistemas de calefação ou ar condicionado e, também, complexos corporativos e comerciais interligados por passagens internas ou subterrâneas.

A vegetação predominante que se desenvolve no clima frio é a **taiga** ou floresta boreal. As coníferas, espécie arbórea mais comum nessa floresta, resistem às baixas temperaturas. As folhas em forma de agulha, com superfícies pequenas, permitem que essas espécies vegetais diminuam sua evapotranspiração e se adaptem a condições de pouca água em estado líquido e a solos congelados durante o rigoroso e prolongado inverno.

No Canadá, a exploração da floresta de coníferas para a retirada de madeira destinada à fabricação de papel e celulose é uma importante atividade econômica.

Nas áreas de altitudes elevadas, como nas Montanhas Rochosas e nos Andes, ocorre o **clima frio de altitude**, com médias anuais entre 5 °C e 15 °C, e índices pluviométricos entre 500 mm e 1 000 mm anuais. A vegetação varia à medida que a altitude aumenta, e diferentes tipos de árvores, gramíneas e outros vegetais se desenvolvem nas vertentes das montanhas.

Vista aérea de floresta boreal e rio no verão. Canadá, 2017.

Os **climas temperado** e **subtropical** são característicos das regiões entre os trópicos e os círculos polares. Apresentam as estações do ano bem definidas, com temperaturas que variam de 3 °C a 18 °C. São climas controlados por massas de ar quentes e frias que se alternam durante o ano. O clima subtropical diferencia-se do clima temperado porque seu verão é mais quente e seu inverno, menos rigoroso.

Na América do Norte destaca-se a **floresta temperada**, mais aberta e com menor número de espécies vegetais do que as florestas tropicais. As árvores (carvalho, faia etc.) dessa floresta perdem as folhas no inverno. Por essa razão, ela é denominada caducifólia ou decídua.

Observe a paisagem a seguir.

Floresta Temperada. Nova York, Estados Unidos, 2017.

Nos Estados Unidos, a vegetação original sofreu um processo gradativo de destruição desde a época colonial, resultando numa degradação ambiental de amplas proporções. Aos poucos, áreas de floresta temperada foram sendo ocupadas pela agropecuária e urbanização. A devastação ambiental iniciou-se na área em que se estabeleceram as Treze Colônias e seguiu em direção ao oeste, acelerando conforme crescia a população e aumentavam as atividades econômicas.

Ainda em clima temperado e em áreas subtropicais encontram-se outras formações vegetais, como as **pradarias** (ou estepes) constituídas por gramíneas, vegetação rasteira contínua.

Na América do Norte, as pradarias cobrem extensas áreas da Planície Central, onde se encontra a maior área de cultivo do Canadá e dos Estados Unidos. Na Argentina, no Uruguai e no Rio Grande do Sul, as pradarias recebem a denominação de **pampa**. São constituídas por campos limpos onde predominam gramíneas, áreas propícias à criação de gado.

No sul do continente, a vegetação de **floresta subtropical** consiste de árvores perenes, com predominância das araucárias.

Pradaria. La Pampa, Argentina, 2017.

Zona tropical

As temperaturas elevadas e a alta umidade características dessa área favorecem a presença de **florestas** com grande diversidade de espécies vegetais e animais. Em áreas tropicais também se desenvolvem as **savanas** – vegetação composta de gramíneas, com dispersão de arbustos e árvores baixas. Nas savanas, as chuvas se concentram no verão e o inverno é mais seco.

Observe nas imagens a seguir exemplos de florestas e savanas na América.

Floresta tropical. Costa Rica, 2016.

Cerrado. Pirenópolis (GO), 2018.

> **zoom**
>
> As formações vegetais dependem, principalmente, das condições climáticas, das formas de relevo e do tipo de solo. Esses elementos interagem e formam paisagens diversificadas.
>
> ❶ Diferencie as paisagens quanto ao clima e indique as espécies vegetais adaptadas.
>
> ❷ Por que a floresta se mantém perene (sempre verde) durante todo o ano?

O **clima equatorial** é encontrado na região próxima à Linha do Equador. Apresenta temperaturas elevadas durante todo o ano, com médias de 25 ºC e índice pluviométrico alto. Já o **clima tropical** tem temperaturas médias entre 20 ºC e 25 ºC, com amplitude térmica anual inferior à diária. No México, na América Central e na costa oriental da América do Sul, as chuvas são bem distribuídas durante o ano. No Brasil central e na Venezuela, percebe-se uma estação chuvosa no verão e um período mais seco no inverno: é o clima tropical semiúmido.

Nas florestas **tropicais** (que, quando ocorrem em zona de clima equatorial também são chamadas de **florestas equatoriais**) há grande biodiversidade, constituindo-se em um emaranhado de árvores e arbustos de diversos tamanhos.

Na Amazônia, a floresta equatorial com árvores de copas densas, perenes (que não perdem as folhas durante todo o ano) e que formam dosséis contínuos, medem de 30 a 50 m de altura. Na Amazônia encontra-se a maior parte das terras indígenas brasileiras, com comunidades cuja segurança alimentar está nos recursos naturais da floresta.

A **savana**, típica de clima tropical, formada por ervas, arbustos e árvores esparsas, recebe denominações próprias, como cerrados ou campos cerrados, no Brasil, e lhanos, na Planície do Orinoco, na Venezuela.

O **clima semiárido**, quente e seco, ocorre principalmente em áreas do Nordeste brasileiro, no México e no sul da América do Sul. Apresenta temperaturas elevadas durante todo o ano, mas se diferencia do clima tropical por ter menores índices pluviométricos.

As chuvas são escassas e irregulares, entre 250 mm e 700 mm anuais, e concentradas, sobretudo, no período do verão. A vegetação do semiárido também é característica. No Brasil, ela é conhecida como **caatinga** e é composta por plantas que se adaptam à escassez de chuvas (xerófilas), com raízes mais longas e caules que armazenam água.

Desertos

Os **climas desérticos** ou áridos são caracterizados pela baixa pluviosidade (escassez de chuvas), grandes variações de temperatura entre o dia e a noite e baixa umidade do ar.

Em áreas desérticas, desenvolve-se uma vegetação esparsa, composta por poucos arbustos xerófilos e flores efêmeras.

Na América, encontramos **desertos** no sudoeste dos Estados Unidos, no México, na região andina (Chile e Peru) e na Patagônia (Argentina). Dependendo de onde ocorrem, eles podem ser frios ou quentes.

As montanhas elevadas favorecem o aparecimento de desertos no interior do continente. Elas formam barreiras contra os ventos que transportam umidade. Os ventos que passam pelos oceanos levam a umidade na forma de vapor-d'água, mas quando, a partir da região litorânea, atingem as elevações, são impelidos para o alto, em direção ao ar mais frio. Isso faz com que o vapor-d'água condense e caia sob forma de chuva ou neve nas vertentes das montanhas voltadas para o vento, ou seja, a barlavento. Quando o ar atinge o outro lado da montanha (sota-vento), já perdeu toda a umidade e está seco e quente.

Portanto, a porção de terra "à sombra das montanhas" recebe pouca chuva, podendo tornar-se desértica. As zonas áridas assim formadas são denominadas de desertos a sota-vento.

As correntes marítimas frias costeiras também é um dos fatores que levam à formação de desertos no continente. Na América do Sul, por exemplo, a formação do Deserto de Atacama, no Chile, está relacionada a uma corrente fria.

Observe o esquema ao lado.

O ar quente e úmido vindo de oeste perde bastante umidade ao passar pelas águas frias da Corrente de Humboldt (ou do Peru), chegando quase seco ao litoral. Ocorre que o resfriamento e a condensação do vapor-d'água provocam precipitações no oceano, e o vento chega sem umidade suficiente para ocasionar chuva em áreas continentais.

Desertos costeiros

Fonte: *Tempo & clima*. Rio de Janeiro: Abril Livros, 1995. p. 134-135. (Coleção Ciência & Natureza).

Conviver

Organizem-se em grupos e pesquisem imagens de paisagens naturais da América. Elaborem uma legenda para cada uma delas informando: país, porção do continente em que se situa, tipo de vegetação e características, povos que vivem na região. Montem um painel com as imagens no mural da sala de aula. Observem a rica diversidade natural e humana do continente americano.

Exploração e preservação dos recursos naturais

Entre outras práticas, o uso da queimada para a limpeza parcial do solo antes do plantio e o cultivo em monocultura tornaram algumas áreas no continente americano improdutivas, levando ao desmatamento de novas regiões para serem utilizadas na agricultura. A maior perda de áreas florestais, substituídas por lavouras, ocorre nos países tropicais do continente.

A indústria madeireira de papel e celulose também foi responsável pelo desmatamento de extensas áreas florestais no continente.

Áreas desmatadas. Caracaraí (RR), 2016.

Queimada em Alto Paraíso de Goiás (GO), 2016.

Glossário

Lixiviação: dissolução pela água dos minerais presentes no solo, os quais penetram para camadas mais profundas, deixando as superiores mais pobres.

A grande variedade de espécies vegetais da floresta tropical, por exemplo, não está espacialmente concentrada; isso dificulta seu aproveitamento econômico, pois as espécies que podem ser exploradas, respeitando-se a biodiversidade, estão espalhadas em meio à grande floresta. A perda da floresta por desmatamentos e queimadas em uma região de fortes chuvas torrenciais, como o norte da América do Sul, além de expor o solo à erosão e **lixiviação**, provoca também alteração do clima regional, com diminuição da umidade, perda de carbono e desequilíbrio do ciclo da água. Tudo isso compromete a biodiversidade.

Mas as florestas não são essenciais somente para manter a biodiversidade do planeta. Elas são também abrigo e sustento de milhares de pessoas, que têm um papel fundamental na preservação delas, em maior ou menor grau, como nos demais biomas terrestres.

Atualmente, existem expressivos movimentos de alcance mundial para a preservação da natureza, associados à preocupação social e econômica. O reflorestamento e o aproveitamento de todos os subprodutos da exploração vegetal podem diminuir o desperdício e evitar que novas áreas sejam desmatadas. Além disso, é preciso fiscalizar e exigir que as leis sejam cumpridas.

Embora tenham ocorrido avanços (o Uruguai, por exemplo, foi o país que ganhou 131% de massa florestal nos últimos 30 anos, e 80% dela, com certificação de sustentabilidade), é necessário que se conquiste maior consciência ambiental, com envolvimento do governo e da sociedade.

Atividades

1. Cite fatores que explicam a diversidade de climas existentes na América.

2. Analise o climograma a seguir. Identifique o tipo de clima da América representado por ele. Registre suas observações quanto às variações de temperatura e pluviosidade durante o ano.

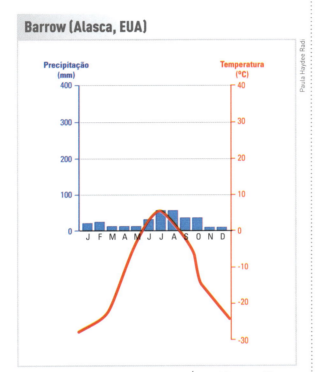

Fonte: Vera Lúcia de Moraes Caldini e Leda Ísola. *Atlas geográfico Saraiva*. 14. ed. São Paulo: Saraiva, 2013. p. 170.

3. Copie o modelo a seguir e preencha o quadro comparando a principal formação vegetal característica de cada zona climática.

	Zona climática		
	Tropical	Temperada	Polar
Formação vegetal característica			

4. A Cordilheira dos Andes, na América do Sul, e a Serra Madre Ocidental e Oriental, no México e na América Central, determinam também temperaturas mais baixas, mesmo em regiões equatoriais e tropicais. Por que isso ocorre?

5. Leia o infográfico a seguir, comente a importância do aumento da superfície florestal e destaque o papel de alguns países do continente americano.

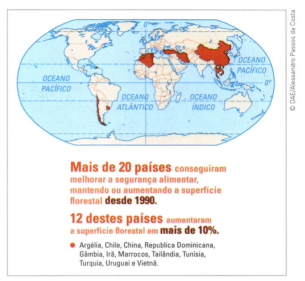

Fonte: Organização das Nações Unidas para Alimentação e Agricultura (FAO). Disponível em: <www.fao.org/3/a-c0176o.pdf>. Acesso em: set. 2018.

6. Explique como se formou o deserto do Atacama, no Chile.

7. Relacione a charge ao tema estudado neste capítulo. Escreva um texto usando os elementos estudados para interpretá-la.

8. Retome os mapas das páginas 130 e 131, que tratam dos diferentes tipos de clima e vegetação no continente americano. Com base na análise dos mapas, que tipo de clima e vegetação predomina na região onde você mora?

Retomar

1. Descreva as porções da América segundo cada regionalização a seguir.
   a) físico-geográfica;
   b) histórico-cultural;
   c) socioeconômica.

2. O continente americano foi colonizado principalmente por ingleses, portugueses e espanhóis. No entanto, o processo de colonização aconteceu de forma distinta entre os países do continente. Com base nisso, copie e preencha o quadro seguinte.

Metrópole	Tipo de colonização	Exemplo de país colonizado
Reino Unido		
Portugal		
Espanha		

3. Leia o texto informativo a seguir e faça o que se pede.

   A aldeia de missão se chamava aldeamento. No aldeamento, não vivia só um povo indígena. Viviam muitos povos diferentes. [...] Nos aldeamentos os índios eram obrigados a aprender os costumes dos brancos. Eram proibidos de praticar os seus próprios costumes. Eram proibidos de usar os enfeites deles, de fazer as festas deles, de tratar os doentes com os pajés deles. Nos aldeamentos os missionários proibiam todos os costumes da vida dos índios. Os missionários ensinavam a religião deles. Ensinavam para gente grande, e ensinavam, principalmente, para as crianças. Os índios aprendiam muitas rezas, que eles não entendiam direito. Os índios só podiam aprender as rezas dos brancos. Eles estavam proibidos de rezar as rezas deles [...].

   Eunice G. de Paula et al. *História dos povos indígenas: 500 anos de luta no Brasil.* Petrópolis: Vozes, 1993. p. 37.

   a) Pesquise o que eram os aldeamentos a que o texto faz referência.
   b) Selecione do texto exemplos que demonstrem o desrespeito do colonizador com a cultura indígena.
   c) Em sua opinião, podemos afirmar que a discriminação étnico-racial foi superada na América?

4. Indique as frases cujas afirmações sobre os indígenas brasileiros estão corretas.
   a) Quando os portugueses chegaram às terras que hoje formam o Brasil, havia aqui diversos povos que pertenciam a um único grupo: tupi.
   b) Terras indígenas (TI) são espaços delimitados pelo governo federal dos quais os indígenas têm a posse permanente e o usufruto exclusivo das riquezas do solo, dos rios e dos lagos neles existentes.
   c) Um dos problemas que os indígenas enfrentam atualmente é a invasão de suas terras por garimpeiros, fazendeiros e madeireiros.

5. Identifique a que porção de relevo do continente americano se refere cada unidade a seguir.
   a) Planalto Brasileiro
   b) Montanhas Rochosas
   c) Planície Platina
   d) Planalto do Labrador
   e) Cordilheira dos Andes
   f) Serra Madre Mexicana

6 Observe a paisagem a seguir.

Iowa, Estados Unidos, 2016.

a) Identifique a forma de relevo e o potencial econômico dela.

b) Esse rio se destaca no relevo central dos Estados Unidos. Que rio é esse? Qual é a importância da bacia hidrográfica desse rio para a economia estadunidense?

7 Leia o trecho de notícia a seguir.

Terremoto de magnitude 5,7 atinge costa da Califórnia

Um terremoto de magnitude 5,7 atingiu a costa do norte da Califórnia, nos Estados Unidos, nesta quarta-feira (28), afirmou o Serviço Geológico do país.

O tremor, inicialmente relatado como sendo de magnitude 5,1, foi bastante superficial, com apenas 17,2 quilômetros abaixo do fundo do mar, disse o serviço. O epicentro foi localizado 65 quilômetros a sudoeste de Eureka.

O Centro Nacional de Alerta de Tsunami afirmou que o terremoto não provocou *tsunami*.

Um terremoto de magnitude 5,7 é considerado moderado e capaz de causar danos consideráveis.

Terremoto de magnitude 5,7 atinge costa da Califórnia. G1, 28 jan. 2015. Disponível em: <http://g1.globo.com/mundo/noticia/2015/01/terremoto-de-magnitude-57-atinge-costa-da-california.html>. Acesso em: set. 2018.

Explique como ocorre o evento geológico (terremotos) citado na notícia e por que o estado da Califórnia é mais suscetível a esse fenômeno.

8 Cite o nome de duas formações vegetais dos Estados Unidos e escreva uma característica correspondente a cada uma delas.

Visualização

A seguir apresentamos um mapa conceitual do tema estudado nesta unidade. Trata-se de uma representação gráfica que organiza o conteúdo, composto de uma estrutura que relaciona os principais conceitos e as palavras-chave. Essa ferramenta serve como resumo e instrumento de compreensão dos textos, além de possibilitar consultas futuras.

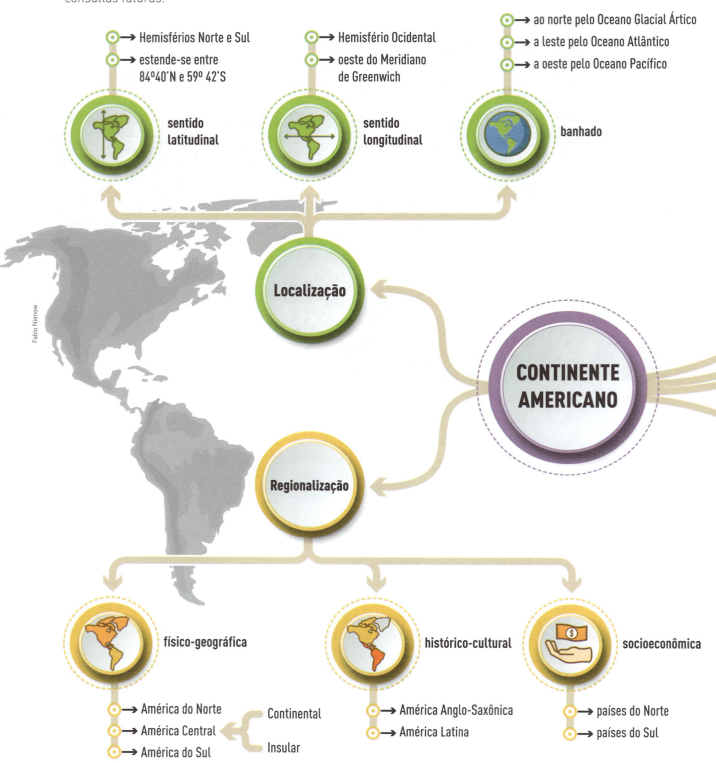

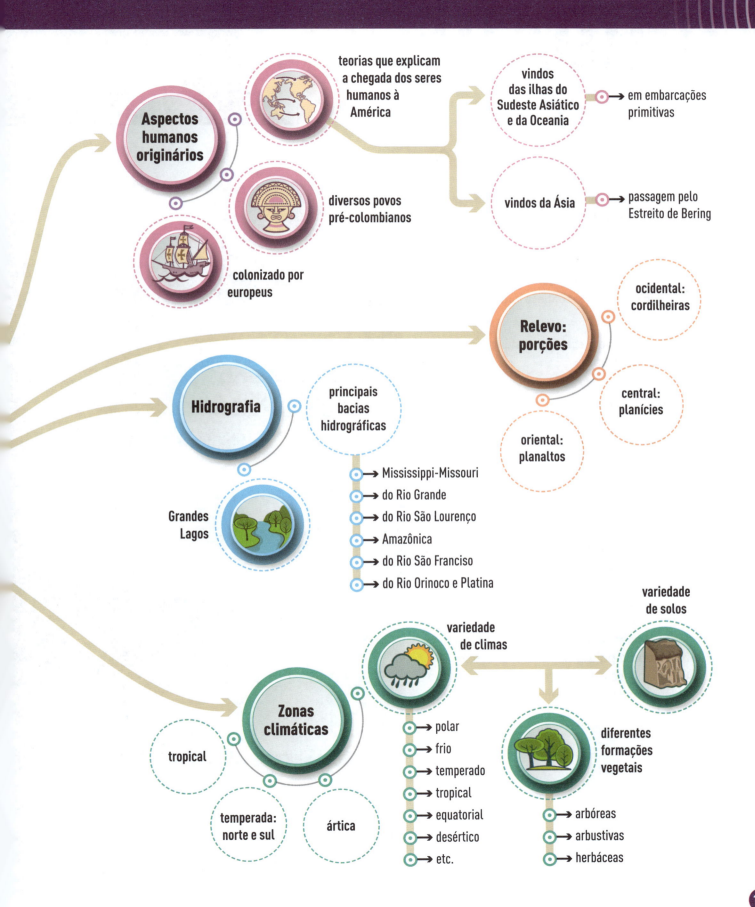

UNIDADE 5

> **Antever**
>
> **1** Quando se fala em Estados Unidos, que informações e ideias aguçam sua imaginação?
>
> **2** A Estátua da Liberdade é um símbolo estadunidense. Você conhece outros? Quais?
>
> **3** De que forma esse país está presente em seu dia a dia?

Na regionalização histórico-cultural do continente americano, a América Anglo-Saxônica é formada por Estados Unidos e Canadá e corresponde à porção do continente em que houve o predomínio de ingleses no processo de colonização. A fotografia mostra uma paisagem dos Estados Unidos, a cidade de Nova York, a mais cosmopolita do mundo, onde vivem pessoas de diversos países. No passado, a região em que está a cidade integrava as Treze Colônias, onde tudo começou, por onde chegaram os primeiros colonizadores e, posteriormente, imigrantes de diversas partes do mundo que povoariam e formariam os Estados Unidos da América. No primeiro plano, incorporada à paisagem da cidade desde 1886, está a imponente Estátua da Liberdade, que os estadunidenses consideram um símbolo do país.

Estátua da Liberdade. Nova York, Estados Unidos, 2017.

América Anglo-Saxônica

CAPÍTULO 14
Estados Unidos da América

Formação territorial e povoamento

Anônimo. *Desembarque dos peregrinos em Plymouth, Massachusetts*, 1620. Esta litografia colorida representa a chegada de europeus à América do Norte.

A formação do território do que viria a constituir os **Estados Unidos da América** tem relação com as Grandes Navegações do século XV e também com uma crise econômica que abateu a Inglaterra no final do século XVI. A oportunidade e a crise, somadas a perseguições religiosas, levaram uma parcela da população inglesa a se deslocar para a colônia inglesa na América do Norte. Na costa leste se fixaram, em sua maior parte, em **colônias de povoamento**, constituindo famílias e ocupando-se, inicialmente, de cultivos que abasteciam o mercado interno e pequenos comércios.

Os territórios colonizados pelos ingleses na costa leste ficaram conhecidos como **Treze Colônias** inglesas. Elas deram origem à nação estadunidense e também exerceram influência na colonização do Canadá. Observe as Treze Colônias no mapa.

Fonte: Claudio Vicentino. *Atlas histórico: geral e Brasil*. São Paulo: Scipione, 2011. p. 96.

Embora predominante, a **colonização de povoamento** não se estendeu a todas as colônias inglesas. A porção sul apresentou características típicas da **colonização de exploração**, na qual as terras foram divididas em grandes latifúndios monocultores de algodão e tabaco, com uso intensivo da mão de obra de africanos escravizados.

Assim, enquanto nas colônias sulistas predominava a agricultura, no norte desenvolviam-se as atividades artesanais, criando condições para a posterior implantação de indústrias. Fatores naturais, como a existência de grandes jazidas de ferro e de carvão mineral, também favoreceram o desenvolvimento industrial na região.

A partir de 1764, para equilibrar suas finanças, a metrópole inglesa impôs vários aumentos de impostos às colônias norte-americanas. Essas medidas acarretaram uma série de revoltas e manifestações entre a população prejudicada, culminando na independência das Treze Colônias em 4 de julho de 1776.

Boston foi fundada pelos ingleses em 1630 e tornou-se o principal centro cultural da América do Norte britânica. Na fotografia, vista aérea da cidade. Boston, Estados Unidos, 2017.

Entre 1861 e 1865, as divergências econômicas e políticas entre o norte, industrializado, e o sul, agrícola, levaram os Estados Unidos a uma guerra civil, conhecida como **Guerra de Secessão**. Havia muitas disparidades econômicas, sociais e políticas entre os estados do norte e os do sul. As elites do norte desejavam ampliar seu mercado consumidor e reivindicavam a libertação dos trabalhadores escravizados do sul. Ante a resistência dos proprietários de terras sulistas a libertarem os escravos, o norte invadiu o sul e a guerra tomou corpo.

Charles Prosper Sainton. *Assalto de Pickett, Batalha de Gettysburg*, 1863. Gravura colorida. A Guerra de Secessão refletiu o choque que havia entre os interesses do norte e do sul dos Estados Unidos.

Expansão territorial: a conquista do oeste

A formação territorial dos Estados Unidos foi marcada por conflitos e anexações, como pode ser verificado no mapa a seguir.

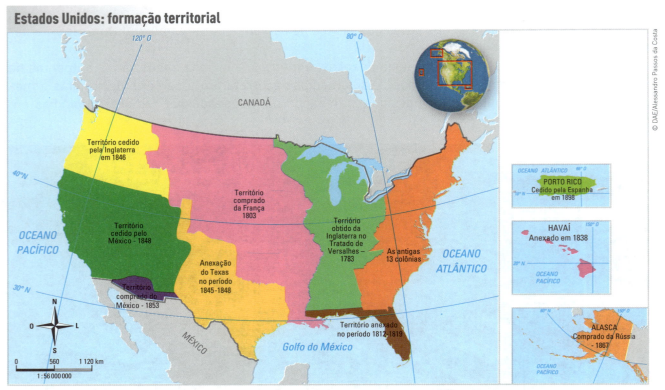

Fonte: José J. de Arruda. *Atlas histórico básico*. 17. ed. São Paulo: Ática, 2011. p. 23.

A área atual dos Estados Unidos é nove vezes maior do que a inicial. Isso porque, após a independência, novas áreas foram sucessivamente anexadas ao território do país.

O expansionismo estadunidense para o oeste incluiu negociações para a compra de territórios, guerras, anexações e extermínio de povos indígenas. Em 1803, os Estados Unidos compraram da França o território da Louisiana e, em 1819, compraram da Espanha o território que corresponde ao atual estado da Flórida. Mais tarde, entre 1848 e 1853, anexaram territórios mexicanos. A ideologia do **Destino Manifesto**, vulgarizada por políticos e pela imprensa a partir de 1840, pregava que o povo estadunidense foi predestinado por Deus para colonizar e ocupar as terras do oeste e do sul até os limites do Oceano Pacífico. Essa doutrina foi o suporte da política expansionista e também serviu, por um longo período, para justificar a matança de milhões de indígenas que ocupavam parte do território a oeste do Rio Mississipi.

Em 1848, os Estados Unidos atingiram a costa do Pacífico e, após uma guerra com o México, incorporaram terras correspondentes aos atuais estados do Arizona, Texas, Nevada, Utah e Califórnia.

Motivado pelo ideal do Destino Manifesto, em 1862 o governo elaborou uma lei, conhecida como **Homestead Act** (Ato de Propriedade Rural), que legitimava a distribuição de terras do governo federal a quaisquer homens livres. Os preços eram simbólicos, pois o objetivo era ocupar as terras do oeste. Essas facilidades atraíram muitos imigrantes, especialmente da Europa.

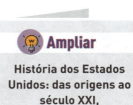

Ampliar

História dos Estados Unidos: das origens ao século XXI,
de Leandro Karnal et al. (Contexto).

Aborda a história dos Estados Unidos da América desde a formação do país até os dias atuais.

Charles Schreyvogel. *Ataque da Sétima Cavalaria comandado pelo General Custer ao acampamento de Cheyenne no Rio Washita ao amanhecer*, 1868. Gravura colorida.

A chegada de um grande número de imigrantes contribuiu para o aumento significativo da população estadunidense e para a expansão do território, além de acelerar o desenvolvimento econômico em vários setores.

Além do processo migratório, a expansão territorial foi estimulada pela construção de ferrovias. Em 1869, foi concluída a primeira ferrovia transcontinental das Américas, interligando o território estadunidense de costa a costa (de Chicago ao Oceano Pacífico).

Assim, da formação das Treze Colônias à conquista do oeste formaram-se os Estados Unidos da América, um país cujo território se estende do Atlântico ao Pacífico.

A malha ferroviária construída no século XIX contribuiu para a expansão dos Estados Unidos em direção ao oeste. Na fotografia, trabalhadores que participaram da construção de trecho de ferrovia no oeste. Estados Unidos, cerca de 1880.

Dinâmica populacional

Em geral, a população dos Estados Unidos desfruta de boas condições de vida. Observe alguns indicadores sociais no quadro.

População (em milhões – 2016)	PIB *per capita* (em dólares anuais – 2016)	Expectativa de vida (em anos – 2015)	IDH (2018)	Proporção da população urbana com acesso à água tratada (em % – 2015)
321,7	56 054	79,1	0,924	99

Fonte: IBGE. Disponível em: <https://paises.ibge.gov.br/#/pt/pais/estados-unidos/info/indicadores-sociais>. Acesso em: jul. 2018.

Os dados sociais apresentados acima revelam o alto nível de desenvolvimento socioeconômico dos Estados Unidos no cenário internacional. Observe os mesmos indicadores referentes a alguns países da América Latina e da África, a título de comparação.

	PIB *per capita* (em dólares anuais – 2016)	Expectativa de vida (em anos – 2015)	IDH (2018)	Proporção da população urbana com acesso à água tratada (em % – 2015)
Guatemala	3 903	71,8	0,650	93
Bolívia	3 077	68,3	0,693	90
Colômbia	6 056	74	0,747	91
Gana	1 356	61,4	0,592	89
Quênia	1 377	61,6	0,590	63
Serra Leoa	695	50,9	0,419	63

Fonte: IBGE. Disponível em: <https://paises.ibge.gov.br>. Acesso em: ago. 2018.

Em parte, essas desigualdades começaram com o tipo de colonização. Enquanto na maior parte dos Estados Unidos predominou a colonização de povoamento, os países da América Latina e da África foram submetidos à colonização de exploração, ou seja, muito de suas riquezas naturais foram exportadas para a Europa, o que os manteve política e economicamente dependentes por muitos anos. A taxa média anual de crescimento populacional dos Estados Unidos é de 0,754% (período 2010-2016). A estrutura etária é típica de nações desenvolvidas, com baixo índice de natalidade, o que resulta numa população com pequeno número de jovens e predomínio de adultos e idosos.

Os governos sempre se preocupam com a tendência demográfica de envelhecimento da população, principalmente porque isso exige aumento de investimentos em previdência (aposentadoria) e saúde. Nas últimas décadas, porém, os imigrantes não só mudaram a composição étnica da população como alteraram a taxa de fecundidade e o tamanho da população, com maiores índices de crescimento vegetativo. Os Estados Unidos estão entre os países com maior volume de imigração no mundo. Entre os **hispânicos**, por exemplo, que vivem nos Estados Unidos, o grupo dos mexicanos é o mais numeroso.

Os Estados Unidos são um país com predomínio de adultos e idosos. Chicago, Estados Unidos, 2017.

Glossário

Hispânico: denominação dada ao imigrante latino-americano de língua espanhola e seus descendentes.

Distribuição da população, rede urbana e migração

Glossário

Megalópole: grande aglomeração urbana, pluripolarizada por várias metrópoles.

A densidade demográfica dos Estados Unidos é de 35,2 hab./km². No nordeste do país, se destaca um conjunto de áreas metropolitanas muito próximas umas das outras, constituindo uma **megalópole** que se estende de Boston até Washington, e inclui Filadélfia, Nova York e Baltimore. Essa megalópole é conhecida como **BosWash**.

Na região dos Grandes Lagos, outra megalópole estende-se de Chicago a Pittsburgh. Conhecida como **ChiPitts**, abriga as áreas metropolitanas de Buffalo, Cleveland, Detroit e Milwaukee. A oeste, entre São Francisco e San Diego, passando por Los Angeles, formou-se outra megalópole, conhecida como **SanSan**.

Observe a localização dessas megalópoles no território estadunidense, no mapa a seguir.

Fontes: Gisele Girardi e Jussara Vaz Rosa. *Atlas geográfico do estudante*. São Paulo: FTD. p. 85; Vera Caldini e Leda Ísola. *Atlas geográfico Saraiva*. São Paulo: Saraiva, 2013. p. 109.

Nas duas últimas décadas, os padrões de crescimento populacional variaram muito nos Estados Unidos, devido principalmente ao intenso fluxo migratório interno. O nordeste, que sempre foi a região mais populosa, urbanizada e industrializada do país, vem perdendo população para o sul e extremo oeste, áreas de maior atração nas últimas décadas.

Enquanto os estados do sul e do oeste crescem rapidamente, diversas áreas apresentam redução do crescimento vegetativo.

Observe no mapa a seguir os principais fluxos migratórios internos.

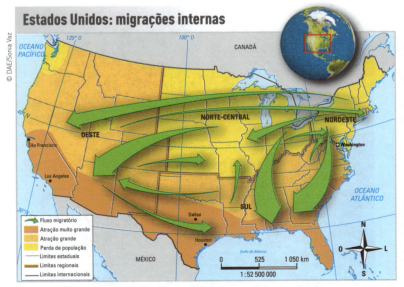

Fonte: Elaborado com base em Pew Research Center. Map: *U.S. migration flows*. Disponível em: <www.pewsocialtrends.org/2008/12/17/u-s-migration-flows>. Acesso em: set. 2018.

Nova York e as demais metrópoles da região nordeste formam a maior megalópole do mundo, com uma população de mais de 50 milhões de habitantes. Nova York, Estados Unidos, 2017.

149

Quanto às migrações campo-cidade, devemos considerar que nos Estados Unidos a agropecuária incorporou modernas tecnologias na lavoura e no trato com os animais; assim, não havia mais tanto trabalho no campo, que foi perdendo mão de obra para as cidades. Segundo o United States Census Bureau, a população das áreas rurais correspondia a 19,3% da população total em 2016.

Atualmente, assim como acontece em outros países, as grandes cidades estadunidenses apresentam graves problemas. Uma parcela da população vive à margem do desenvolvimento econômico, sem emprego e perspectiva de vida, e o número de *homeless*, como são chamados os sem-teto, aumenta a cada dia.

Nos bairros periféricos das grandes cidades as condições de vida são precárias e parte da população que reside nesses bairros é composta de imigrantes em situação irregular no país. Sem qualificação e recebendo salários menores, essas pessoas vivem com dificuldades.

Sem-teto. Los Angeles, Estados Unidos, 2018.

Bairro Chinatown em Nova York, Estados Unidos, 2016.

Nunca os imigrantes estiveram em uma situação tão delicada nos Estados Unidos quanto nos últimos anos: dos 43 milhões de imigrantes que vivem atualmente no país, cerca de 11 milhões se encontram em situação irregular. Embora se configurem como mão de obra barata e, de certa forma, também contribuam para o crescimento econômico do país, a orientação política do governo cria obstáculos cada vez maiores aos ilegais.

> **zoom**
> Muito tem se falado nos últimos anos sobre o muro entre os Estados Unidos e o México. Observe a fotografia e responda.
> 1. Qual é a intenção do governo dos Estados Unidos em manter, e até aumentar, a barreira física com o México?
> 2. Qual é a motivação dos mexicanos em transpor essa fronteira?
> 3. Você concorda com a ideia de muros dividindo países? Justifique.

Construção de muro na fronteira entre Estados Unidos e México. Tijuana, México, 2018.

Cartografia em foco

Observe o mapa e o gráfico a seguir.

Fonte: Vera Caldini e Leda Ísola. *Atlas geográfico Saraiva*. São Paulo: Saraiva, 2013. p. 109.

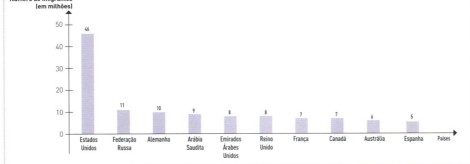

Fonte: ONU. Departamento das Nações Unidas para Assuntos Econômicos e Sociais, Divisão da População. Migração Internacional 2013. Disponível em: <www.un.org/en/development/desa/population/migration/publications/wallchart/docs/wallchart2013.pdf>. Acesso em: mar. 2015.

1 Que destaque os Estados Unidos apresentam em relação aos dados do gráfico?

2 O que indicam as setas amarelas? O que justifica elas estarem apontadas para os Estados Unidos?

De olho no legado

A população negra ou afro-americana dos Estados Unidos corresponde a 47,4 milhões de pessoas (2017). Leia, a seguir, o texto e os dados do gráfico; depois faça o que se pede.

Na luta da população de origem africana pelo reconhecimento de seus direitos nos Estados Unidos, um gesto de três atletas destacou-se em todo o mundo.

Nos Jogos Olímpicos do México, de 1968, o 1º e o 3º colocados na prova de 200 metros rasos do atletismo, os estadunidenses Tommie Smith e John Carlos, decidiram usar o pódio para protestar contra a discriminação a que estava submetida a população afroamericana; com o apoio do 2º colocado, o australiano Peter Norman, eles repetiram o gesto símbolo do movimento Black Power durante a execução do hino nacional.

Peter Norman, Tommie Smith e John Carlos. México, 1968.

Essa imagem circulou o mundo e dividiu opiniões. Smith e Carlos foram expulsos da vila olímpica; Norman foi suspenso por dois anos.

O movimento Black Power surgiu nos Estados Unidos na década de 1960, como um movimento político, social e cultural contra a discriminação e o preconceito. Até 1964, por exemplo, não eram considerados iguais aos brancos perante a lei estadunidense, e a segregação racial era institucionalizada no país.

1. Por que se pode afirmar que os Estados Unidos são um país de grande diversidade étnico-racial?

2. Em sua opinião, eventos esportivos podem ser palco de manifestações contra injustiças e em prol de lutas nacionais?

3. Que outras formas pacíficas de protesto, além do esporte, podem ocorrer na sociedade, no sentido de repudiar comportamentos racistas?

4. Com base nos dados do gráfico, discuta com os colegas a questão da "segregação racial" e, juntos, elaborem um texto de crítica a esse comportamento.

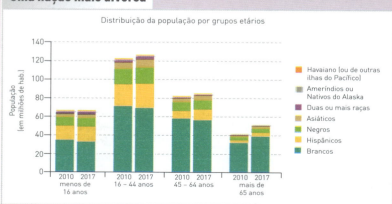

Fonte: *United States Census Bureau. Vintage 2017 Population Estimates.* Disponível em: <www.census.gov/programs-surveys/popest.html>. Acesso em: out. 2018

Atividades

1. Cite dois fatores que levaram o norte e o sul dos Estados Unidos a entrar em conflito na Guerra de Secessão (1861-1865).

2. Com base em seus conhecimentos, justifique a afirmação: "A colonização de povoamento ocorrida originalmente na costa leste do atual território dos Estados Unidos foi um dos fatores para o desenvolvimento econômico e social do país".

3. Com base na observação do mapa, faça o que se pede.

    a) O que significa a legenda em círculos do mapa?
    b) Identifique as regiões dos Estados Unidos em que há maior concentração de áreas metropolitanas.
    c) Escreva o nome das megalópoles dessas regiões de maior concentração urbana.

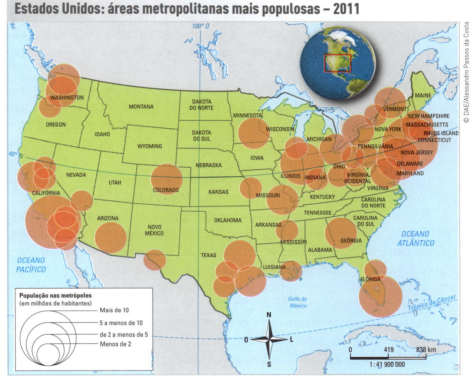

Fonte: Gisele Girardi e Jussara Vaz Rosa. *Atlas geográfico do estudante*. São Paulo: FTD, 2011. p. 85 e 94.

4. Cite fatores que contribuíram para a expansão territorial dos Estados Unidos.

5. Leia o texto a seguir e, na sequência, escreva no caderno uma crítica ao problema apresentado e uma solução para ele.

Número de moradores de rua cresce nos EUA após 6 anos em queda

O crescimento econômico desigual promoveu o primeiro aumento no número de moradores de rua nos EUA em sete anos. De acordo com o Conselho Interagências dos Estados Unidos sobre os Desabrigados, 553.742 pessoas não tinham onde morar em janeiro deste ano – o equivalente às populações somadas de Niterói e Rio Bonito, no Estado do Rio. O relatório do conselho, divulgado em meados de dezembro, aponta para um crescimento de 1% em relação a igual período de 2016.

Os números mostram uma forte desigualdade regional: ao mesmo tempo em que houve queda no número de pessoas sem moradia em 30 estados e no Distrito de Colúmbia, onde fica a capital, Washington, o número mostra avanço da falta de abrigo para pessoas de 20 estados. Este crescimento foi maior nos lugares que apresentam um avanço econômico maior: Califórnia (alta de 13,7%), Nevada (5,9%), Oregon (5,4%), Nova York (3,6%) e Texas (1,8%). [...]

Número de moradores de rua cresce nos EUA após 6 anos em queda. *Época Negócios*, dez. 2017. Disponível em: <https://epocanegocios.globo.com/Mundo/noticia/2017/12/numero-de-moradores-de-rua-cresce-nos-eua-apos-6-anos-em-queda.html>. Acesso em: ago. 2018.

CAPÍTULO 15
Espaço econômico dos EUA

Liderança na economia mundial

Governo, empresários, banqueiros e a sociedade estadunidense, de forma geral, incorporaram a ideologia do liberalismo econômico, própria do sistema capitalista, que defende a propriedade particular, a iniciativa privada e a livre-concorrência, mantendo distanciamento entre o Estado (governo) e a economia.

Os Estados Unidos tornaram-se uma liderança na economia mundial após a Segunda Guerra Mundial, pois não tinham a concorrência do continente europeu, que havia sido devastado pelas duas grandes guerras mundiais. Países que se mantiveram nessa posição de liderança da economia durante séculos, como Inglaterra, Alemanha e França, de industrialização antiga, deixaram de ser ameaça aos Estados Unidos.

Essa liderança tinha como estratégia a expansão econômica pelo mundo, buscando mercados para a exportação de seus produtos industrializados.

Teve iníco então o papel imperialista dos Estados Unidos, ou seja, a grande influência política, econômica, militar e cultural que o país passou a exercer sobre quase todo o planeta.

Na ordem mundial bipolar, a influência estadunidense incidiu principalmente na economia mundial, passando a controlar os países subdesenvolvidos, principalmente na América Latina e África, com volumosos empréstimos a juros altos e fazendo com que esses países se tornassem dependentes de seus produtos industrializados.

Esses países tornaram-se indispensáveis para a liderança econômica estadunidense, fornecendo mão de obra e matéria-prima barata, além de incentivos fiscais. Foi montado o cenário da Nova Divisão Internacional do Trabalho, e as empresas dos Estados Unidos cresceram e espalharam-se pelo mundo, globalizando a produção e o consumo.

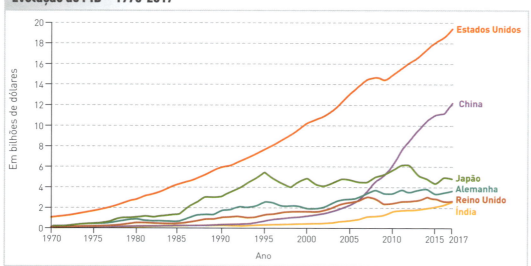

Evolução do PIB – 1970-2017

Fonte: Banco Mundial. Disponível em: <https://data.worldbank.org/indicator/NY.GDP.MKTP.CD?end=2017&locations=US-CN-JP-DE-IN-GB&start=1982&type=shaded&view=chart>. Acesso em: ago. 2018.

O impacto político dessa liderança levou muitos países de todos os continentes a se alinhar aos Estados Unidos durante o período da Guerra Fria. Na América Latina, a única exceção foi Cuba, que se alinhou à ex-União Soviética e adotou o socialismo.

O Brasil inseriu-se nessa aliança com os Estados Unidos, sobretudo a partir da década de 1940, atraído pela postura estadunidense de promover investimentos, conceder empréstimos e transferir tecnologia. Essa estratégia foi uma consequência direta da política do **Big Stick** (em português, "grande porrete"), do presidente Theodore Roosevelt (1858-1919), segundo a qual os Estados Unidos deveriam exercer sua política externa de forma agressiva, para livrar todo o continente americano da influência europeia.

Também fazia parte dessa política influenciar os países usando a indústria cultural, sobretudo por meio de suas músicas e filmes.

Os Estados Unidos são a maior economia do mundo, mantendo há décadas o primeiro lugar no *ranking* do PIB (18 569,10 bilhões de dólares), seguidos da China (11 218,28 bilhões de dólares). Mas a liderança econômica estadunidense vem sendo ameaçada nos últimos anos pelo crescimento econômico da China. Hoje, Estados Unidos e China vêm travando uma guerra comercial, com aumento das tarifas sobre os produtos que importam um do outro.

Essa relação comercial tensa causa desaceleração no crescimento econômico global e afeta o Brasil, que exporta para os dois países.

Recentemente, a disputa começou quando os Estados Unidos, alegando que a China invadiu seu mercado com produtos baratos, taxaram o aço e o alumínio chinês (a medida também afetou as exportações brasileiras de aço para os Estados Unidos). Em resposta, a China taxou mais de 100 mercadorias estadunidenses, como carne de porco, frutas e tubos de aço. Observe o infográfico a seguir.

Fonte: Elaborado com base em G1. *Guerra comercial entre EUA e China já alcança US$ 100 bilhões*. (23/08/2018). Disponível em: <https://g1.globo.com/economia/noticia/2018/08/23/guerra-comercial-entre-eua-e-chinaja-alcanca-us-100-bilhoes.ghtml>. Acesso em: out. 2018.

O grupo a que a China pertence também poderá ameaçar a hegemonia estadunidense nas próximas décadas, o Brics (Brasil, Rússia, Índia, China e África do Sul), como pode ser constatado no *ranking* das dez maiores economias mundiais previstos para 2050.

Guerra comercial entre Estados Unidos e China
www.cartacapital.com.br/revista/1009/guerra-comercial-entre-eua-e-china-catastrofe-para-paises-pequenos

Matéria jornalística que discute as relações comerciais entre Estados Unidos e China e como irá afetar outros países.

Projeção dos 10 maiores PIBs em 2050 (pesquisa de 2017)		
1	China	US$ 58,499 trilhões
2	Índia	US$ 44,128 trilhões
3	Estados Unidos	US$ 34,102 trilhões
4	Indonésia	US$ 10,502 trilhões
5	Brasil	US$ 7,540 trilhões
6	Rússia	US$ 7,131 trilhões
7	México	US$ 6,863 trilhões
8	Japão	US$ 6,779 trilhões
9	Alemanha	US$ 6,138 trilhões
10	Reino Unido	US$ 5,369 trilhões

Fonte: *Época Negócios*. Disponível em: <https://epocanegocios.globo.com/Mundo/noticia/2017/09/o-poder-dos-brics-conheca-os-paises-que-formam-o-grupo.html>. Acesso em: ago. 2018.

De olho no legado

A temperatura entre as duas maiores economias do mundo subiu nos últimos dias, colocando China e Estados Unidos prestes a iniciar uma guerra comercial, que tem o potencial de abalar a atividade econômica global.

O combate aos produtos "made in China" é uma bandeira de campanha do presidente dos EUA, Donald Trump. Desde março, ele começou a colocar em prática sua política 'America First' (América Primeiro, na tradução livre), que tem entre seus focos fortalecer a indústria americana em detrimento de produtos importados.

O estopim da tensão foi quando os EUA impuseram tarifas de 25% sobre a importação de aço e 10% sobre o alumínio de diversos países.

Para José Augusto de Castro, presidente da Associação de Comércio Exterior do Brasil (AEB), os EUA miraram a China, mas se deram conta de que poderiam provocar um embate global generalizado ao disparar contra outros países, como Brasil, União Europeia, México e Canadá. Essas nações foram retiradas uma a uma temporariamente da lista.

Depois disso, os EUA calibraram a mira e direcionaram suas ações contra a China. E desde então os dois países estão em queda de braço, com uma sequência de medidas de um contra o outro. [...]

Taís Laporta e Helton Simões Gomes. G1. Disponível em: <https://g1.globo.com/economia/noticia/entenda-a-guerra-comercial-entre-eua-e-china-e-como-ela-pode-afetar-a-economia-mundial.ghtml>. Acesso em: ago. 2018.

❶ Que título você daria a esse trecho da notícia?
❷ O que você entende por "guerra comercial"?
❸ Associe a relação tensa entre esses países ao protecionismo econômico.

Espaço agrário

A atividade agrícola nos Estados Unidos é bastante desenvolvida. O relevo suave da Planície Central e a fertilidade do solo foram fatores fundamentais para o crescimento da agricultura, com produtividade superior à dos demais países desenvolvidos. O país é o maior exportador de grãos do planeta, além de grande produtor de soja, milho, algodão, trigo, batata e laranja, entre outros.

A alta mecanização agrícola, a irrigação de extensas áreas áridas, o uso da **biotecnologia** e o sistema de **belts** (cinturões agrícolas) caracterizam a agricultura estadunidense.

Observe os *belts* no mapa a seguir.

Glossário

Biotecnologia: conjunto de conhecimentos que possibilita a utilização de agentes biológicos (organismos, células, moléculas) para obter bens e assegurar serviços.

Fontes: Tradicional Agricultural Belt Areas. Disponível em: <www15.uta.fi/Fast/US2/REF/MAPS/reg-belt.html>. Acesso em: abr. 2015; Farm Resource Regions (USDA). Disponível em: <www.exs.usda.gov/media/926929/aib-750_002.pdf>. Acesso em: abr. 2015.

Os *belts* são áreas especializadas no cultivo de determinados produtos, no sistema de monocultura. Estendem-se desde o sul do país, passando pelas planícies centrais, até as proximidades dos Grandes Lagos, na fronteira canadense. Além de abastecer a indústria interna, os produtos desses cinturões compõem parte das exportações.

Para o plantio nesse sistema, observa-se principalmente o aspecto climático. Assim, no sul do país, que apresenta temperaturas médias mais elevadas, são plantados produtos tropicais, como o algodão e a cana-de-açúcar, enquanto no centro-norte se cultiva o trigo, produto típico de climas mais amenos.

Além do aspecto climático, outro fator observado é o demográfico: na região dos Grandes Lagos, onde se concentra o maior mercado consumidor, desenvolvem-se, por exemplo, a pecuária leiteira, a criação de aves e a fruticultura. Ali a pecuária é praticada de forma intensiva, enquanto no meio-oeste e no sudoeste dos Estados Unidos se destaca a criação extensiva.

Já há vários anos a agricultura estadunidense recebe subsídios, ou seja, ajuda financeira governamental. Esse **protecionismo econômico** reduziu as importações de produtos agrícolas, prejudicando as exportações de países subdesenvolvidos da América Latina e África.

Esse protecionismo tem gerado impacto econômico sobretudo no Brasil, país que sempre exportou produtos primários para os Estados Unidos. Nas últimas duas décadas, exportadores brasileiros tiveram dificuldades de inserir vários produtos no mercado estadunidense por conta do protecionismo, como suco de laranja, açúcar, fumo, carne suína e bovina.

Colheita mecanizada de grãos. Palouse, Estados Unidos, 2015.

Espaço industrial

Como você já sabe, os Estados Unidos são um grande líder da economia mundial e fazem parte do G-7, grupo dos sete países mais industrializados do mundo.

Um fator importante para o grande desempenho industrial desse país são as imensas jazidas de recursos minerais encontradas em seu subsolo: carvão, petróleo e gás natural.

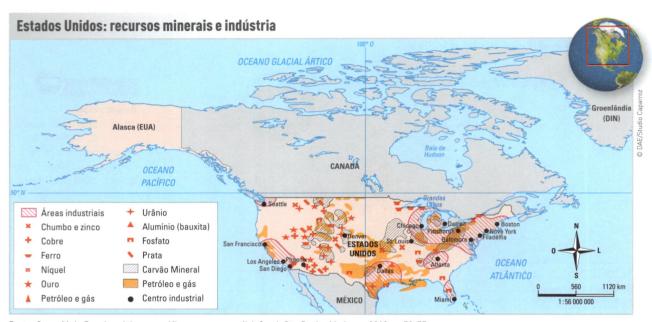

Fonte: Graça M. L. Ferreira. *Atlas geográfico*: espaço mundial. 3. ed. São Paulo: Moderna, 2010. p. 72-75.

Como você pode verificar no mapa acima, a indústria está concentrada na região **nordeste** e na região dos **Grandes Lagos**, áreas de industrialização antigas, bem como em áreas do **sul** e da costa **oeste**, onde se encontram os novos polos industriais.

O país também investe muito no vizinho Canadá, sobretudo por integrarem o bloco econômico Tratado Norte-Americano de Livre Comércio (**Nafta**, na sigla em inglês). Esse bloco foi criado em 1993 como uma **zona de livre comércio**, com o objetivo de incentivar a circulação de mercadorias entre Estados Unidos, Canadá e México mediante eliminação das taxas alfandegárias. Mesmo antes de sua criação, as economias do Canadá e dos Estados Unidos já estavam muito integradas.

O capital estadunidense sempre esteve presente na vida econômica do Canadá, a ponto de ser considerado uma extensão econômico-financeira dos Estados Unidos. Os investidores estadunidenses deram prioridade ao Canadá por diversos motivos: proximidade geográfica, alto poder aquisitivo do mercado consumidor e riqueza mineral.

O México, outro parceiro do Nafta, também recebe muitos investimentos dos Estados Unidos. Embora a política estadunidense não aceite a livre circulação de mexicanos em seu território, o país oferece muitas vantagens sob o ponto de vista econômico: mão de obra barata, mercado consumidor em expansão e riquezas naturais atraentes, como o petróleo.

O petróleo do Golfo do México é um grande atrativo para o Nafta. Texas, Estados Unidos, 2017.

Dinâmica industrial e exploração mineral

Alguns fatores explicam o desenvolvimento do nordeste dos Estados Unidos e da região dos Grandes Lagos: a colonização e o povoamento inicial, a abundância de carvão e ferro, e o Rio São Lourenço como via natural para escoamento dos produtos. Essa região é conhecida como **manufacturing belt** (cinturão fabril). Nela podemos encontrar diferentes tipos de indústria: automobilística, alimentícia, siderúrgica e turística, além de se configurar como um grande centro financeiro mundial.

Hoje as empresas buscam novos locais, mais atrativos, onde a mão de obra seja mais barata, com mais incentivos do governo e menores custos de produção. Internamente, o sul e o oeste do país representam esses novos polos industriais – essas áreas são conhecidas como **sun belt** (cinturão do sol), devido ao clima mais quente. É uma região de formação industrial recente, do pós-guerra, e ganhou importância sobretudo a partir da década de 1960.

Como geradoras de emprego, essas regiões diferenciam-se das áreas industriais do nordeste e dos Grandes Lagos pelo pioneirismo na informática, na biotecnologia e nas tecnologias aeroespacial e microeletrônica. O **Vale do Silício**, por exemplo, que se localiza no Estado da Califórnia, reúne as maiores empresas de computação, programação e internet do mundo.

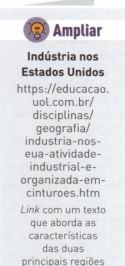

Ampliar

Indústria nos Estados Unidos

https://educacao.uol.com.br/disciplinas/geografia/industria-nos-eua-atividade-industrial-e-organizada-em-cinturoes.htm

Link com um texto que aborda as características das duas principais regiões industrializadas dos Estados Unidos: o manufacturing belt e o sun belt.

Vista área da região do Vale do Silício. Califórnia, Estados Unidos, 2017.

O domínio dos Estados Unidos sobre as outras economias mundiais se deve principalmente a sua atuação geopolítica. Na segunda metade do século XX, o país atingiu um elevado nível de desenvolvimento industrial e econômico-financeiro com as multinacionais, empresas que passaram a marcar presença em diversos países de todos os continentes.

Impactos ambientais

Glossário

Pegada ecológica: metodologia que analisa quanto do planeta estamos utilizando para manter nossos hábitos de consumo.

A liderança econômica dos Estados Unidos tem gerado impacto ambiental internamente e também no exterior. São o país com maior impacto ambiental e **pegada ecológica** entre todos os continentes.

Um dos fatores tem relação com o elevado consumo da sociedade estadunidense: é o país com o maior número de carros, fábricas, aviões e até casas poluentes do mundo.

O consumismo também tem gerado uma elevada produção de lixo. De cada 100 toneladas de lixo produzidas nos Estados Unidos, somente 11 são recicladas. Estados e cidades, sempre que podem, vendem seu lixo uns para os outros: é uma tentativa desesperada de aliviar os sobrecarregados aterros sanitários espalhados pelo país.

Outro fator é o desperdício, hábito enraizado na cultura do país: cerca de 20% dos alimentos são descartados.

O desperdício também está presente no uso da água, visto que está contida na irrigação do cultivo de muitos alimentos desperdiçados, além de outras formas.

A poluição atmosférica, gerada pelas indústrias e milhões de veículos motorizados, afeta a saúde das pessoas, gerando alergias e doenças respiratórias.

Com a maior frota de veículos do mundo, os Estados Unidos também são os maiores poluidores. Atlanta, Estados Unidos, 2016.

Mesmo com esses problemas, em 1º de junho de 2017, os Estados Unidos retiraram-se do **Acordo de Paris**, importante iniciativa diplomática para combater o aquecimento global. Esse tratado foi assinado na capital francesa em 2015, por 195 países, com metas para a redução da poluição no mundo.

Cartografia em foco

Com base nos dados indicados no mapa a seguir, responda às questões.

Mapa-múndi: produção industrial – 2012

Fonte: Graça M. Lemos Ferreira. *Atlas geográfico: espaço mundial*. 4. ed. São Paulo: Moderna, 2013. p. 50.

1. Considerando a representação cartográfica, como é possível identificar os países de maior produção industrial? E os fluxos de manufaturas?

2. A análise do mapa possibilita a identificação de um padrão econômico mundial no que se refere à distribuição e aos fluxos dos produtos industrializados? Explique.

3. Em que regiões dos Estados Unidos se destaca a produção industrial?

4. Observe no mapa os dados referentes aos Estados Unidos e à China e relacione-os às informações apresentadas no texto.

> [...] Em termos gerais, a China superou os Estados Unidos em emissões de carbono há 10 anos. Deve-se levar em consideração, no entanto, que a quantidade *per capita* de poluição dos norte-americanos é muito maior em relação aos chineses: os Estados Unidos são responsáveis por cerca de um terço do total mundial de emissões de carbono e possuem apenas 4% da população do planeta. [...]
>
> Giuliana Viggiano. Donald Trump decide retirar EUA do acordo climático de Paris. Galileu, 1º jun. 2017. Disponível em: <https://revistagalileu.globo.com/Ciencia/noticia/2017/06/donald-trump-decide-retirar-eua-do-acordo-climatico-de-paris.html>. Acesso em: out. 2018.

1 Explique o que foi a política do Big Stick e a relacione com o imperialismo estadunidense.

2 Com base no gráfico a seguir, faça o que se pede.

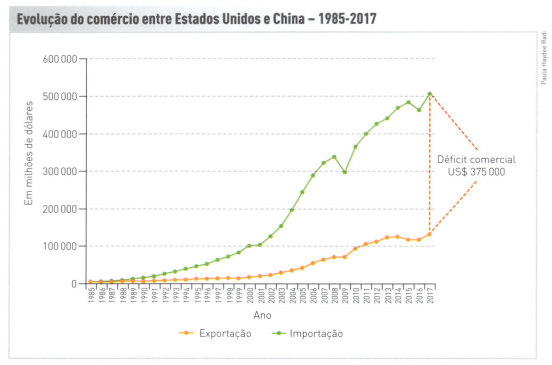

Fonte: United States Census Bureau. *Foreing Trades*. Disponível em: <www.census.gov/foreign-trade/balance/c5700.html>. Acesso em: ago. 2018.

a) Explique o desconforto comercial dos Estados Unidos em relação à China.

b) Defina "guerra comercial" entre países.

3 O que são os *belts* na agricultura estadunidense?

4 Diferencie *manufacturing belt* de *sun belt*.

5 Justifique a importância econômica do México para o Nafta.

6 Leia o texto a seguir e faça o que se pede.

> [...] A região, que vai de São Francisco a São José, no Norte da Califórnia, emanava algo místico, distante, com muitos segredos a serem desvendados. Uma espécie de Meca do empreendedorismo ou uma "Hollywood" da tecnologia [...]
>
> Em 2006 me mudei para a Califórnia e pude mergulhar no ecossistema local. Investiguei como funciona o *modus operandi* do Vale. Deparei-me com algo fascinante e inesperado. [...]

Reinaldo Normand. *Vale do Silício – Entenda como funciona a região mais inovadora do planeta*. Disponível em: <https://edisciplinas.usp.br/pluginfile.php/368808/mod_resource/content/1/Vale%20do%20Silicio%20livro%20de%20Reinaldo%20Normand.pdf>. Acesso em: ago. 2018.

a) A que região dos Estados Unidos o autor faz referência?

b) Pesquise exemplos de grandes corporações que têm sede na região.

c) Escreva sobre a importância econômica e tecnológica dessa região.

d) Que megalópole se formou na região?

CAPÍTULO 16 — EUA e geopolítica

Estados Unidos: política expansionista

Como você já estudou, o poder político e econômico dos Estados Unidos concretizou-se após a Segunda Guerra Mundial, quando conquistou mercados que antes pertenciam às potências europeias. O **Plano Marshall**, ajuda financeira norte-americana a vários países europeus arruinados pela guerra, foi vantajoso em termos econômicos e políticos, pois os Estados Unidos passaram a ter domínio sobre os países beneficiados.

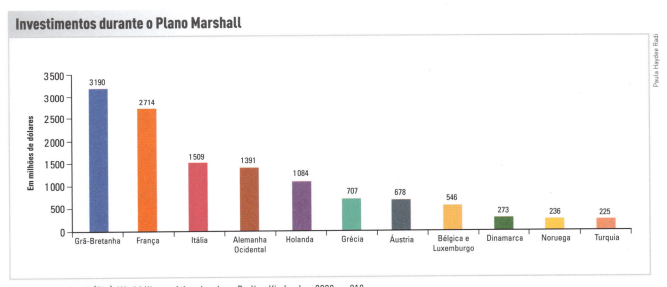

Fonte: Jeremy Black (Dir.). World History Atlas. Londres: Dorling Kindersley, 2008. p. 213.

A projeção estadunidense no cenário internacional foi crescendo ao longo do século XX, conforme o país exerce sua força política, econômica e militar na antiga ordem bipolar. O governo estadunidense desenvolveu uma poderosa marinha de guerra, com a instalação de bases estrategicamente posicionadas em todos os oceanos.

Essa hegemonia levou o país a uma política expansionista de interferência em Estados consolidados, ocupando militarmente territórios e destituindo governos que não concordavam com sua política ou que poderiam ser uma ameaça aos seus interesses.

Como vimos, a liderança global dos Estados Unidos hoje sofre ameaças principalmente em virtude do crescimento econômico da China, que já há alguns anos ameaça desbancar sua economia.

Outras questões que têm incomodado a política externa dos Estados Unidos na atualidade é a influência da Rússia e a hostilidade de países de menor expressão, que, segundo o governo estadunidense, têm programas nucleares suspeitos, como a Coreia do Norte e o Irã.

Com essas acusações ao Irã e à Coreia do Norte, o papel das armas nucleares voltou a ser debatido em todo o mundo. Se utilizadas em pequena escala, as armas nucleares têm o mesmo efeito de armas convencionais, mas em larga escala podem ameaçar a vida na Terra.

Cartografia em foco

Nos noticiários dos últimos anos, tem aparecido com frequência a temática das armas nucleares, sobretudo de países que intencionam desenvolver armas atômicas, como é o caso da Coreia do Norte e do Irã. A Coreia do Norte sinalizou positivamente a partir de 2018 com uma aproximação diplomática com os Estados Unidos e a Coreia do Sul, podendo, ao que tudo indica, abandonar seu projeto nuclear.

Em 1970, entrou em vigor o **Tratado de Não Proliferação Nuclear** (TNP), assinado por 190 países. Nesse tratado ficou permitido o uso da tecnologia nuclear para fins pacíficos, por exemplo, para a produção de eletricidade e obtenção de medicamentos. A verificação do cumprimento dos termos do TNP fica a cargo da Agência Internacional de Energia Atômica (AIEA), órgão ligado à ONU. Em 2015, o chamado G5+1 (Estados Unidos, China, Rússia, Reino Unido, França, mais Alemanha) firmou um acordo nuclear com o Irã impondo restrições ao programa nuclear deste país. Em contrapartida, as sanções comerciais contra o Irã seriam retiradas. No entanto, em 2018, os Estados Unidos anunciaram sua saída desse acordo.

Com base nessas informações, em seus conhecimentos e no mapa a seguir, responda às questões.

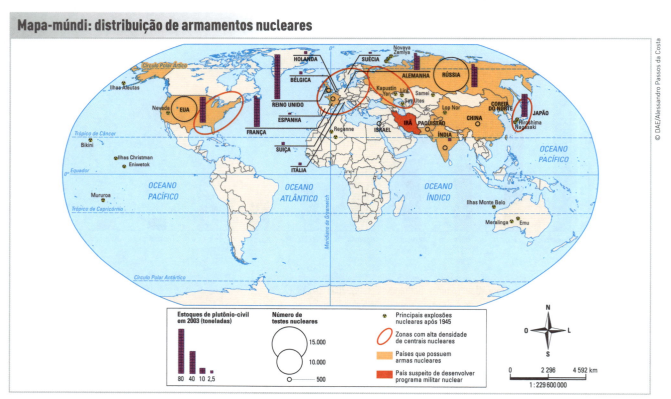

Fonte: *Atlas geográfico Melhoramentos*. 4. ed. São Paulo: Melhoramentos, 2017. p. 37.

❶ Em que regiões do planeta se concentram as maiores forças nucleares?

❷ Compare a situação dos Estados Unidos com a dos demais países da América quanto à posse de armamentos nucleares. O que isso evidencia em relação à segurança dos Estados e ao poder dos Estados Unidos no continente?

❸ Qual é a participação do Brasil nesse cenário de armamento nuclear?

❹ Analise os países que fizeram testes nucleares. Como se apresentam os Estados Unidos?

❺ Por que os Estados Unidos se preocupam com os projetos nucleares do Irã e da Coreia do Norte? Comente.

Expansionismo na América Latina

Na América Central, por exemplo, os Estados Unidos aumentaram seu domínio por meio de intervenções militares e apoio a governantes que representassem seus interesses.

O mapa a seguir é um retrato do expansionismo estadunidense nessa porção do continente americano, resultado de uma política de domínio e controle para evitar a influência econômica e política de outras forças mundiais, principalmente da Europa.

Fontes: *Atlas geográfico escolar*. 7. ed. Rio de Janeiro: IBGE, 2016. p. 39; Cláudio Vicentino. *Atlas histórico: geral e Brasil*. São Paulo: Scipione, 2011. p. 162.

A construção do **Canal do Panamá**, inaugurado em 1914, além de facilitar o comércio mundial e ligar os lados oeste e leste dos Estados Unidos, também foi uma obra estratégica para o controle político de toda a América Central. A construção de uma base militar na região, a Base de Balboa, garantiu essa forma de controle ostensivo estadunidense.

Esse canal ficou sob o controle do governo estadunidense até 1999, quando foi repassado para o governo panamenho. Essa devolução já estava estabelecida em tratado assinado entre os dois países, em 1977.

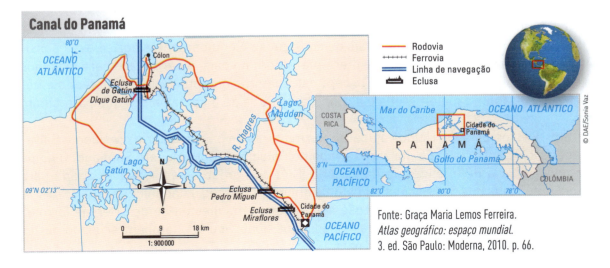

Fonte: Graça Maria Lemos Ferreira. *Atlas geográfico: espaço mundial*. 3. ed. São Paulo: Moderna, 2010. p. 66.

Em 1959, o governo estadunidense recebeu um duro golpe na estratégia de controle geopolítico da América Central, quando uma revolução armada, liderada por Fidel Castro, tomou o poder em **Cuba**. Devido às ameaças e restrições econômicas dos EUA, o país aproximou-se da União Soviética e do sistema socialista. Os Estados Unidos ainda tentaram retomar o controle da ilha com a fracassada invasão da Baía dos Porcos, em 1961.

Fidel Castro (1926-2016) esteve no comando político de Cuba de 1959 a 2008. Havana, Cuba, 2014.

Depois disso, o país viu-se à beira de um conflito nuclear com os soviéticos, no caso que ficou conhecido como "crise dos mísseis". Para evitar um confronto efetivo com a União Soviética, os Estados Unidos desistiram de retomar Cuba. Como forma de punição, adotaram o **bloqueio econômico**, cortando relações econômicas com o país e pressionando seus aliados a fazer o mesmo.

Receoso de que mais países da América Latina seguissem o exemplo de Cuba, o governo estadunidense ofereceu ajuda econômica a vários países na época, além de um forte suporte para as ditaduras militares na região. Os militares no poder representavam a certeza e a segurança de manter o socialismo afastado do continente. Partidos e políticos de esquerda representavam uma ameaça aos princípios do capitalismo e uma possível aproximação com os soviéticos.

Em dezembro de 2014, Cuba e Estados Unidos fizeram um acordo histórico de aproximação diplomática, embora o embargo econômico continue mantido.

O acordo inclui a possibilidade de os Estados Unidos instalarem uma embaixada em Havana, a flexibilização das restrições a viagens entre os dois países, a autorização para que sejam exportados para Cuba alguns produtos, como materiais de construção e equipamentos agrícolas, a possibilidade de empresas de telecomunicações e internet atuarem no país, a permissão para cidadãos norte-americanos importarem bens de Cuba e para estrangeiros usarem cartões de crédito e débito de bandeira norte-americana em Cuba e a retirada de Cuba da lista de países que patrocinam o terrorismo.

No **Chile**, em 1973, os Estados Unidos ajudaram os militares do país a depor o presidente Salvador Allende, acusado de socialista. Ele foi assassinado no Palácio do Governo, em Santiago. O golpe foi articulado pela Agência de Inteligência Americana (CIA), um órgão de espionagem criado para interferir em assuntos internos das nações que ameacem os interesses estadunidenses.

No **Brasil**, o apoio do governo estadunidense aos militares manifestou-se de diversas formas. Uma delas foi o apoio ao Golpe de 1964, para impedir que João Goulart, também acusado de ter ideias socialistas, continuasse no comando do país.

Expansionismo na Ásia

A disputa entre Estados Unidos e União Soviética durante a Guerra Fria provocou uma cisão no continente europeu: uma parte ficou sob influência estadunidense e outra sob influência soviética. Os dois países também foram responsáveis pela **Guerra da Coreia** (1950-1953), que dividiu o país em duas partes: Coreia do Norte, socialista e sob influência da União Soviética, e Coreia do Sul, capitalista, aliada dos Estados Unidos.

Outra intervenção militar estadunidense foi na **Guerra do Vietnã** (1960-1975), também com a intenção de impedir a influência da União Soviética no continente asiático. Essa guerra provocou a morte de aproximadamente 58 mil soldados americanos e 1,1 milhão de vietnamitas, além de ser responsável por 1 milhão de refugiados.

O **Oriente Médio** também recebeu notável atenção do governo estadunidense, em especial com apoio político ao Estado israelense desde sua criação, em 1948. Além disso, o continente asiático é rico em petróleo e, sendo os Estados Unidos o maior consumidor do mundo dessa fonte energética, o controle da região tornou-se estratégico.

Na intervenção armada no **Iraque**, em 1991 (Guerra do Golfo), para expulsar o exército iraquiano do Kuwait, o governo dos Estados Unidos realizou uma demonstração de poderio militar, com o objetivo de controlar o petróleo da região.

Fuzileiros americanos embarcam em helicópteros em território vietnamita. Vietnã, década de 1960.

O interesse pelo petróleo tem impulsionado os Estados Unidos a exercer influência política e militar no Oriente Médio. Barein, 2016.

Expansionismo na África

Foram poucos os envolvimentos militares diretos dos Estados Unidos na África. O mais intenso deu-se na década de 1990, na **Somália**, país do Chifre africano.

Ao mesmo tempo que integrava uma operação humanitária liderada pela ONU, os Estados Unidos também tinham interesse em atacar guerrilheiros somalis, suspeitos de estarem ligados à rede terrorista **Al Qaeda**.

> **Glossário**
> **Al Qaeda:** organização terrorista islâmica.

A caçada aos líderes dessas guerrilhas foi inútil e as tropas americanas foram retiradas do país em 1994. A Somália continuou um país pobre e com conflitos armados internos entre grupos inimigos.

Hoje a maior preocupação dos Estados Unidos no continente africano é com o crescimento do terrorismo. Além disso, é preciso encontrar meios para combater o tráfico de armas internacional, que alimenta as guerras e os conflitos étnicos no continente.

Glossário

Talibã: grupo extremista islâmico que assumiu o governo do Afeganistão de 1996 a 2001.

Lidando com o terrorismo

A partir da década de 1990, os Estados Unidos tornaram-se alvo de atentados terroristas, como os ocorridos em 1998 em suas embaixadas de Nairóbi (Quênia) e Dar Es Salaam (Tanzânia), que deixaram 224 vítimas.

No entanto, o maior ataque desse gênero viria com a derrubada das torres gêmeas do **World Trade Center**, em Nova York, em 11 de setembro de 2001, que provocou cerca de 3 000 mortes. Para destruir os edifícios foram utilizados aviões comerciais de grande porte, sequestrados por terroristas suicidas.

Logo após o atentado, os Estados Unidos realizaram uma intervenção armada no **Afeganistão**, derrubando o governo do grupo **Talibã**, que protegia o terrorista Osama bin Laden, idealizador do atentado.

Nesse contexto, o governo estadunidense adotou uma política internacional de perseguição aos grupos terroristas. O governo do então presidente George W. Bush, no poder de 2001 a 2009, ao adotar uma política unilateral de "guerra ao terror", passou a receber críticas internacionais por não medir as consequências de suas ações. Na caçada desesperada a Osama bin Laden, milhares de civis afegãos perderam a vida. O terrorista só foi capturado e morto muitos anos depois, em 2011, em uma operação militar estadunidense no Paquistão.

Ampliar

As torres gêmeas
EUA, 2006.
Direção: Oliver Stone, 129 min.

Aborda a luta pela sobrevivência de dois bombeiros que ficam presos nos escombros do World Trade Center, no atentado terrorista de 11 de setembro de 2001, na cidade de Nova York.

Em 2003, o **Iraque** voltou a sofrer intervenção militar estadunidense. Alegando que o ditador do país, Saddam Hussein, mantinha armas químicas de destruição em massa, o governo dos Estados Unidos autorizou a invasão do país, o que provocou a morte de centenas de milhares de civis. O ditador foi preso e enforcado, mas as armas químicas não foram encontradas.

A insegurança e o medo tomaram conta da sociedade estadunidense. O terrorismo eclodiu por todo o planeta e, com frequência, assiste-se a cenas violentas nos jornais e na televisão. Nesses atentados, muitas pessoas perdem a vida.

O presidente Barack Obama, que assumiu o governo dos Estados Unidos em janeiro de 2009, encontrou grandes desafios políticos, como lidar com a questão do terrorismo no mundo e com os conflitos entre Israel e Palestina.

Em dezembro de 2011, o presidente decretou a retirada completa do efetivo militar estadunidense do Iraque, marcando formalmente o fim da guerra. Em 2015, anunciou a retirada completa de tropas militares do Afeganistão até o fim de 2016.

O terrorismo continua sendo uma grande ameaça à segurança dos Estados Unidos, e o presidente Donald Trump, que assumiu o governo em 2017, tem aprovado novas estratégias de combate.

Ataque às torres gêmeas em 11 de setembro de 2001. Nova York, Estados Unidos, 2001.

1 Com base na observação do mapa, justifique o interesse dos Estados Unidos na construção do Canal do Panamá.

Fonte: Graça Maria Lemos Ferreira. *Atlas geográfico: espaço mundial*. 3. ed. São Paulo: Moderna, 2010. p. 73.

2 As relações políticas entre Estados Unidos e Cuba, principalmente a partir da segunda metade do século XX, foram marcadas por acontecimentos que distanciaram esses dois países. Entre as desavenças históricas, está o "bloqueio econômico".

a) O que foi esse bloqueio?

b) Faça uma pesquisa sobre o restabelecimento das relações entre Cuba e Estados Unidos, anunciado em dezembro de 2014.

3 Qual era o interesse do governo dos Estados Unidos em apoiar os governos militares na América Latina, a partir da década de 1960?

4 Leia o trecho da notícia a seguir, em que o especialista em segurança Hugo Tisaka lista alguns aprendizados dos Estados Unidos com o atentado terrorista de 2001. Em seguida, faça uma crítica à crescente onda de xenofobia contra o povo árabe nesse país.

> [...] Uma das consequências dos ataques terroristas aos EUA em setembro de 2001 foi o aumento no rigor das leis de imigração. O atentado criou um sentimento de 'estamos dormindo com o inimigo', principalmente com relação aos imigrantes de países árabes. O problema é que no mesmo pacote da precaução, veio também a xenofobia. Tisaka diz que "a sensação dos imigrantes de que estão sendo oprimidos nos EUA aumentou muito depois dos atentados". [...]

Eduardo Tavares. 8 lições que os EUA tiraram do 11 de setembro. *Exame*. Disponível em: <https://exame.abril.com.br/mundo/o-que-os-eua-aprenderam-sobre-seguranca-com-o-11-de-setembro/>. Acesso em: ago. 2018.

5 Durante o governo Bush (2001-2009) foi adotada nos Estados Unidos uma política contra o terrorismo que foi bastante criticada. Por quê?

6 Faça uma crítica à intervenção armada como estratégia de combate ao terrorismo.

169

CAPÍTULO 17 — Canadá

População

Como os Estados Unidos, o **Canadá** também se localiza na América do Norte e integra a América Anglo-Saxônica. De grande extensão territorial, com 9 976 139 quilômetros quadrados de área, o país é o segundo mais extenso do mundo – sendo menor apenas que a Rússia – e se apresenta dividido politicamente em territórios e províncias.

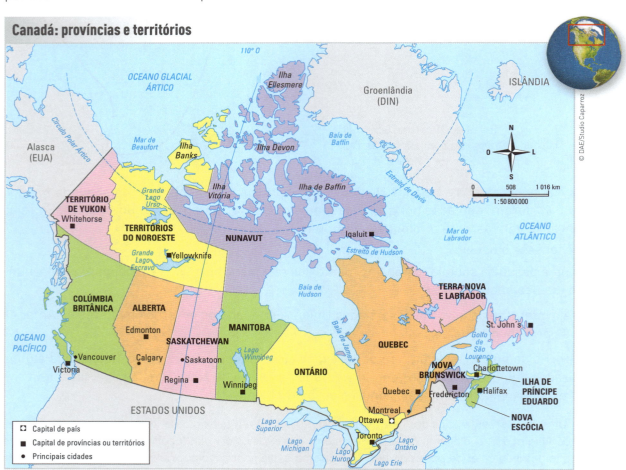

Fonte: Gisele Girardi e Jussara Vaz Rosa. *Atlas geográfico do estudante*. São Paulo: FTD, 2011. p. 94.

O Canadá, a exemplo dos Estados Unidos, recebeu colonização de povoamento dos ingleses, que se fixaram nessas terras a partir do século XVII. Contudo, a colonização iniciou com os franceses, antes mesmo dos ingleses, no vale do Rio São Lourenço em 1534, ocupando terras onde hoje é a Província de Quebec.

No século XVIII, ingleses e franceses travaram conflitos pela posse de territórios. Os ingleses venceram e tomaram posse de todo o território, inclusive da antiga porção francesa.

O Canadá é um país pouco populoso, com uma população absoluta de 35,9 milhões de pessoas (IBGE, 2016). Ou seja, a título de comparação, sua população é menor que a do Estado de São Paulo. Dada sua grande extensão territorial, tem densidade demográfica de apenas 4 habitantes por km², uma das menores do mundo.

A população se encontra distribuída de forma irregular pelo território. A maior parte está na região dos Grandes Lagos e no Vale do Rio São Lourenço (que inclui parte das províncias de Quebec e Ontário), na fronteira com o Estados Unidos. Em torno de 62% da população se concentra nessa região de clima mais ameno, o que favorece as atividades econômicas. No norte do país, de clima polar, o índice de ocupação humana é muito baixo.

Observe no mapa a distribuição da população canadense pelo território.

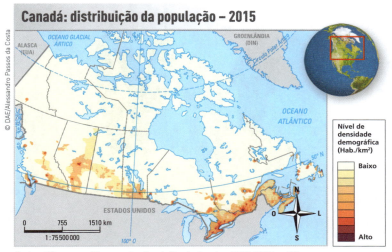

Fonte: *Atlas geográfico escolar*. 7. ed. Rio de Janeiro: IBGE, 2016. p. 70.

A população canadense é predominantemente branca, formada, sobretudo, por descendentes de ingleses e franceses. Cerca de 40% da população são de origem inglesa e 28%, de origem francesa. Por esse motivo, o inglês e o francês são idiomas oficiais do país.

Desde o final do século XIX, o governo canadense incentiva a imigração, mas vale-se de um sistema de seleção para evitar a entrada de pessoas com profissões sem demanda no país. Muitos povos do leste e do norte da Europa, bem como chineses e sul-asiáticos, imigraram para o Canadá em busca de terras e melhores condições de vida ao longo das últimas décadas.

Esse interesse do governo canadense pela mão de obra imigrante justifica-se pelo fato de o Canadá, assim como a maioria dos países desenvolvidos, apresentar uma baixa taxa de fecundidade, o que reduz a população economicamente ativa.

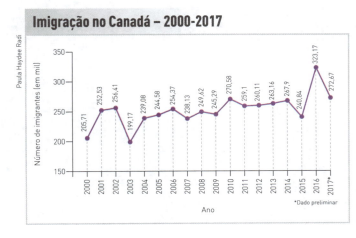

Fonte: Governo do Canadá. Disponível em: <https://open.canada.ca/data/en/dataset/1d3963d6-eea9-4a4b-8e4a-5c7f2deb7f29> e <www.statista.com/statistics/443063/number-of-immigrants-in-canada/>. Acessos em: out. 2018.

Segundo dados do governo, 25% dos trabalhadores do país são imigrantes. O Censo de 2016 revelou números surpreendentes: na região de Toronto, 50% dos profissionais são oriundos de outros países; na região metropolitana de Vancouver, esse total chega a 43%.

Cerca de 4,2% da população canadense é composta de descendentes dos povos nativos. Esses povos incluem indígenas (que correspondem a 2,6% da população canadense), mestiços (1,4% da população) e **inuítes** ou *inuits*, uma nação indígena de esquimós (0,2% da população). Cada povo tem a própria cultura, tradições e modo de vida.

Pai e filho inuítes ao lado de iglu que construíram. Gjoahaven, Canadá.

Em 1999, um acordo firmado entre o governo canadense e os inuítes levou à constituição de **Nunavut**, um território no norte do Canadá com área equivalente a um quinto da superfície total do país.

O governo mantém sua soberania em Nunavut, mas a administração está a cargo dos próprios inuítes, que procuram preservar sua cultura e suas tradições.

Na província de Quebec, cerca de 80% da população é de origem francesa, ao contrário do restante do país. A província está constantemente envolvida em questões separatistas, e já foram realizados dois **plebiscitos** sobre essa questão, em 1980 e 1995; em ambos, a proposta de separação foi rejeitada por pequena diferença – em 1980, por 60% dos eleitores, e em 1995 por 50,6%.

Glossário

Plebiscito: convocação dos cidadãos que, por meio do voto, podem aprovar ou rejeitar uma questão importante para o país.

Manifestantes durante o plebiscito canadense para a separação de Quebec, 1995.

Urbanização e padrão de vida

Mais de 80% da população canadense vive em cidades (IBGE, 2016). As principais cidades estão perto da fronteira com os Estados Unidos, na porção sudeste do país e região dos Grandes Lagos. Nessa região estão as províncias de **Quebec** e **Ontário**, as mais ricas do país.

As grandes metrópoles desse "coração" econômico do país são as cidades de Montreal e Toronto.

O desenvolvimento urbano também é considerável na província da Colúmbia Britânica, na costa oeste, polarizada pela cidade de Vancouver.

À esquerda, vista da cidade de Toronto, 2016; à direita, vista aérea da cidade de Vancouver, 2018. Os dois extremos do país simbolizam a urbanização canadense.

De maneira geral, a população canadense desfruta de boa qualidade de vida. O governo assegura pensão mensal para todas as pessoas acima de 65 anos de idade, além de educação e assistência médica gratuita para toda a população.

A alta expectativa de vida da população canadense reflete as boas condições socioeconômicas do país. Quebec, Canadá, 2017.

Com um PIB *per capita* de 43 206 dólares (2016), o padrão socioeconômico do país é um dos mais elevados do mundo. De acordo com o Relatório de Desenvolvimento Humano, divulgado em 2017 pela ONU, o Canadá ocupa o 10º lugar no *ranking* mundial, com IDH muito elevado (0,920). A mortalidade infantil no país é baixa, a expectativa de vida é de 82 anos e praticamente não há analfabetismo.

A sociedade canadense também tem contradições; 3 milhões de pessoas (8% da população) apresentam baixa renda. Os grupos mais atingidos por essa situação são os povos indígenas.

Assim, a exemplo do Brasil e de tantos outros países, devido à exclusão dos povos originários não há plena igualdade social também na sociedade canadense. Apesar de esforços, o governo enfrenta muitos desafios para reverter esse quadro.

Boa qualidade de vida dos canadenses nas grandes cidades. Vancouver, Canadá, 2016.

De olho no legado

Assistência ao desenvolvimento internacional

Parte da herança nacional do Canadá consiste em fazer do mundo um lugar melhor e mais seguro para se viver. Os voluntários canadenses têm trabalhado ativamente ao longo dos anos para atingir essa meta. O Dr. Norma Bethune, na China, e o Pe. Georges-Henri Lévesque, em Ruanda, são bons exemplos disso.

O governo canadense tem proporcionado assistência ao desenvolvimento internacional desde 1950, quando colaborou no Plano Colombo, que prestava ajuda econômica aos membros da Comunidade Britânica, no sudeste asiático.

Durante toda a década de 50, a ajuda canadense aos países asiáticos da Comunidade Britânica consistia largamente de alimentos, assistência técnica e projetos de infraestrutura. O Canadá começou a prestar assistência ao Caribe e aos países africanos da Comunidade Britânica no final dos anos 50 e à África francesa e à América Latina durante os anos 60.

Em 1968, a Agência Canadense para o Desenvolvimento Internacional (ACDI) foi fundada a fim de gerenciar a maior parte dos programas de ajuda do governo. A ACDI hoje administra cerca de 75% da assistência oficial do Canadá ao desenvolvimento. Os 25% restantes são canalizados através de outros departamentos federais, tais como Finanças, e por intermédio de organizações de desenvolvimento com sede no Canadá, incluindo o Centro Internacional de Pesquisa de Desenvolvimento.

[...]

Governo do Canadá. Disponível em: <www.canadainternational.gc.ca/brazil-bresil/about_a-propos/developpement-development.aspx?lang=por>. Acesso em: ago. 2018.

1. Que continentes são beneficiados por essa política de ajuda internacional do governo canadense?

2. Escreva a importância de medidas como essa para a promoção econômica de países subdesenvolvidos.

Economia

O Canadá, um país do G-7, beneficia-se da localização geográfica em relação aos Estados Unidos, país vizinho, mas também se tornou altamente dependente da economia desse país, responsável por cerca de 80% das exportações e importações canadenses. Recebe principalmente produtos primários dos Estados Unidos, como arroz e algodão, e muitos setores do país são controlados por empresas americanas.

Integrante do Nafta, o país realiza investimentos sobretudo no México, em busca de mão de obra e matérias-primas baratas e incentivos fiscais.

A riqueza mineral no subsolo canadense, que apresenta grandes jazidas de ferro, petróleo, gás natural e carvão, entre outras, é a principal responsável pelo desenvolvimento industrial do país.

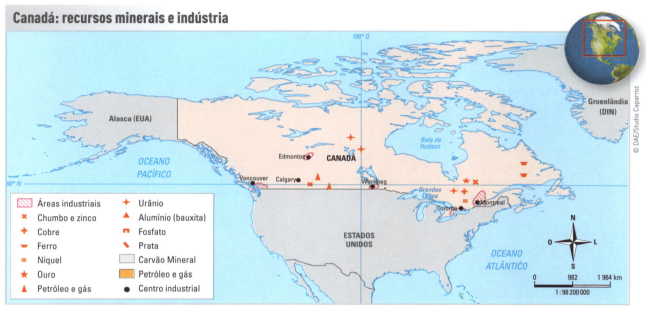

Fonte: Graça M. Lemos Ferreira. *Atlas geográfico: espaço mundial*. 3. ed. São Paulo: Moderna, 2010. p. 72-75.

Com extensas áreas de Floresta Boreal, que correspondem a quase metade do território do país, o Canadá tornou-se um grande produtor de papel e celulose. Lá também há inúmeras indústrias que exploram todas as atividades ligadas à madeira pelo país, tendo os Estados Unidos como destino da produção.

A atividade agrícola é muito limitada no país, representando apenas 2% do PIB. O espaço para o cultivo é pequeno, se comparado à imensidão territorial. Isso acontece devido às rigorosas condições climáticas do país, com clima frio e polar em toda a porção norte. Assim, a fronteira com os Estados Unidos, nas planícies centrais, é a única região cultivável, com destaque para os cereais, sobretudo trigo.

Pessoa opera uma colheitadeira enquanto colhe trigo. Manitoba, Canadá, 2018.

Cartografia em foco

O Canadá é um país de território muito extenso e a maioria de seu território é abrangido pelos climas polar e frio, com invernos rigorosos. Isso faz do país um dos mais inóspitos do mundo, limitando sobretudo a prática da agricultura.

Com base nessas informações e nas do mapa a seguir, faça o que se pede.

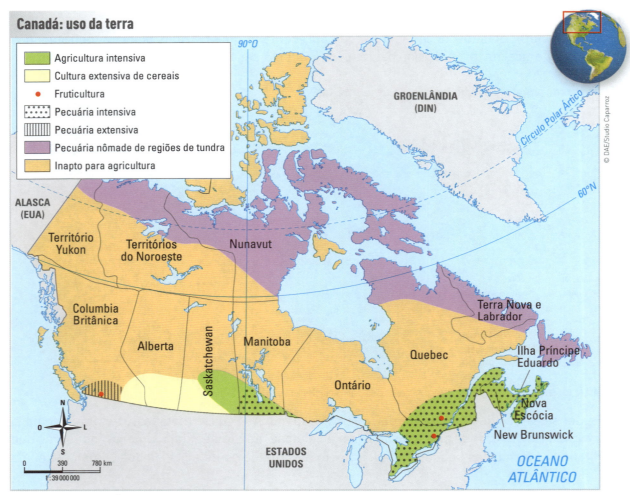

Fonte: Vera Caldini e Leda Ísola. *Atlas geográfico Saraiva*. 4. ed. São Paulo: Saraiva, 2013. p. 185.

1 Em que região do Canadá há maior concentração das atividades agrícolas? Qual é a justificativa para a intensidade nessa região?

2 Relacione o local de produção de agricultura e pecuária intensiva com o mapa de distribuição da população da página 171 e registre suas conclusões.

3 Que fator natural interfere na inaptidão agrícola da maior parte do território canadense? O desenvolvimento tecnológico pode reverter a condição dessas áreas de inaptidão agrícola? De que forma isso seria possível?

4 Na safra de 2015/2016, a produção de grãos no Canadá foi de 77,59 milhões de toneladas. Entre os grãos estão soja, milho, trigo, canola, cevada, linhaça, aveia e centeio. O trigo é o mais importante dos cultivos da região das pradarias e o mais exportado. Localize no mapa essa região e cite as principais províncias canadenses produtoras de grãos.

Atividades

1. Mencione três características da população canadense.

2. Observe no mapa a província e o território canadenses em destaque. Identifique-os e mencione uma característica social de cada um.

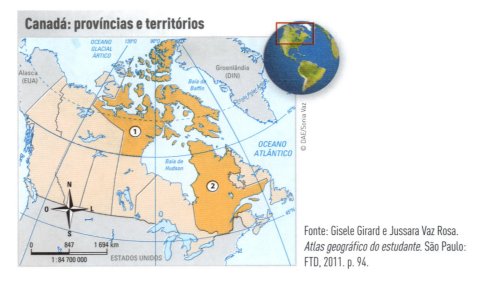

Fonte: Gisele Girard e Jussara Vaz Rosa. *Atlas geográfico do estudante*. São Paulo: FTD, 2011. p. 94.

3. De acordo com o antropólogo Darcy Ribeiro, os latino-americanos veem o Canadá como uma província escondida por detrás dos Estados Unidos. Com base nessa afirmação, escreva sobre as relações econômicas estabelecidas entre os dois países.

4. Leia o texto a seguir e faça uma crítica à exclusão social dos autóctones em um dos países mais ricos e industrializados do mundo.

> "Alimentem aqueles que têm fome! Comam os ricos." Com esse cartaz em riste, cerca de quinze pessoas desfilam diante da entrada do Pidgin, um restaurante novo em folha em Downtown Eastside, "o código postal mais pobre do Canadá", como dizem por aqui. Esse velho bairro central de Vancouver é atravessado por duas grandes artérias, as ruas Main e Hastings: *"pain and wastings"* ("dor e desolação"), ironizam os habitantes, entre os quais muitos autóctones. Habitualmente, cerca de quase mil sem-teto – com olhos assustados e passos mecânicos atrás das rodas de suas carroças – perambulam por esses quarteirões encravados entre os bairros turísticos de Gastown e Chinatown. Toxicômanos, alcoólatras, traficantes, prostitutas: a miséria social dos ameríndios é patente no centro da maioria das grandes cidades do décimo país mais rico do mundo. [...]
>
> Philippe Pataud Célérier. A revolta dos povos autóctones do Canadá. *Le Monde Diplomatique Brasil*. Disponível em: <https://diplomatique.org.br/a-revolta-dos-povos-autoctones-do-canada/>. Acesso em: ago. 2018.

5. Observe o gráfico ao lado e indique o fator que tem sido responsável pelas recentes taxas de crescimento da população canadense.

Fonte: Statistics Canada. Disponível em: <www150.statcan.gc.ca/n1/daily-quotidien/180927/cg-c001-eng.htm>. Acesso em: out. 2018.

Retomar

1. Observe o mapa.
   a) Nomeie os países numerados.
   b) Que critério foi utilizado na regionalização apresentada?
   c) Com base nas cores utilizadas, crie uma legenda e um título para o mapa.

Fonte: Graça M. L. Ferreira. *Atlas geográfico: espaço mundial*. 3. ed. São Paulo: Moderna, 2010. p. 65.

2. Qual foi e onde se localizava o núcleo colonizador que deu origem aos Estados Unidos?

3. Relacione a doutrina do Destino Manifesto com o expansionismo estadunidense.

4. Identifique a megalópole retratada no mapa ao lado e escreva sobre sua importância histórica e econômica para os Estados Unidos.

Fonte: Vera Caldini e Leda Ísola. *Atlas geográfico Saraiva*. 4. ed. São Paulo: Saraiva, 2013. p. 109.

178

5 Explique a atual guerra comercial entre China e Estados Unidos.

6 Relacione as informações do mapa a seguir com a liderança dos Estados Unidos na economia mundial.

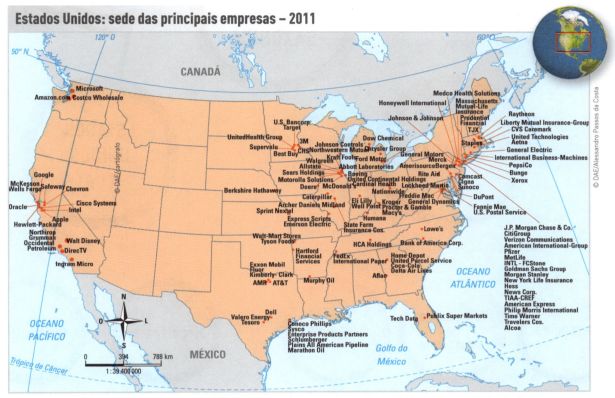

Fonte: CNN Money. *Global 500*. Disponível em: <http://money.cnn.com/magazines/fortune/global500/2011/countries/US.html>. Acesso em: ago. 2018.

7 Explique como ocorreu o atentado terrorista de 11 de setembro de 2001 nos Estados Unidos.

8 Das afirmativas a seguir, sobre os aspectos da população canadense, reescreva corretamente aquela que considerar falsa e justifique.

a) O Canadá é um país que apresenta elevado desenvolvimento socioeconômico.

b) A mortalidade infantil é baixa e quase não há analfabetos entre a população adulta.

c) Na população canadense há elevado número de idosos com uma alta expectativa de vida.

d) O Canadá é um país fechado à imigração, pois não tolera imigrantes.

e) Considerando o IDH em 2011, o país está entre os 10 melhores do planeta.

9 Em que regiões do Canadá se concentra a maior parte da população?

10 Os Estados Unidos são a maior economia do mundo, e o Canadá, a décima. Essas posições baseiam-se na produção de riquezas dos países em dólares anuais, o PIB (Produto Interno Bruto). Aponte fatores que impulsionam essas economias nos setores industrial e agrário e na riqueza do subsolo.

179

Visualização

A seguir apresentamos um mapa conceitual do tema estudado nesta unidade. Trata-se de uma representação gráfica que organiza o conteúdo, composto de uma estrutura que relaciona os principais conceitos e as palavras-chave. Essa ferramenta serve como resumo e instrumento de compreensão dos textos, além de possibilitar consultas futuras.

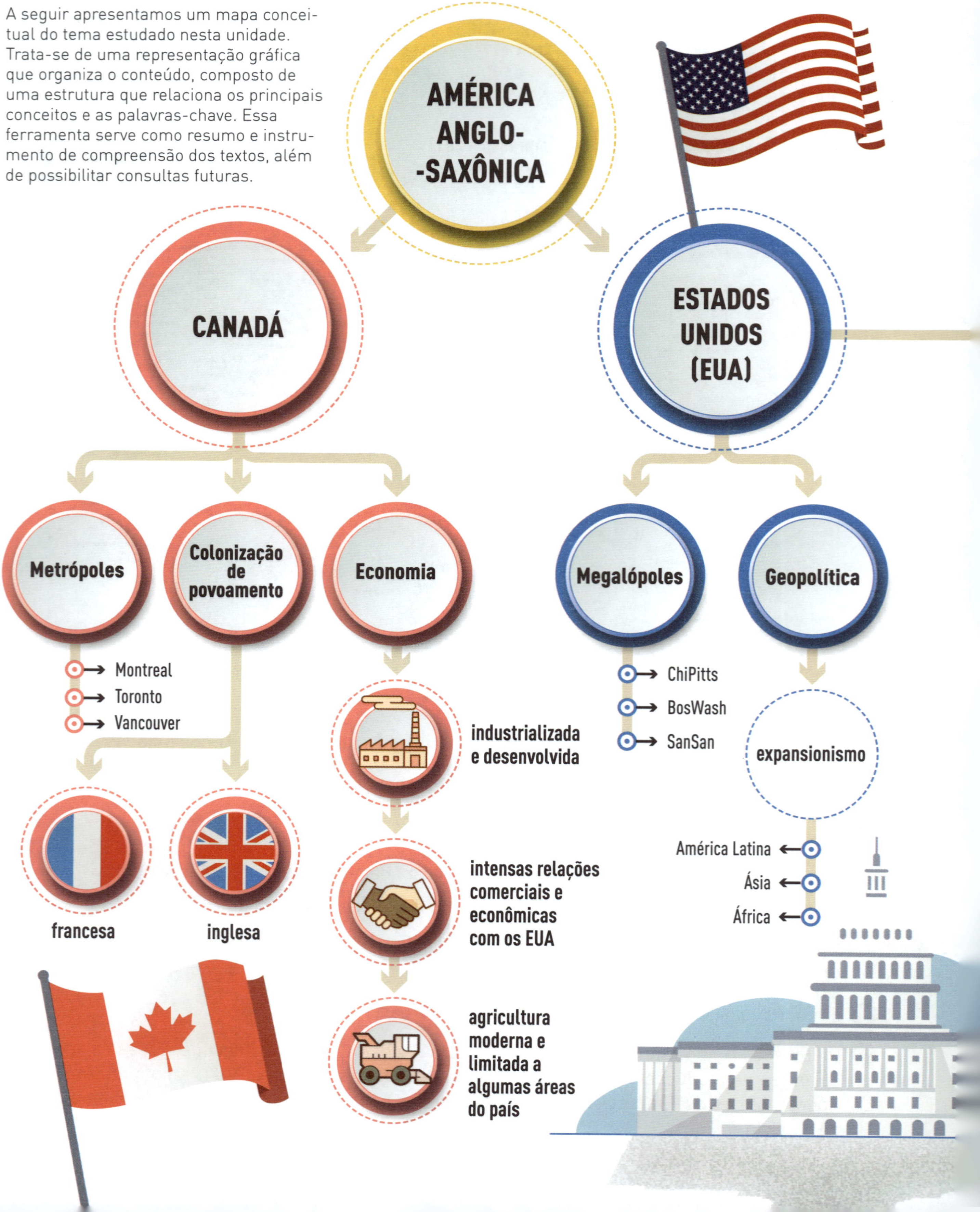

AMÉRICA ANGLO-SAXÔNICA

CANADÁ

- **Metrópoles**
  - Montreal
  - Toronto
  - Vancouver
- **Colonização de povoamento**
  - francesa
  - inglesa
- **Economia**
  - industrializada e desenvolvida
  - intensas relações comerciais e econômicas com os EUA
  - agricultura moderna e limitada a algumas áreas do país

ESTADOS UNIDOS (EUA)

- **Megalópoles**
  - ChiPitts
  - BosWash
  - SanSan
- **Geopolítica**
  - expansionismo
    - América Latina
    - Ásia
    - África

Fabio Nienow

UNIDADE 6

> **Antever**

1 Que características da sociedade são exemplos de desigualdade social na América Latina?

2 Há similaridades entre a ocupação humana retratada na fotografia e paisagens de metrópoles brasileiras? Justifique.

Com uma população estimada de 4 milhões de habitantes, Neza-Chalco-Izta, também conhecida como *Ciudad Perdida*, localiza-se na Cidade do México, uma das mais importantes metrópoles latino-americanas. Essa aglomeração humana começou a se formar no início do século XX, quando novas zonas industriais foram se estabelecendo na capital mexicana. Atualmente, a maioria dos residentes tem acesso a abastecimento de água, energia e saneamento básico, mas a qualidade desses serviços é motivo de grande debate.

Vista aérea de Neza-Chalco-Izta, México, 2015.

América Latina

CAPÍTULO 18

População

Heranças da colonização

Estudamos que, considerando a regionalização histórico-cultural, a América Latina é formada por México, países da América Central e da América do Sul. Observe o mapa político da América Latina.

Fonte: *Atlas geográfico escolar*. 7. ed. Rio de Janeiro: IBGE, 2016. p. 37, 39 e 41.

Como vimos na Unidade 4, as terras que hoje formam a América Latina foram colônias exploradas especialmente por Portugal e Espanha para fornecimento de matérias-primas e produtos agrícolas às metrópoles europeias. O sistema colonial implantado nessas terras atendia aos interesses da expansão comercial do continente europeu à época. O monopólio comercial limitava o desenvolvimento econômico das colônias e as mantinha dependentes.

Observe no mapa a seguir as rotas comerciais de mercadorias e de pessoas estabelecidas no Oceano Atlântico entre as metrópoles europeias e suas respectivas colônias. Compare a dimensão das áreas na América Anglo-Saxônica e na América Latina ligadas economicamente à Europa no Período Colonial.

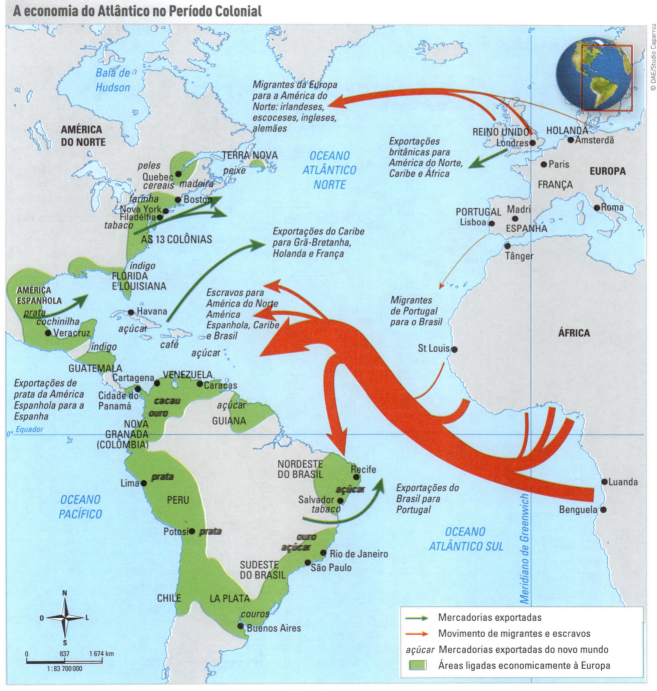

Claudio Vicentino. *Atlas histórico: geral e Brasil*. São Paulo: Scipione, 2011. p. 91.

Como heranças culturais do processo de colonização da América Latina podemos citar as línguas predominantes no continente – o português e o espanhol –, a religião católica, os costumes e as tradições dos colonizadores. Além de Portugal e Espanha, a Inglaterra, a França e a Holanda participaram da colonização da América Latina.

O passado colonial ainda se reflete em alguns aspectos do continente americano. A exploração econômica determinou o extermínio de muitos povos nativos. Apesar de os países latino-americanos terem conquistado a independência política, a herança colonial está presente na dependência econômica: a maior parte deles ainda apresenta uma economia cuja base é a exportação de produtos primários. Até mesmo nos países hoje industrializados, o processo de industrialização foi tardio, e há dependência tecnológica do exterior.

Observe no mapa a seguir as possessões territoriais da América Latina no Período Colonial e as datas de independência de cada um dos países. Perceba que nenhum deles tornou-se independente de sua metrópole antes do século XIX.

Fonte: Vera Caldini e Leda Ísola. *Atlas geográfico Saraiva*. 4. ed. São Paulo: Saraiva, 2013. p. 108.

Miscigenação e fluxos migratórios

A população latino-americana é formada por povos indígenas nativos, europeus, africanos, asiáticos e mestiços, oriundos da miscigenação dos diferentes grupos.

A composição varia muito de um país para outro – o grupo predominante em cada país depende essencialmente de seu processo histórico. O Brasil é um exemplo de país latino-americano marcado profundamente pela miscigenação. Na Bolívia, 60% da população é indígena, já na Jamaica ela é predominantemente negra.

Feira livre. La Paz, Bolívia, 2017.

Carnaval em Salvador (BA), 2015.

Idosos em Buenos Aires, Argentina, 2018.

Família mexicana. Cidade do México, México, 2018.

Os textos a seguir retratam a origem da população brasileira e latino-americana.

I-JUCA-PIRAMA

No centro da **taba** se estende um terreiro,
Onde ora se **aduna** o **concílio** guerreiro
Da tribo senhora, das tribos servis:
Os velhos sentados praticam d'outrora,
E os moços inquietos, que a festa enamora,
Derramam-se em torno dum índio infeliz.

Gonçalves Dias. *I-Juca-Pirama*. Disponível em: <http://objdigital.bn.br/Acervo_Digital/livros_eletronicos/jucapirama.pdf>. Acesso em: ago. 2018.

Glossário
Adunar: reunir.
Concílio: assembleia, reunião.
Taba: aldeia indígena.

A CANÇÃO DO AFRICANO

[...] 'Minha terra é bem longe,
Das bandas de onde o sol vem;
Essa terra é mais bonita,
Mas a outra eu quero bem!'
[...]

O escravo então foi deitar-se
Pois tinha de levantar-se
Bem antes do sol nascer,
E se tardasse, coitado,
Teria de ser surrado,
Pois bastava escravo ser. [...]

Castro Alves. A canção do africano (1863). Disponível em: <www.jornaldepoesia.jor.br/calves08.html#cancao>. Acesso em: out. 2018.

POUSO DOS IMIGRANTES

Emigrar! Mundo de preocupações, incertezas e, sobretudo, esperanças. Emigrar! É a despedida da pátria querida, da velha casa com quartos tão familiares, de terra e quintal! É a separação de parentes, amigos e vizinhos e isso tudo ligado a um grande pensamento que diz: 'incerteza absoluta, inquietação pela existência'. Primeiro a preocupação pela travessia no mar; depois a incerteza sobre o destino da viagem, da nova terra que se conhecia só por terceiros. [...] O homem tinha de ser forte para a decisão da partida. Emigrar, porém, é sinal de necessidade.

Toni Vidal Jochem. Pouso dos imigrantes. Florianópolis: Papa-Livro, 1992. p. 18.

Ao longo do tempo, a América Latina passou por intenso processo migratório. No século XIX, por exemplo, a imigração de novos grupos contribuiu para a diversidade americana, com a chegada de povos europeus não ibéricos e asiáticos. É expressiva, por exemplo, a influência de italianos na Argentina e no Brasil, de alemães na Venezuela, no Chile e no Brasil etc. Asiáticos, em especial chineses, coreanos e japoneses, instalaram-se em vários países da América Latina. A última grande leva de imigrantes europeus em direção à América Latina ocorreu logo após a Segunda Guerra Mundial (1939-1945), tendo como principais países de destino a Argentina, o Brasil e a Venezuela.

Conviver

Entre 1870 e 1930, a América Latina recebeu mais de 13 milhões de imigrantes, 90% deles com destino a Argentina, Brasil, Uruguai e Cuba.

Além da bagagem, traziam o sonho de "fazer a América". Mais de 4 milhões de estrangeiros desembarcaram em terras brasileiras com o anseio de refazer a vida por meio do trabalho. Afora a disposição, trouxeram contribuições expressivas para a história e formação cultural do país: um conjunto de heranças, como sobrenomes, sotaques, costumes, culinária, danças e vestimentas, hoje visíveis nas ruas, nos restaurantes, nas festas, em cada vez mais municípios brasileiros.

Reúna-se com alguns colegas e forme um grupo de quatro a cinco integrantes. Pesquisem marcas da imigração na identidade cultural do município ou do estado onde moram. É fundamental que avaliem a pertinência e confiabilidade das fontes de pesquisa, selecionando os elementos mais importantes. Registrem no caderno argumentos que valorizem as influências e os saberes tradicionais e culturais dos imigrantes nas expressões artísticas locais e regionais. Compartilhem os resultados da pesquisa com os demais colegas e o professor. Durante as apresentações, ouça os colegas e o professor com atenção, interesse e respeito por suas ideias e informações.

Distribuição, crescimento e perfil etário da população

Em 2016 cerca de 625 milhões de pessoas viviam na América Latina, de acordo com a ONU. Os países mais populosos são Brasil e México, seguidos de Colômbia e Argentina. Observe a tabela a seguir, com dados projetados para o ano de 2018.

Países mais populosos da América Latina	
País	População absoluta (em milhões de habitantes, 2018)
Brasil	212,8
México	129,4
Colômbia	49,5
Argentina	44,5

Fonte: Cepalstat. Base de dados e publicações estatísticas. Disponível em: <http://estadisticas.cepal.org/cepalstat/perfilesNacionales.html?idioma=spanish>. Acesso em: ago. 2018.

Esse grande contingente populacional não está distribuído igualmente pelo território. Na América Latina, observa-se maior concentração de habitantes na faixa litorânea. Essa é mais uma herança do Período Colonial: as colônias organizavam seu espaço geográfico de acordo com os interesses da metrópole, ou seja, com foco no mercado externo.

O litoral possibilitava a comercialização dos produtos por meio dos portos, por isso os primeiros assentamentos coloniais se estabeleceram ali e em localidades próximas. Esses assentamentos deram origem a algumas das atuais metrópoles latino-americanas: São Paulo e Rio de Janeiro (Brasil), Buenos Aires (Argentina), Montevidéu (Uruguai), Lima (Peru), Caracas (Venezuela) e Santiago (Chile).

Entre os anos 1930 e 1970, os países da América Latina viveram um processo de adensamento populacional acelerado que deslocou grande contingente de pessoas do campo para a cidade. Atualmente, mais de 70% da população do continente vive nas cidades.

Alguns fatores naturais também explicam a distribuição irregular da população pelo território. Florestas e desertos – como a Floresta Amazônica e os desertos de Atacama e da Patagônia –, por exemplo, são áreas de baixa densidade demográfica.

Centro do Rio de Janeiro (RJ), 2017.

Deserto do Atacama, Chile, 2017.

Observe no mapa a seguir a distribuição da população latino-americana.

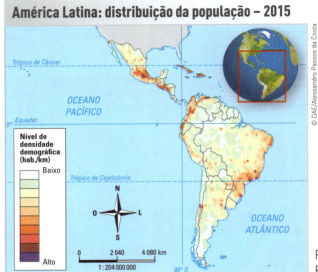

Fonte: *Atlas geográfico escolar.* 7. ed. Rio de Janeiro: IBGE, 2016. p. 70.

O índice de crescimento da população latino-americana é diferente em cada país e varia ao longo do tempo. Desde a Segunda Guerra Mundial, ações empreendidas pelos governos de países considerados subdesenvolvidos, como campanhas de vacinação, melhorias na qualidade da água, coleta de esgoto e tratamento para muitas doenças, resultaram em declínio das taxas de mortalidade. A natalidade, porém, continuou alta até meados da década de 1970, o que manteve elevados os índices de crescimento populacional. Foi somente a partir dessa década que as taxas de natalidade começaram a cair em países como Chile, Argentina, Uruguai, Brasil e Venezuela. As cidades cresceram e desenvolveram-se, intensificando a urbanização.

Aos poucos, as mulheres ingressaram no mercado de trabalho e passaram a fazer parte da população economicamente ativa. Com a melhora dos índices de escolaridade e mais acesso a métodos anticoncepcionais, tornou-se possível o planejamento familiar. Consequentemente, o número de filhos diminuiu.

Observe no gráfico abaixo a evolução e a projeção das taxas de crescimento populacional, da população em idade para trabalhar e da População Economicamente Ativa na América Latina.

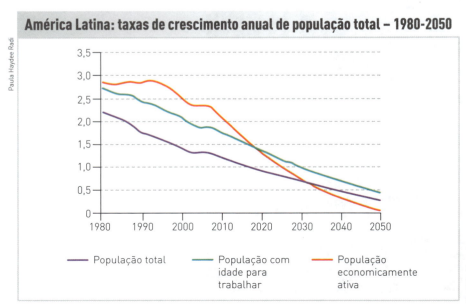

Fonte: Comissão Econômica para a América Latina e o Caribe. Disponível em: <https://repositorio.cepal.org/bitstream/handle/11362/41018/1/S1600734_en.pdf>. Acesso em: out. 2018. (p.13)

Sabe-se que as taxas de crescimento populacional são menores em países cujos índices de escolaridade são melhores. Na América Latina, é o caso de Cuba e Uruguai. Já onde predomina a população rural e faltam escolas, as taxas de natalidade são elevadas.

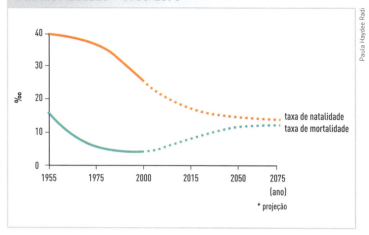

Fonte: Envelhecimento e desenvolvimento humano: as transformações demográficas anunciadas na América Latina (1950-2050). Trabalho submetido à VI Reunión nacional de investigación demográfica en México: Balance yPerspectivas de la Demografía Nacional ante el Nuevo Milenio (31 de julio al 4 de agosto del 2000. México, D.F.).

A evolução da composição populacional por grupos de idade aponta a tendência de envelhecimento demográfico, que corresponde ao aumento da participação percentual dos idosos na população e diminuição dos demais grupos etários. A queda do número de pessoas de 0 a 14 anos de idade na população latino-americana foi mais expressiva no Chile, na Argentina e no Brasil. Por sua vez, países como Haiti, Guatemala e Bolívia apresentam uma significativa parcela de crianças e jovens em suas pirâmides etárias.

Você já sabe que a pirâmide etária é um gráfico de barras elaborado para demonstrar a distribuição da população por sexo e idade. Cada barra desse gráfico representa a proporção de pessoas de uma faixa etária em relação ao total da população. A forma da pirâmide indica se há predomínio de determinada faixa etária: uma pirâmide de base larga e forma triangular, por exemplo, representa uma sociedade com população predominantemente jovem.

Compare as pirâmides etárias de dois países latino-americanos, Guatemala e Chile.

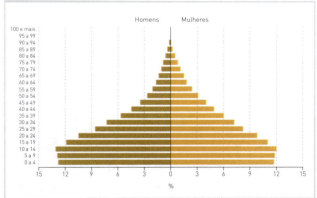

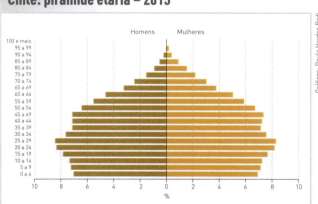

Fonte dos gráficos: Cepal (Comissão Econômica para a América Latina e o Caribe). Bases de dados e publicações estatísticas. Disponível em: <http://estadisticas.cepal.org/cepalstat/Perfil_Nacional_Social.html?pais=GTM&idioma=spanish>. Acesso em: ago. 2018.

zoom

① O que se pode concluir em relação às taxas de natalidade dos dois países?

② Em qual dos dois países a população de idosos é maior?

③ Em qual dos dois países a população adulta é mais representativa no conjunto da população?

Desigualdade social e IDH

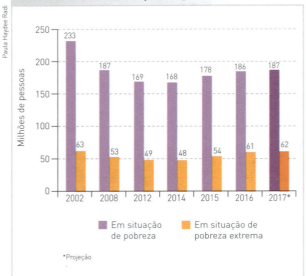

América Latina: evolução da pobreza – 2002-2017

Fontes: Cepal (Comissão Econômica para a América Latina e o Caribe). Panorama Social da América Latina 2017. Disponível em: <https://repositorio.cepal.org/bitstream/handle/11362/42716/7/S1800002_es.pdf>. Acesso em: set. 2018.

Glossário

Pobreza extrema: condição econômica de uma pessoa que vive com menos de US$ 1,90 ao dia, segundo critério do Banco Mundial.

Na América Latina persistem grandes desigualdades sociais e altas taxas de analfabetismo, subnutrição e mortalidade infantil, que espelham más condições de vida. Alguns países avançaram em termos de desenvolvimento social após certa industrialização; é o caso de Argentina, Brasil, Chile e México. A tendência recente, nesses e em alguns outros países da região, é de queda do desemprego, aumento da classe média, expansão do mercado de trabalho qualificado e maiores investimentos em educação, saúde e infraestrutura. Ainda que as populações absolutas sejam bem maiores hoje do que em 1980, percebe-se, nas últimas décadas, uma crescente redução das taxas de pobreza e de **pobreza extrema** quando consideramos a proporção dos mais pobres em relação à população total.

A exclusão social e a renda são fatores que compõem os conceitos da pobreza e indigência, situação caracterizada pela extrema falta de acesso às necessidades básicas. A pobreza consiste em carência de alimentação, vestuário, moradia, cuidados com a saúde e acesso a bens e serviços considerados essenciais, como água e energia.

Nos países latino-americanos, a concentração de grandes extensões de terras agrícolas nas mãos de poucos proprietários e a modernização das atividades agrárias resultaram no êxodo rural e, consequentemente, na formação desordenada de grandes aglomerações urbanas. Essas aglomerações expandiram-se de maneira acelerada em virtude do processo de industrialização tardia, que exerceu grande atração de mão de obra barata.

A supervalorização imobiliária do solo urbano e a ineficiência das políticas públicas de moradia provocaram a ocupação de áreas de risco, como encostas de morros e fundos de vales. Isso causou e/ou agravou problemas de ordem socioambiental, como desmatamentos, erosão acelerada do solo e condições precárias de infraestrutura por ausência ou ineficiência da oferta de serviços públicos.

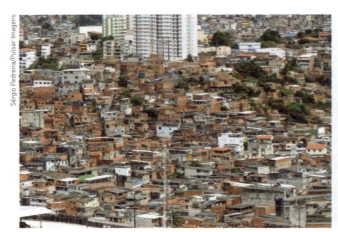

Comunidade de Saramandaia, Salvador (BA), 2017.

Buenos Aires, Argentina, 2016.

Embora milhões de pessoas ainda vivam em situação de pobreza extrema, nas últimas décadas a América Latina vem apresentando melhoria das condições de vida da população devido ao crescimento econômico e à implantação de programas sociais, em especial nos países emergentes.

Fonte: Cepal. Disponível em: <http://estadisticas.cepal.org/cepalstat/Perfil_Nacional_Social.html?pais=BRA&idioma=spanish>. Acesso em: ago. 2018.

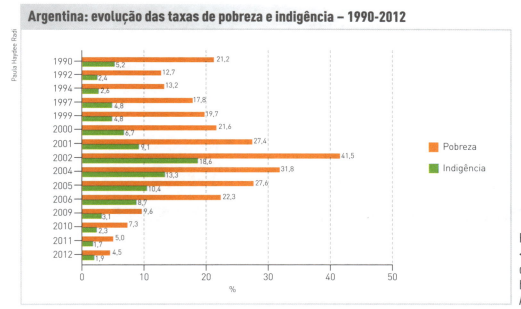

Fonte: Cepal. Disponível em: <http://estadisticas.cepal.org/cepalstat/Perfil_Nacional_Social.html?pais=ARG&idioma=spanish>. Acesso em: ago. 2018.

No que se refere ao IDH, alguns países vizinhos ao Brasil (79º no *ranking*, com IDH 0,754) obtiveram resultados melhores em 2015. O Chile, por exemplo, ficou em 38º lugar, com IDH 0,847; a Argentina, em 45º lugar (IDH 0,827); o Uruguai, em 54º lugar (IDH 0,795); e a Venezuela, em 71º lugar (IDH 0,767). Já o Paraguai, abaixo do Brasil no *ranking*, ocupou a 110ª posição (IDH 0,693): o país enquadra-se entre aqueles que apresentam desenvolvimento humano "médio", segundo a ONU. Outras nações vizinhas, como Equador (IDH 0,739) e Colômbia (IDH 0,727), ficaram nas posições 89ª e 95ª, respectivamente.

Na América Central, alguns países também obtiveram melhor classificação que o Brasil, como Cuba, 68º lugar (IDH 0,775), Trinidad e Tobago, 65º lugar (IDH 0,780), e Barbados, 54ª posição (IDH 0,795).

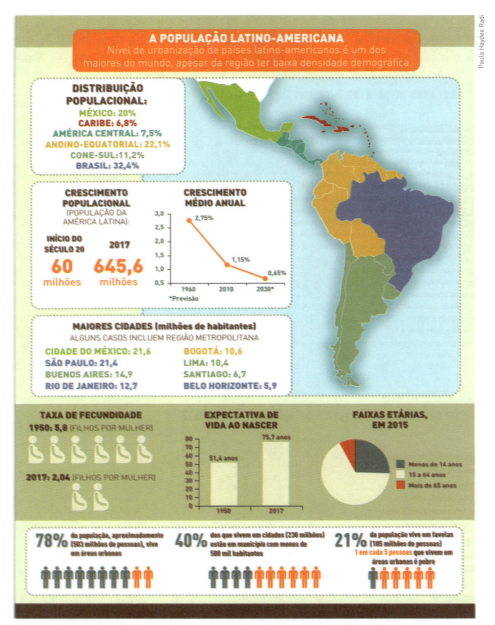

Fontes: Elaborado com base em *Gazeta do Povo*. 80% da população latino-americana vive em cidades. (21/08/2012). Disponível em: <www.gazetadopovo.com.br/mundo/80-da-populacao-latino-americana-vive-em-cidades-3eh60hxet8v5bufk1531ub8su/>. Acesso em: out. 2018; Nações Unidas. Perspectivas da População Mundial 2017. Disponível em: <https://population.un.org/wpp/DataQuery/>. Acesso em: out. 2018; Emplasa. Disponível em: <www.emplasa.sp.gov.br/RMSP>. Acesso em: out. 2018; IBGE Cidades. Disponível em: <https://cidades.ibge.gov.br/>. Acesso em: out. 2018; CIA. The World Factbook. Disponível em: <www.cia.gov/library/publications/resources/the-world-factbook/geos/br.html>. Acesso em: out. 2018; ONU Habitat. World Cities Report 2016. Disponível em: <http://cdn.plataformaurbana.cl/wp-content/uploads/2016/06/wcr-full-report-2016.pdf?utm_medium=website&utm_source=archdaily.com.br>. Acesso em: out. 2018.

zoom

❶ Com base nos dados do infográfico e em informações referentes às décadas de 1950 e 2010, registre uma conclusão sobre:

a) taxa de fecundidade;

b) expectativa de vida.

❷ Qual é o país mais populoso? Explique.

❸ Que problemas de moradia se destacam?

1 Analise a imagem da tela. A pintura apresenta aspectos da miscigenação da população no Brasil.

a) Justifique a afirmação sublinhada no texto.

b) Relacione a miscigenação representada no quadro com a história colonial do Brasil e da América Latina.

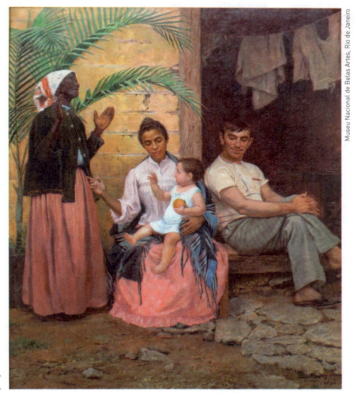

Modesto Brocos. *Redenção de aldeia*, 1895. Óleo sobre tela, 199 cm × 166 cm.

2 Ao longo do século XIX ocorreu uma mudança significativa no perfil do imigrante na América Latina. Justifique esse fenômeno com exemplos.

3 Quais são os países mais populosos da América Latina?

4 Justifique o fato de a população latino-americana estar concentrada nos espaços litorâneos do continente.

5 Que condições naturais do continente dificultam a ocupação humana e formam vazios demográficos?

6 Segundo estudos recentes, nas últimas décadas houve queda acelerada da taxa de fecundidade na América Latina. Apresente uma justificativa para essa redução.

7 A desigualdade na América Latina, apesar dos avanços obtidos nas últimas décadas, continua entre as mais altas do mundo. Analise o infográfico a seguir, que apresenta informações referentes à distribuição de renda.

a) Explique as expressões utilizadas no quadro: "mais desiguais" e "menos desiguais".

b) Mencione uma causa que colabora para a posição ruim do Brasil no infográfico.

Fontes: Pnud (Programa das Nações Unidas para o Desenvolvimento). Relatório do Desenvolvimento Humano 2016. Disponível em: <www.br.undp.org/content/dam/brazil/docs/RelatoriosDesenvolvimento/undp-br-2016-human-development-report-2017.pdf>. Acesso em: set. 2018.

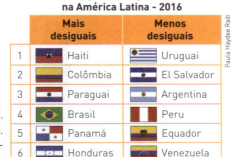

Ranking das desigualdades na América Latina - 2016

	Mais desiguais	Menos desiguais
1	Haiti	Uruguai
2	Colômbia	El Salvador
3	Paraguai	Argentina
4	Brasil	Peru
5	Panamá	Equador
6	Honduras	Venezuela

CAPÍTULO 19
Espaços de produção

Atividades econômicas

Originalmente, na América Latina os povos nativos praticavam a agricultura de subsistência e o extrativismo (caça, pesca e coleta). Com a colonização europeia, grande parte das terras foi destinada ao cultivo de produtos para exportação, com o objetivo de obter lucro. Atualmente, são identificadas duas formas de produção agrícola, uma direcionada ao mercado externo (monocultura de *commodities*) e outra, ao abastecimento interno (policultura de produtos alimentícios).

Os países latinos são caracterizados como grandes exportadores de produtos primários. Além disso, como o processo de industrialização foi tardio e incompleto, a América Latina permanece economicamente dependente.

Recentemente, foram realizadas mudanças significativas na agricultura, que promoveram alterações profundas no espaço e na economia da região. Essas mudanças ocorreram em decorrência da inserção de máquinas, tecnologias, implementos, insumos (herbicidas, fertilizantes, inseticidas, entre outros) e técnicas de manejo, que resultaram no aumento da produtividade e, consequentemente, das exportações.

Praticada de forma semi-intensiva em algumas regiões, a pecuária latino-americana ocupa hoje um lugar de destaque no mundo. A América Latina tornou-se um grande exportador de proteína animal, especialmente de carne bovina.

Outra atividade econômica bastante difundida em praticamente todos os países da América Latina é o extrativismo mineral.

Já o setor industrial divide-se em indústrias tradicionais que produzem bens de consumo, como a alimentícia e a têxtil, e as de beneficiamento de minérios ou produtos agropecuários para produção de matéria-prima. Alguns países, em especial o Brasil, a Argentina e o México, dispõem de maior diversificação no setor, que cobre desde a indústria de base até a tecnologia de ponta.

Refinaria de petróleo.
Salamanca, México, 2016.

A crise econômica desencadeada nos Estados Unidos em 2008 abalou a economia de muitos países latino-americanos, resultando na queda do PIB entre 2010 e 2016, conforme indicado no gráfico ao lado.

O mapa a seguir apresenta os conjuntos regionais da América Latina. Com base nessa regionalização, vamos estudar especificamente os principais aspectos econômicos dos países.

Fonte: FMI (Fundo Monetário Internacional). Disponível em: <www.imf.org/external/pubs/ft/weo/2017/02/weodata/download.aspx>. Acesso em: ago. 2018.

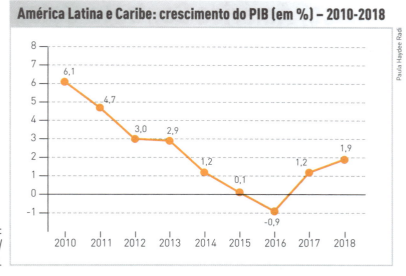

América Latina e Caribe: crescimento do PIB (em %) – 2010-2018

América Latina: conjuntos regionais

Fonte: Vera Caldini e Leda Ísola. *Atlas geográfico Saraiva.* 4. ed. São Paulo: Saraiva, 2013. p. 107.

México, América Central e Guianas

México

Quando os espanhóis chegaram ao território que hoje corresponde ao **México**, diversos povos habitavam essas terras, com destaque para os maias e os astecas, que apresentavam uma estrutura social complexa. Esses povos foram, aos poucos, dizimados pelos colonizadores, que ocuparam e passaram a explorar a região.

Na época da independência, em 1821, o território mexicano estendia-se por uma área de mais de 4,6 milhões de km², muito maior do que a atual. Depois de uma guerra que durou dois anos, de 1846 a 1848, o país perdeu grande parte do seu território para os Estados Unidos. Observe no mapa acima as terras mexicanas que foram anexadas ao território estadunidense.

Fonte: Jean Sellier. *Atlas de los pueblos de América*. Barcelona: Ediciones Paidós, 2007. p. 144.

Segundo a ONU, em 2018 a população mexicana ultrapassou a marca de 129 milhões de habitantes. É a segunda maior população da América Latina – a primeira é a do Brasil. Predominantemente urbana, ainda conserva traços culturais dos povos que habitavam o território antes da chegada dos colonizadores. A região metropolitana da capital do país, a Cidade do México, é uma das áreas mais densamente povoadas do mundo.

A grande quantidade de recursos minerais – enormes jazidas de prata, ouro, cobre, chumbo, zinco e petróleo – e a entrada de capital estrangeiro, especialmente dos Estados Unidos, favoreceram o desenvolvimento industrial. Na fronteira com os EUA, destacam-se muitas indústrias transnacionais, denominadas *maquiladoras*. Essas indústrias começaram a funcionar no México na década de 1960; atualmente, somam mais de 3 mil empresas, responsáveis por cerca de 50% das exportações do país, principalmente de produtos dos setores automobilístico, eletroeletrônico e de eletrodomésticos.

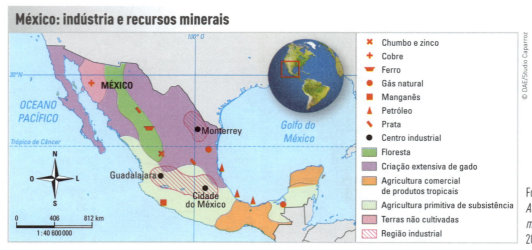

Fonte: Graça M. L. Ferreira. *Atlas geográfico: espaço mundial*. São Paulo: Moderna, 2010. p. 71.

As indústrias maquiladoras aproveitam a mão de obra barata e os incentivos fiscais do país. Têm grande peso na economia mexicana, mas, nas últimas décadas, o número de empresas de capital nacional instaladas no país aumentou.

Quanto ao setor agropecuário, destacam-se os cultivos de café, algodão, milho e cana-de-açúcar, além das culturas irrigadas de frutas e legumes. Na pecuária predomina a criação extensiva de gado bovino.

O turismo também é uma atividade econômica importante no México. O país tem praias muito procuradas por turistas de todo o mundo, como Cancún, além de vários sítios com importantes ruínas arqueológicas de povos pré-colombianos. Entre os países latino-americanos, o México é o que recebe maior quantidade de turistas.

Trabalhadores mexicanos de indústria maquiladora. Ciudad Juárez, México, 2017.

O México tem uma das mais notáveis reservas de petróleo do mundo, no Golfo do México. Grande parte da produção é exportada e uma parcela movimenta a importante indústria petroquímica do país.

Plataforma de petróleo no Golfo do México. Luisiana, Estados Unidos, 2018.

América Central

Corresponde a apenas 2% do território latino-americano. É formada por um trecho continental e pelas Antilhas, conjunto de ilhas que constitui sua parte insular, como observa-se no mapa a seguir.

Fonte: *Atlas geográfico escolar*. 7. ed. Rio de Janeiro: IBGE, 2016. p. 39.

A **América Central continental** é constituída de uma faixa de terras (istmo) que liga a América do Norte à América do Sul e separa os oceanos Atlântico e Pacífico. Também denominada América Central ístmica, essa estreita faixa é compartilhada por sete países: Guatemala, El Salvador, Honduras, Nicarágua, Costa Rica, Belize e Panamá. À exceção de Belize, que foi possessão inglesa, todos tiveram em comum a colonização espanhola.

Em geral, os países da América Central continental têm condição social e econômica desfavorável. Apenas o Panamá e a Costa Rica apresentam melhor padrão de vida. A base da economia desses países é a agricultura de exportação, praticada no sistema de *plantation* por grandes companhias estadunidenses, com destaque para o cultivo de banana. A cana-de-açúcar, o algodão e o abacaxi também são cultivos importantes na América Central continental.

A indústria é uma atividade pouco desenvolvida, com alguma visibilidade apenas na Costa Rica e no Panamá.

Plantação de banana na Costa Rica, 2017.

As ilhas da **América Central insular**, muitas de origem vulcânica, formam um arco no Oceano Atlântico. A América Central insular, mais especificamente a Ilha Hispaniola (onde se localizam a República Dominicana e o Haiti), foi a primeira porção de terra da América avistada pelos espanhóis, em 1492.

Os espanhóis foram os primeiros colonizadores da região; mais tarde, chegaram também ingleses, franceses e holandeses. Algumas dessas ilhas são até hoje possessões de outros países.

Podemos dividir a América Central insular em três conjuntos de ilhas: as Grandes Antilhas, as Pequenas Antilhas e as Bahamas. Os países das **Grandes Antilhas** são Cuba, Jamaica, Porto Rico, Haiti e República Dominicana. Nas **Pequenas Antilhas** estão Barbados, Dominica, Antígua e Barbuda, São Vicente e Granadinas, entre outros.

Desde o século XVI, as ilhas constituíram possessões de países europeus, que nelas cultivavam produtos tropicais, como a cana-de-açúcar, com exploração da mão de obra escravizada trazida da África.

As ilhas caribenhas foram constantemente atacadas por corsários e piratas desde o início da colonização até o século XIX. Eles eram atraídos pelos barcos espanhóis que saíam das ilhas, eventualmente carregados de ouro e outras riquezas. Assim como o trecho continental, a porção insular da América Central tem sua economia fundamentada na agricultura, destacando-se o cultivo da cana-de-açúcar.

Nas Grandes Antilhas há importantes jazidas de ferro, cobre, petróleo e bauxita. A Jamaica é um dos maiores exportadores mundiais de bauxita. Em geral, o padrão de vida da população dos países da América Central insular também é baixo. Apenas Cuba e Bahamas conseguiram avanços sociais em alguns setores; o Haiti registra os piores indicadores sociais não só da região, mas de todas as Américas, fato agravado pelo terremoto que abalou o país em 2010.

América Central insular

Fonte: *Atlas geográfico escolar*. 7. ed. Rio de Janeiro: IBGE, 2016. p. 39.

Trabalhadores em plantação de cana-de-açúcar. Santa Clara, Cuba, 2017.

Comunidade de baixa renda em Porto Príncipe, Haiti, 2016.

As Guianas

Fonte: *Atlas geográfico escolar*. 7. ed. Rio de Janeiro: IBGE, 2016. p. 41.

A **Guiana** é o único país da América do Sul de colonização britânica. Sua produção agrícola está concentrada na faixa litorânea e é protegida por um sistema de diques e canais, já que essa região fica abaixo do nível do mar. O país disputa fronteiras com a Venezuela e o Suriname.

O **Suriname** foi colonizado por holandeses e era conhecido como Guiana Holandesa até 1954, quando tornou-se independente e adotou o nome oficial de República do Suriname. É um dos principais produtores mundiais de bauxita, e o beneficiamento desse minério, matéria-prima do alumínio, faz com que o setor industrial tenha importante papel na economia. Na agricultura, os principais cultivos são arroz e cana-de-açúcar.

A **Guiana Francesa** é um departamento ultramarino da França. As atividades econômicas, em sua maioria, contam com subsídios do governo francês, que abastece a população de produtos industrializados e alimentos.

A principal atividade econômica das Guianas é a exploração de minérios – como a bauxita. A agricultura é voltada para o mercado interno e tem como base a cana-de-açúcar, o café e vários tipos de frutas.

Mina de Bauxita. Linden, Guiana, 2015.

Países andinos e platinos

A América Andina é formada por Bolívia, Chile, Colômbia, Equador, Peru e Venezuela, países cuja vida social e econômica é marcada pela presença da Cordilheira dos Andes. Argentina, Paraguai e Uruguai formam a **América Platina**; eles recebem essa denominação por localizarem-se na Bacia Platina (ou Bacia do Rio da Prata). Observe o mapa ao lado.

Fontes: Vera Caldini e Leda Ísola. *Atlas geográfico Saraiva*. 4. ed. São Paulo: Saraiva, 2013. p. 107; Gisele Girardi e Jussara Vaz Rosa. *Atlas geográfico do estudante*. São Paulo: FTD, 2011. p. 84.

Cordilheira dos Andes. Peru, 2017.

Rio da Prata. Montevideo, Uruguai, 2016.

América Andina

Economicamente, a América Andina destaca-se pela grande produção de minérios, pela monocultura em alguns países e pela pesca, atividades que movimentam o modesto setor industrial.

No **Chile**, o extrativismo mineral ocupa posição de destaque, com exploração de cobre, prata, ferro, manganês, zinco, carvão e ouro. O país é o maior produtor de cobre do mundo. Na agricultura prevalece a exportação de cereais, frutas e legumes. A vitivinicultura é uma atividade econômica bastante desenvolvida, e as bebidas produzidas no país são apreciadas mundialmente.

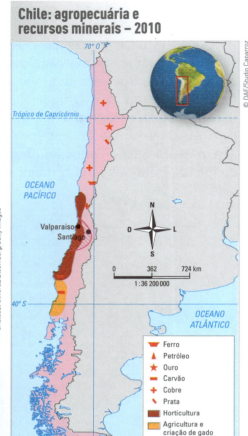

Extração em mina de cobre. Calama, Chile, 2018.

Fonte: Graça M. L. Ferreira. *Atlas geográfico: espaço mundial.* São Paulo: Moderna, 2010. p. 71.

A **Bolívia**, por sua vez, é importante exportadora de estanho, prata, zinco, petróleo e gás natural. O Brasil é um grande importador de gás natural da Bolívia, que é transportado por meio de um gasoduto que liga Santa Cruz de la Sierra (Bolívia) a Porto Alegre (Brasil). Na agricultura, destacam-se o cultivo do café e da cana-de-açúcar para exportação. Contudo, a maior parte da atividade agropecuária boliviana destina-se ao mercado interno. Predominam os minifúndios, principalmente na região dos planaltos bolivianos – denominados altiplanos –, onde vivem 80% dos camponeses.

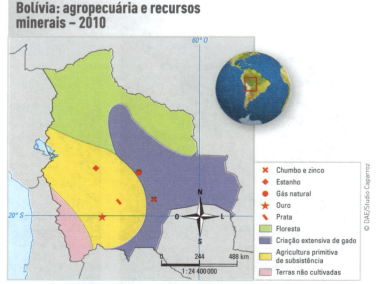

Fonte: Graça M. L. Ferreira. *Atlas geográfico: espaço mundial.* São Paulo: Moderna, 2010. p. 71.

Já a **Colômbia** é um país andino cuja posição é privilegiada em virtude da ligação tanto com o Oceano Pacífico quanto com o Atlântico, no Mar do Caribe. Sua localização representa um importante ponto de passagem no continente. A economia é voltada para o setor primário. Na agricultura, além dos cultivos de banana e cacau, o grande destaque é o café: o país é o segundo maior produtor mundial, atrás do Brasil. A cultura do café foi responsável pela ocupação das terras do interior boliviano.

No extrativismo mineral destaca-se a extração de petróleo, gás natural e carvão. Embora o setor químico seja importante, as indústrias são majoritariamente de bens de consumo.

Fonte: Graça M. L. Ferreira. *Atlas geográfico: espaço mundial*. São Paulo: Moderna, 2010. p. 71.

Trabalhadores em plantação de café, Colômbia, 2017.

O **Peru**, terceiro maior país da América do Sul, com expressiva presença de indígenas na composição étnica da população, tem como base da economia a mineração (cobre, ouro, prata, zinco e estanho), a agricultura (café, algodão, cana-de-açúcar) e a pesca. A corrente fria de Humboldt nas águas que banham o litoral peruano, com grande quantidade de plâncton, favorece a presença de grandes cardumes, o que faz do país um dos maiores produtores mundiais de pescados.

Apesar de toda essa riqueza e de novos investimentos internacionais que geraram empregos e algumas melhorias, grande parte da população peruana ainda vive em situação de pobreza.

Fonte: Graça M. L. Ferreira. *Atlas geográfico: espaço mundial*. São Paulo: Moderna, 2010. p. 71.

A **Venezuela**, país andino localizado no norte da América do Sul, destaca-se pelas grandes reservas de petróleo, cuja produção e exportação são a base econômica do país. A atividade agropecuária é pouco desenvolvida, predominando as pequenas e médias propriedades.

A exploração do petróleo teve início em 1918. Empresas estrangeiras extraíam, refinavam e comercializavam o produto, cabendo ao governo venezuelano um percentual do lucro.

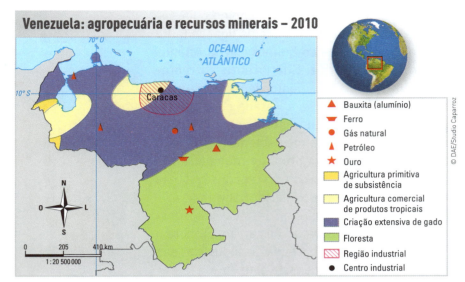

Fonte: Graça M. L. Ferreira. *Atlas geográfico: espaço mundial.* São Paulo: Moderna, 2010. p. 71.

Em 1960, a Venezuela participou ativamente da criação da Organização dos Países Exportadores de Petróleo (**Opep**), que exerce grande influência na geopolítica mundial, uma vez que controla a produção e o preço do petróleo no mercado internacional.

Na década de 1970, visando obter mais recursos com o petróleo, o governo da Venezuela decidiu nacionalizar os poços, assumindo a exploração e deixando o refino a cargo de empresas estrangeiras. Apesar de ter de pagar indenizações às companhias que exploravam o petróleo, o lucro obtido com a nacionalização foi surpreendente, o que possibilitou ao país investir, sobretudo, na industrialização e na melhoria da infraestrutura das cidades.

Contudo, o governo venezuelano é criticado por organismos internacionais, governos e pela própria ONU por não ter conseguido tirar grande parte da população da pobreza extrema. A maioria da população reside nas cidades, em numerosas aglomerações de moradias precárias.

Outro país andino que se destaca pela grande produção de petróleo é o **Equador**. A economia do Equador, como a da maioria dos países da América Latina, está voltada para a exportação de produtos primários: banana, café, cacau e pescados, além do petróleo.

Os lucros obtidos com a exploração petrolífera também foram investidos na modernização do setor agrário, especialmente na faixa litorânea. A partir da década de 1970, com a instalação de agroindústrias e projetos de irrigação, a produtividade das grandes propriedades rurais aumentou. Grande parte da produção agrícola é direcionada ao mercado externo.

Na região da cordilheira, persiste uma agricultura rudimentar, de subsistência, desenvolvida em pequenas propriedades. Mesmo com algumas reformas no setor agrário, perduram problemas relacionados à má distribuição das terras e à exploração da mão de obra rural.

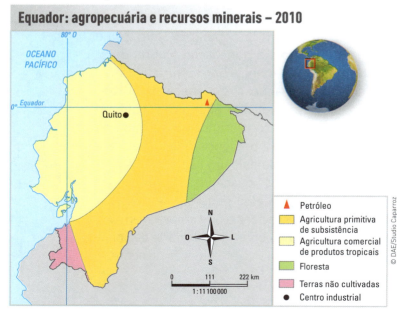

Fonte: Graça M. L. Ferreira. *Atlas geográfico: espaço mundial.* São Paulo: Moderna, 2010. p. 71.

Cartografia em foco

Observe os mapas a seguir.

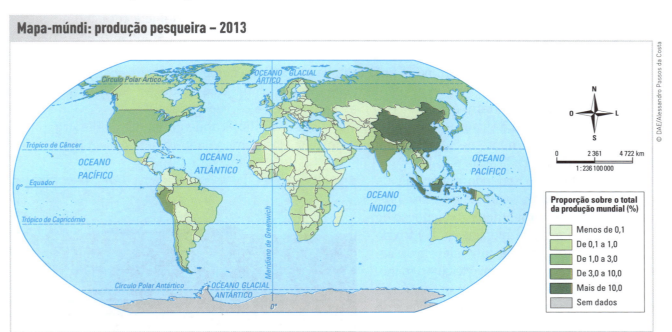

Fonte: *Atlas geográfico escolar*. 7. ed. Rio de Janeiro: IBGE, 2016. p. 66.

Fonte: *Atlas geográfico escolar*. 7. ed. Rio de Janeiro: IBGE, 2016. p. 67.

1. Apresente suas conclusões sobre o papel dos países latino-americanos na produção mundial dos recursos retratados.

2. Relacione os dados de produção de estanho com a base da economia dos países andinos.

América Platina

A combinação de relevo plano, rica rede hidrográfica e solos férteis proporciona aos países da América Platina (Argentina, Uruguai e Paraguai) uma produção agrícola expressiva e a criação de grandes rebanhos. Na região platina há três áreas com características específicas: Chaco, Patagônia e Pampa.

O **Chaco** estende-se pelo norte da Argentina e pelo Paraguai. É uma planície com clima subtropical que corresponde à extensa área de florestas e produção agrícola de algodão e erva-mate. A pecuária também se desenvolve nessa região.

A **Patagônia**, ao sul da Argentina, é uma área de planaltos e clima seco com vegetação de campos onde é praticada a pecuária, especialmente de ovelhas, com larga produção de lã para exportação. A região destaca-se também pelas reservas de petróleo e carvão mineral.

O **Pampa** abrange o Uruguai e as regiões meridionais do Rio Grande do Sul (Brasil) e Argentina. Destaca-se principalmente pelos solos planos e férteis. Nos campos naturais da região também se pratica a pecuária em grande escala.

A **Argentina** é o segundo maior país da América do Sul. Em seu amplo território predominam o clima temperado e a vegetação de pradarias. Na extensa planície do centro do país, a agropecuária é bastante desenvolvida, com cultivo de cereais, como o trigo e o milho, além de criação extensiva de bovinos. O país é um dos maiores exportadores de carne e de couro do mundo, e destaca-se também pela produção de peras, maçãs e uvas.

Plantação de soja e remanescente de vegetação original do Chaco ao fundo. Lomitas, Argentina, 2015.

A Argentina é um dos países mais industrializados da América Latina, ao lado de México e Brasil. São bem desenvolvidas as indústrias alimentícia, têxtil, mecânica, eletroeletrônica, metalúrgica e automobilística (as duas últimas, controladas principalmente por capital estrangeiro). Buenos Aires, a capital do país, é uma importante metrópole latino-americana. Com Rosário e Córdoba, forma um parque industrial bem desenvolvido.

Até a década de 1990, os indicadores sociais da Argentina estavam entre os melhores da América Latina. Entretanto, o país entrou no século XXI com uma séria crise política e financeira, o que levou milhares de argentinos às ruas para protestar contra o desemprego e a política recessiva do governo.

A dolarização da economia, na década de 1990, maior causa da crise, gerou redução das exportações, e o país, sem dinheiro, deixou de pagar suas dívidas. Após o auge da crise, entre 2001 e 2002, a Argentina retomou o crescimento econômico, que foi elevado até 2007. A partir de 2013, a economia sofreu uma desaceleração.

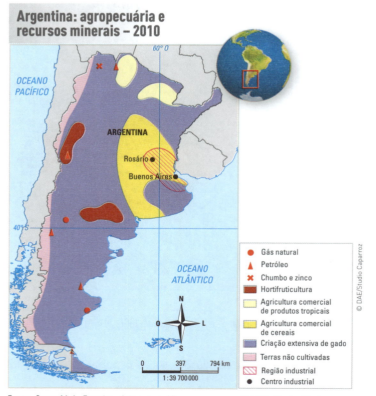

Fonte: Graça M. L. Ferreira. *Atlas geográfico: espaço mundial*. São Paulo: Moderna, 2010. p. 71.

O **Paraguai**, localizado no centro-sul da América do Sul, não tem saída para o mar. A principal via de acesso para o Oceano Atlântico é o Rio Paraguai, que se une ao Rio Paraná e às rodovias brasileiras. O Porto brasileiro de Paranaguá, no Paraná, é o local de entrada e saída da maioria dos produtos de importação e exportação do Paraguai.

A economia paraguaia depende da exportação de produtos primários, como madeira, soja, algodão e mate. A atividade industrial é pouco desenvolvida.

Os recursos energéticos fósseis são mínimos, por isso esse país tem de importar o petróleo que consome. Contudo, dispõe de excesso de energia elétrica, produzida pela Usina Hidrelétrica de Itaipu, localizada no Rio Paraná. Essa energia é repassada ao Brasil em razão de um acordo firmado entre esses países na década de 1980.

Há uma ativa área comercial centralizada em Ciudad del Leste, zona franca paraguaia na fronteira com Foz do Iguaçu, no Paraná. O movimento de brasileiros é intenso nessa região: diariamente, milhares de pessoas cruzam a Ponte da Amizade, que separa os dois países, em busca de produtos importados para serem revendidos no Brasil. Entre os países platinos, a população do Paraguai é a que tem o mais baixo padrão de vida.

Já a economia do **Uruguai**, localizado ao sul do Brasil, está fundamentada na pecuária e o setor industrial é voltado para a agroindústria. Setenta por cento do território é formado por pastagens, onde são criados rebanhos bovinos e ovinos.

É grande exportador de carne, lã e couro. No setor agrícola destacam-se os cultivos de trigo, aveia, uvas e frutas cítricas. Os recursos minerais do subsolo são poucos, motivo pelo qual importa todo o petróleo de que necessita.

Plantação de soja. Santa Rosa del Monday, Paraguai, 2013.

Ciudad del Leste, Paraguai, 2015.

Montevidéu, Uruguai, 2017.

Videiras. Montevidéu, Uruguai, 2015.

Caleidoscópio

Arte na América Latina

Por sua diversidade socioeconômica e cultural, a América Latina apresenta muitos ícones em diversas áreas das artes. Conheça alguns dos mais importantes personagens da arte latino-americana, que alcançaram fama mundial e levaram a cultura local para além de suas fronteiras.

Frida Kahlo `MÉXICO`

(Magdalena Carmen Frieda Kahlo y Calderón)

"Eu nunca pinto sonhos ou pesadelos. Pinto a minha própria realidade."

A artista mexicana foi uma das mais importantes pintoras do século XX. Destacou-se ao defender o resgate à cultura dos astecas como forma de oposição ao sistema imperialista cultural europeu.

Artisticamente, o estilo de Frida aproxima-se do surrealismo, embora ela se diferenciasse por afirmar que não pintava sonhos, e sim sua realidade. Abordava temas pouco comuns, como a morte e a dor, com forte influência da cultura local mexicana e asteca. Pintou muitos autorretratos, paisagens e cenas imaginárias. Suas obras apresentam cores fortes, temas da própria vida e muitas imagens simbólicas.

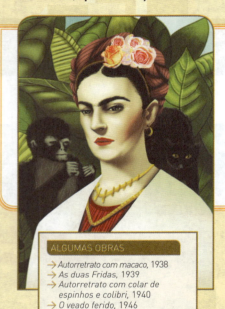

ALGUMAS OBRAS
- *Autorretrato com macaco*, 1938
- *As duas Fridas*, 1939
- *Autorretrato com colar de espinhos e colibri*, 1940
- *O veado ferido*, 1946
- *Viva la vida*, 1954

Oswaldo Guayasamín `EQUADOR`

"Minha pintura é para ferir, para arranhar e golpear o coração das pessoas. Para mostrar o que o homem faz contra o homem."

Pintor, desenhista e muralista, Oswaldo Guayasamín é um premiadíssimo artista equatoriano, com mais de 180 exposições individuais e painéis pelo mundo todo.

Sua obra humanista, tida como expressionista, reflete a dor e a miséria que a maior parte da humanidade tem sofrido, denunciando a violência que cada ser humano tem de viver no século XX, marcado por guerras mundiais, guerras civis, genocídio, campos de concentração, ditaduras e torturas.

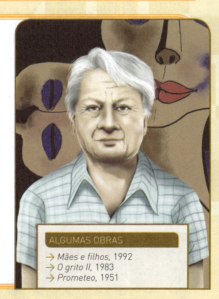

ALGUMAS OBRAS
- *Mães e filhos*, 1992
- *O grito II*, 1983
- *Prometeo*, 1951

Athos Bulcão `BRASIL`

"Eu procuro expressividade [...]. Uma coisa que a gente faz, ela tem que aparecer."

Foi pintor, escultor e arquiteto famoso por seus projetos arquitetônicos e obras ligadas aos espaços públicos, entre murais, painéis, azulejos e vitrais.

Athos Bulcão trabalhou como assistente de Candido Portinari na construção do painel de São Francisco de Assis, na Igreja da Pampulha. Colaborou também em projetos do arquiteto Oscar Niemeyer.

O trabalho de Athos Bulcão é voltado ao povo em geral, primariamente em espaços públicos, em parques, igrejas, locais de muita concentração de gente, onde se pode cruzar com sua obra, às vezes, sem nem perceber.

ALGUMAS OBRAS
- *Azulejos externos do Hospital Sul América*, 1955
- *Igreja Nossa Senhora de Fátima, painéis de azulejos e vitrais*, 1958
- *Teto da Capela do Palácio da Alvorada*, 1959

Pablo Neruda CHILE
(Neftalí Ricardo Reyes Basoalto)

"Os poetas odeiam o ódio e fazem guerra à guerra."

ALGUMAS OBRAS
→ *Terceira residência*, 1947
→ *Vinte poemas de amor e uma canção desesperada*, 1924
→ *Canto geral*, 1950
→ *Cem sonetos de amor*, 1959
→ *Odes elementares*, 1954-1959

Considerado um dos mais influentes artistas do século XX, Pablo Neruda foi poeta, ativista político, senador, pré-candidato à presidência de seu país e embaixador na França. Entre os reconhecimentos que recebeu, estão o Prêmio Nobel de Literatura de 1971 e um doutorado *honoris causa* pela Universidade de Oxford.

Publicou os primeiros poemas ainda na fase escolar, sob o pseudônimo de Pablo Neruda. Sua poesia tinha um tom de pessimismo social angustiado, marcado pela orientação política e culminando no grito pela revolução. Exaltava a vida – os vegetais, os seres humanos, os animais –, denunciando a impostura dos conquistadores e a tristeza dos povos explorados. Era muito romântico (casou-se três vezes) e fez também famosos poemas de amor. Vários de seus livros de poesia foram publicados postumamente.

Joaquín Torres García URUGUAI

"Nosso norte é o sul."

Considerado um dos artistas uruguaios de maior projeção internacional, Joaquín Torres García foi o criador da Associação de Arte Construtiva, uma escola de arte nascida na América do Sul. Seu trabalho, construtivista, apresenta cores fortes e linhas que cruzam a tela para compor os objetos, formas geométricas, assim como temáticas sul-americanas e formas das artes clássicas.

Para o artista, a América Latina deveria construir uma arte própria, inédita, um novo realismo, sem cópias da arte europeia, sem folclorismos. Deixou como legado uma escola pictórica e americana com identidade própria, La escuela del sur, um dos mais consistentes movimentos artísticos do século XX.

ALGUMAS OBRAS
→ *Constructivo con campana*, 1932
→ *América invertida*, 1943
→ *Ritmo de ciudad*, 1971
→ *Manolita em su jardin*, 1902
→ *Grafismo infinito*, 1937

Ilustrações: Hugo Matsubayashi

Mercedes Sosa ARGENTINA

"Durar não é estar vivo, viver é outra coisa."

Cantora argentina – chamada também de La Negra, devido à ascendência ameríndia –, foi uma das figuras máximas da música folclórica e uma das expoentes do movimento Nuevo Cancionero.

Mercedes Sosa teve muito de seu trabalho ligado à cultura folclórica e popular da América Latina, em especial a que representa as classes trabalhadoras e humildes, buscando referências nas músicas de cancioneiro tradicional da Argentina.

Protestou contra as injustiças sociais e a discriminação dos indígenas americanos. Depois do exílio durante a Ditadura Militar na Argentina (1976-1983), começou a lutar pelos direitos do meio ambiente e, por suas lutas políticas, tornou-se conhecida como "a voz dos sem voz" e "a voz da América".

ALGUMAS OBRAS
→ *Maestros del folklore*, 1959
→ *La voz de lazafra*, 1962
→ *Para cantarle a mi gente*, 1967
→ *Gracias a la vida*, 1987
→ *Gestos de amor*, 1994

1 Por meio de diferentes expressões artísticas, podemos ampliar nossos saberes sobre a cultura latino-americana. Em duplas, pesquisem as obras de um dos artistas citados e escolham uma delas para identificar, interpretar e analisar a cultura representada.

Fontes: *Enciclopédia Latinamericana*. Disponível em: <http://latinoamericana.wiki.br>. Acesso em: set. 2018; Maria Lúcia Bastos Kern. O construtivismo de Joaquín Torres García e suas projeções estéticas para a América Latina. *Cadernos PROLAM/USP*, v. 12(23), 2013, p. 86-96. Disponível em: <www.revistas.usp.br/prolam/article/views/83014>. Acesso em: set. 2018; Fundação Athos Bulcão. Disponível em: <www.fundathos.org.br/athos-bulcao>. Acesso em: set. 2018.

Atividades

1. Ao lado de Argentina e Brasil, o México é considerado um dos países mais industrializados da América Latina; ele integra o G20 – grupo dos 20, as 20 economias mais dinâmicas do mundo. A partir da segunda metade do século XX, muitas multinacionais se instalaram no México, o que alavancou seu desenvolvimento industrial. Além disso, o subsolo mexicano, com vasta riqueza mineral, é importante fonte de divisas para o país.

   a) Que nome recebem as empresas montadoras instaladas no território mexicano? Cite dois dos principais tipos de indústria.

   b) Qual é a principal riqueza mineral do México? Em que local é feita sua extração?

2. Observe o mapa ao lado e faça o que se pede.

   a) Que região do continente americano está em destaque?

   b) Que países compõem essa região do continente?

   c) Qual é sua base econômica?

Fonte: *Atlas geográfico escolar*. 7. ed. Rio de Janeiro: IBGE, 2016. p. 32.

3. Que países compõem a região das Guianas? Qual é a principal atividade econômica dessa região?

4. Leia o trecho do artigo a seguir e responda à questão.

   > [...] No continente americano, as desigualdades de renda, emprego, acesso à educação e saúde são enormes. [...] As taxas elevadas de desigualdade têm altos custos para a região. A desigualdade aumenta a pobreza, diminui os impactos do crescimento econômico na redução da pobreza, dificulta o crescimento econômico (especialmente quando associado à educação e acesso ao crédito) e aumenta as chances de conflitos sociais. [...]
   >
   > Disponível em: <www.revistas.usp.br/prolam/article/view/82509/108513>. Acesso em: out. 2018.

   A notícia pode ser relacionada à situação de "subdesenvolvimento" dos países latino-americanos? Justifique sua resposta com os indicadores sociais e econômicos desses países.

5. Observe a tabela abaixo e, em seguida, faça o que se pede.

   Indicadores socioeconômicos da América Latina, por país

País	PIB milhões US$	PIB per capita	Esperança de vida ao nascer	População área urbana %	População área rural %
Bolívia	32.998	3.077	68,3 anos	68,11	31,89
Chile	240.796	13.416	81,7 anos	89,36	10,64
Paraguai	27.714	4.174	72,9 anos	59,42	40,58
México	1.140.724	8.981	76,8 anos	78,97	21,03

   Fonte: IBGE PAÍSES. Disponível em: <https://paises.ibge.gov.br/#/pt> Acesso em: out. 2018.

   Os dados da tabela evidenciam diferenças econômicas entre os países da América Latina? Cite duas dessas diferenças e cite as razões que explicam esses indicadores.

6 Observe o mapa, identifique e diferencie as regiões da América Latina destacadas pelas cores vermelho e amarelo e os países que compõem cada uma delas.

Fonte: *Atlas geográfico escolar*. 7. ed. Rio de Janeiro: IBGE, 2016. p. 41; Vera Caldini e Leda Ísola. *Atlas geográfico Saraiva*. 4. ed. São Paulo: Saraiva, 2013. p. 107.

7 Identifique a que país andino cada uma das frases a seguir se refere.

a) Economia atrelada às grandes reservas de petróleo.

b) As características da Corrente de Humboldt propiciam que o país seja um dos maiores produtores mundiais de pescado.

c) Grande exportador de gás natural para o Brasil.

d) Maior produtor de cobre do mundo.

e) Economia fortalecida pelo cultivo do café para exportação.

f) Ao lado da Venezuela, faz parte da Opep, sendo o petróleo um dos principais produtos de exportação.

8 Na região platina há três áreas com características geográficas distintas. Cite características de cada uma delas.

a) Chaco.   b) Pampa.   c) Patagônia.

9 Os tipos de trabalho desenvolvido no espaço rural da América Latina são diferentes quanto ao desenvolvimento tecnológico? Exemplifique.

10 Uma das problemáticas comuns às grandes cidades latino-americanas relaciona-se às condições de vida. Explique.

213

CAPÍTULO 20 — Questões geopolíticas

Questões migratórias

De acordo com dados da Comissão Econômica para a América Latina e Caribe (Cepal), a maioria da população migrante da região é proveniente da própria América Latina (58,7%), totalizando mais de 2,7 milhões de pessoas. Entre as razões citadas para a emigração entre os países latino-americanos destacam-se a identidade cultural entre os países, as raízes históricas comuns e a complementaridade dos mercados de trabalho.

Os dados da Cepal mostram também a presença de, no mínimo, 20 milhões de latino-americanos fora do país de nascimento e que vivem fora da América Latina. Desse total, cerca de 15 milhões estão nos Estados Unidos e a maioria é de mexicanos (54%). Os dados mostram também que cerca de 3 milhões de latino-americanos migraram para países fora da América, com preferência por Canadá, Japão, Austrália, Israel e países da União Europeia.

Destaca-se também a presença de 840 mil latinos na Espanha, que se tornou o segundo polo de atração para a emigração latino-americana. Esses migrantes remetem cerca de US$ 34 bilhões para seus países de origem, segundo dados do Banco Mundial. Veja a seguir algumas questões migratórias envolvendo países latino-americanos.

Mulheres bolivianas com roupas tradicionais durante a 27ª edição da Festa dos Povos. Roma, Itália, 2018.

Fronteira México – Estados Unidos

Você já sabe que o principal parceiro comercial do México são os Estados Unidos, com quem mantém um acordo de livre comércio mediado pelo Tratado Norte-Americano de Livre Comércio (Nafta, sigla em inglês), que também inclui o Canadá. A maior parte dos produtos fabricados no México destina-se aos Estados Unidos, e a maioria de suas importações provêm desse país.

O acordo, porém, não prevê livre circulação de pessoas. Muitos mexicanos migram clandestinamente para os Estados Unidos para fugir do desemprego e buscar melhores condições de vida.

Agente de segurança da fronteira americana com imigrantes sem documentação. Texas, Estados Unidos, 2016.

Aqueles que conseguem ingressar ilegalmente no país enfrentam grandes dificuldades. Conhecidos como *braceros* em algumas regiões dos Estados Unidos, os mexicanos trabalham mais horas por dia e recebem salários menores, se comparados aos trabalhadores estadunidenses.

Após as eleições de 2016, com a vitória de Donald Trump, as leis de imigração passaram a ser aplicadas rigidamente, e há uma proposta para a construção de um muro ao longo da fronteira entre Estados Unidos e México. Os mexicanos foram visados pelo governo Trump por supostamente disputarem postos de trabalho com os estadunidenses. Em 2018, a prática de separar os pais dos filhos, quando famílias inteiras são detidas na fronteira e ficam aguardando para serem deportadas, causou grande repúdio em todo o mundo, em virtude da clara violação dos direitos humanos. O objetivo da medida era criar insegurança sobre o que poderia acontecer com as crianças, para desestimular os pais a fazer novas tentativas de ingresso nos Estados Unidos.

Migrações recentes para o Brasil

Quando passou a ser considerado um grande mercado econômico emergente, o Brasil tornou-se alvo de imigrantes de várias partes do mundo, em busca de trabalho e melhores condições de vida.

Os haitianos representam o maior fenômeno imigratório para o Brasil em cem anos. O terremoto que abalou o Haiti em 2010 e resultou na morte de mais de 200 mil pessoas, originou um movimento imigratório de grandes proporções para o Brasil. O processo migratório, geralmente, é arriscado: os haitianos são contatados por "coiotes" que passam uma imagem irreal da situação no Brasil; muitas vezes, quem quer imigrar precisa pagar uma passagem aérea para ir de avião até o Equador, via Panamá ou República Dominicana, deslocar-se via terrestre até o Peru e depois atravessar a fronteira com o estado do Acre ou do Amazonas.

O Brasil concedeu autorizações para haitianos ilegais que pediram residência em caráter humanitário. Na embaixada brasileira em Porto Príncipe, no Haiti, foram expedidos 3 951 vistos individuais e 817 vistos de família (permissão para levar esposa e filhos) até setembro de 2013. Esses haitianos vieram trabalhar principalmente na construção civil, pois na época era intensa a procura de mão de obra nas grandes cidades e em grandes obras públicas.

A partir de 2015, em razão da crise política e econômica no Brasil e a diversas obras inacabadas, os haitianos começaram a deixar o país e tentar uma rota para os Estados Unidos pelos países da América do Sul e da Central, até o México. Na transição do governo de Barack Obama para o de Donald Trump, foram concedidos vistos de trabalho a imigrantes, o que atraiu haitianos já desempregados e outros que rescindiram seus contratos com empresas brasileiras. No entanto, Trump, ao assumir o poder, passou a prendê-los e deportá-los para o Haiti.

Outro fenômeno migratório recente para o Brasil (seja como destino final ou apenas como rota de passagem para outros países) é a entrada significativa de venezuelanos pelo Estado de Roraima. Esse grande fluxo de pessoas é resultado de uma grave crise política e econômica desencadeada na Venezuela que gerou desemprego e ineficiência no sistema produtivo e, consequentemente, no abastecimento público de alimentos e outros bens de consumo. O gráfico a seguir mostra a queda do PIB da Venezuela entre 2015 e 2018.

Imigrantes venezuelanos no Brasil. Boa Vista (RR), 2018.

Venezuela: variação do PIB (em %) – 2015-2018

Produto Interno Bruto em bilhões de dólares

País	2015	2018	Variação (em %)
Brasil	3.216,6	3.330,5	3,5
México	2.235,0	2.498,2	11,8
Argentina	883,1	952,5	7,9
Colômbia	666,9	747,0	12,0
Chile	426,0	472,4	10,9
Peru	386,0	449,2	16,4
Venezuela	514,0	373,1	-27,4
R. Dominicana	149,9	186,1	24,1
Equador	185,3	193,2	4,3

Fonte: FMI (Fundo Monetário Internacional). Disponível em: <www.imf.org/external/pubs/ft/weo/2017/02/weodata/download.aspx>. Acesso em: ago. 2018.

Os "brasiguaios"

Desde a década de 1960, muitos agricultores brasileiros migraram para o Paraguai atraídos por incentivos concedidos pelo governo do ditador Alfredo Stroessner para a compra de terras e equipamentos agrícolas. Eles se instalaram às centenas na região do Alto Paraná paraguaio, com o objetivo de desenvolver a produção agrícola, principalmente a lavoura de soja, que também se iniciava no Brasil. Para os brasiguaios, como se tornaram conhecidos mais tarde, era a oportunidade de construir um patrimônio e proporcionar uma vida melhor para suas famílias. Parte daquele contingente, que hoje totaliza 350 mil pessoas (cerca de 5% da população local), obteve êxito ao migrar para o país vizinho. Suas lavouras produzem 80% dos cinco milhões de toneladas de soja colhidas no Paraguai, que se transformou em um dos grandes produtores mundiais.

O sucesso dos brasiguaios, no entanto, atraiu, ao longo dos anos, forte oposição dos *carperos* – como são chamados os camponeses sem-terra paraguaios, em alusão às tendas em que vivem, denominadas *carpas*, em espanhol. Na luta pela reforma agrária, eles reivindicam a posse das propriedades ocupadas pelos brasileiros. Nas últimas décadas, a revolta aumentou e foram registrados conflitos entre brasiguaios e *carperos*.

Os *carperos* acusam os brasileiros de terem construído riqueza pela aquisição de terras públicas a preços irrisórios e de forma irregular, terras que seriam destinadas à reforma agrária. No entanto, os brasileiros rebatem as acusações, afirmando que seus títulos de propriedade são legais.

Manifestação dos *carperos* (sem-terra). Paraguai, 2018.

Leia o texto a seguir e responda ao que se pede.

"Estados Unidos, esta é uma das expressões mais evitadas em San Marcos Tlapazola. Quando as mulheres falam sobre seus maridos emigrados elas dizem apenas: "Ele foi para o Norte". Isso soa como se a Califórnia, o Texas e o Oregon ainda se localizassem em território nacional mexicano; acessível a qualquer pessoa, sem nenhum risco ou esforço. Como se a ausência dos homens fosse apenas um incômodo provisório, que pudesse ser remediado a qualquer hora.

E durante muito tempo de fato foi assim. Nos anos de 1980, ainda era possível viajar sem problemas de Tijuana a San Diego sem os necessários documentos validados. Naquela época, os homens de San Marcos partiam na primavera, quando na Califórnia começava a estação de construção civil e o trabalho nas lavouras, e retornavam para casa no Dia de Todos os Santos (1º de novembro). Mas no decorrer da década seguinte, os Estados Unidos começaram a fortificar sistematicamente as barreiras em sua fronteira meridional. Isso não apenas tornou a entrada dos ilegais mais perigosa, principalmente deixou-a também mais cara [...].

Um homem que parte hoje de San Marcos sabe que levará anos para poder pagar sozinho uma soma dessas. E a mulher que ele deixa para trás sabe que a despedida será por tempo indeterminado.

Johanna Romberg. A difícil existência das abandonadas. *Geo: um novo mundo de conhecimento*. São Paulo: Escala, n. 19, p. 106 e 107, 2010.

1. Qual é o significado da expressão "ele foi para o Norte" dita pelas mulheres mexicanas?

2. Em sua opinião, por que tantos mexicanos arriscam suas vidas para atravessar a fronteira e ir para os Estados Unidos?

3. Por que a entrada ilegal nos Estados Unidos tornou-se mais perigosa e mais cara?

Cuba: da Guerra Fria aos dias atuais

Durante o Período Colonial, as terras que hoje formam Cuba estiveram sob domínio espanhol. Já independente, entre 1902 e 1933, o país foi ocupado militarmente sucessivas vezes pelos Estados Unidos, que intervinham nos assuntos internos da ilha e controlavam a exportação do principal produto cubano: o açúcar.

Como você já estudou na Unidade 5, na década de 1950, um movimento contrário ao ditador Fulgêncio Batista mudou os rumos da história de Cuba: a Revolução Cubana. Liderado por Fidel Castro e Che Guevara, o movimento revolucionário, de ideologia socialista, tomou o poder em 1959 contrariando interesses dos Estados Unidos.

As mudanças realizadas pelo novo governo priorizaram a destinação de recursos para a área social, sobretudo nas duas primeiras décadas após a revolução. Os setores mais beneficiados foram educação e saúde. Leis de reforma agrária, reforma urbana e a nacionalização de hotéis, cinemas, jornais, empresas e bancos, usinas de açúcar, emissoras de rádio e de TV e dos serviços de água, luz e telefonia – com ou sem indenização – foram algumas medidas adotadas para estruturar o projeto socialista na ilha.

Apesar de todas as melhorias sociais, os cubanos enfrentaram e enfrentam vários problemas. O sistema de transportes é pouco eficiente e faltam produtos básicos. O maior dos problemas cubanos, entretanto, é a situação econômica do país depois do fim da União Soviética. O embargo imposto pelos Estados Unidos aos produtos de Cuba após a Revolução Cubana, em 1960, limitou as relações comerciais do país a um grupo reduzido de países, principalmente os que pertenciam à esfera socialista.

O apoio soviético ao governo de Fidel Castro consistia em comprar a maior parte da produção de açúcar da ilha. Com o fim da URSS em 1991, Cuba deixou de contar com um mercado consumidor para seu açúcar e continuou a enfrentar o bloqueio econômico imposto pelos Estados Unidos.

Em 2008, após 49 anos na presidência, Fidel Castro, com sérios problemas de saúde, renunciou oficialmente ao cargo, aos 81 anos de idade. Seu irmão, Raúl Castro, assumiu o governo cubano e permaneceu no poder até 2018, quando foi eleito novo presidente.

As dificuldades econômicas e as pressões internacionais levaram o governo a fazer uma série de concessões. Atualmente, ocorrem mudanças na economia do país, como o reconhecimento de propriedades particulares, o fim da equidade salarial, a permissão para que os cubanos possuam dólares e licenças para trabalhos particulares, entre outras.

Em 2009, o governo estadunidense diminuiu as restrições para visitas ao país. Nesse mesmo ano, Cuba foi aceita novamente como membro da Organização dos Estados Americanos (OEA). Em dezembro de 2014, os governos dos Estados Unidos e de Cuba iniciaram o processo para restabelecer relações diplomáticas entre os dois países, com flexibilização de viagens e licença para comercializar alguns produtos.

Em 2017, o presidente dos Estados Unidos, Donald Trump, anunciou a revisão do acordo assinado pelos dois países. Segundo ele, o acordo de 2014, assinado pelo então presidente Barack Obama, era unilateral.

Raul Castro, presidente de Cuba, e Barack Obama, ex-presidente dos Estados Unidos, cumprimentam-se durante evento. Cidade do Panamá, Panamá, 2015.

A questão do narcotráfico

O **narcotráfico** se alastra por muitos países da América Latina e constitui um problema para os governos. Nos últimos anos as áreas de cultivo de coca aumentaram de tamanho em países, como Colômbia, Bolívia e Peru. A pobreza da população faz com que alguns agricultores trabalhem para os narcotraficantes, plantando coca em suas terras. O tráfico de drogas também se tornou um grave problema de saúde e segurança pública em países de economia emergente, como Brasil e México. São inúmeros os casos de violência urbana por disputa de territórios entre diferentes facções criminosas e no embate com as forças policiais.

Na Colômbia, o narcotráfico e os conflitos internos que envolvem grupos guerrilheiros, **paramilitares** e o exército nacional são graves problemas para o país. Mesmo com a implantação de programas especiais promovidos pelos Estados Unidos na América Latina, que reduziu o cultivo de coca, a Colômbia continua sendo a principal produtora mundial de cocaína.

O maior grupo guerrilheiro são as Forças Armadas Revolucionárias da Colômbia (Farc). Quando se formou, em 1964, o objetivo do grupo era derrubar o governo para implantar o socialismo, mas aos poucos desenvolveram ligações com o narcotráfico e passaram a controlar importantes regiões do país. A ação das Farc caracterizou-se por ser extremamente violenta, com ataques armados contra alvos colombianos, atentados a bomba aos escritórios estadunidenses, sequestros e assassinatos.

> **Glossário**
> **Narcotráfico:** tráfico de drogas que envolve comércio ilegal de substâncias tóxicas em grande quantidade.
> **Paramilitar:** grupo armado que exerce funções militares sem pertencer às forças oficiais do país.

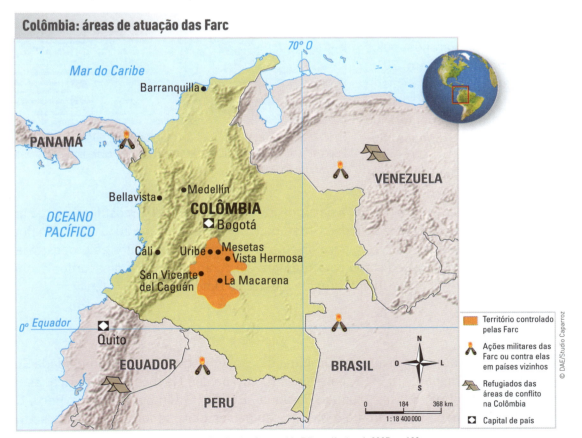

Fonte: Dan Smith. *Atlas dos conflitos mundiais*. São Paulo: Companhia Editora Nacional, 2007. p. 103.

Em 2016, foi assinado um acordo de paz entre o grupo e o governo colombiano, que prevê o desarmamento da facção.

O Brasil na geopolítica regional e global

O Mercosul

O Tratado de Assunção, popularmente chamado de Mercosul, é um bloco econômico regional da América do Sul criado por Brasil, Argentina, Paraguai e Uruguai em 1991, mas só entrou em vigor em 1º de janeiro de 1995. O objetivo principal do Mercosul é a instalação de uma zona de livre-comércio, com redução e eliminação das barreiras alfandegárias. O acordo propõe que o comércio entre os países-membros tenha uma Tarifa Externa Comum (TEC), diferenciada da taxa dos demais países do mundo, que será paga somente uma vez, não importando em que país o produto ingresse.

A Venezuela passou pelo processo de adesão durante alguns anos. O Senado paraguaio resistiu a aceitá-lo, denunciando falhas em seu sistema democrático. Com a suspensão do Paraguai pelos demais membros do acordo, em 2012, por violação das regras democráticas, a Venezuela foi admitida e se tornou força importante por ser grande produtora de petróleo. No entanto, em 2016, após mudanças de orientação política no Brasil e na Argentina, a Venezuela foi suspensa e o Paraguai, readmitido.

Fonte: *Atlas geográfico escolar*. 7. ed. Rio de Janeiro: IBGE, 2016. p. 41; MERCOSUL. Disponível em: <www.mercosur.int/innovaportal/v/7824/3/innova.front/paises-do-mercosul>. Acesso em: ago. 2018.

A crise econômica que assolou o mundo a partir de 2008 repercutiu no Mercosul, com uma queda no volume global de exportações entre os países-membros durante o período 2010-2014. No final de 2014, os líderes desses países se reuniram para discutir o futuro do bloco. Entre as propostas apresentadas estavam a adesão da Bolívia como país-membro e o estabelecimento de acordos econômicos com as regiões da Ásia-Pacífico, União Europeia e Estados Unidos.

A Unasul

Em 2004 foi criado um organismo integrando 12 países da América do Sul, a Comunidade Sul-Americana de Nações, renomeado, em 2007, para Unasul – União das Nações Sul-Americanas. Esse grupo é formado por Argentina, Brasil, Uruguai, Paraguai, Bolívia, Colômbia, Equador, Peru, Chile, Guiana, Suriname e Venezuela. O Panamá e o México são países observadores e poderão se tornar membros efetivos no futuro.

Além de ser um organismo político de integração e aproximação dos países da região, a Unasul também tem o objetivo de viabilizar a integração territorial desses países por meio de projetos de infraestrutura em transportes.

O Brics

Além da participação em organismos de integração regional, o Brasil criou laços com parceiros de outros continentes. Um exemplo é o Brics, um fórum de coordenação política e econômica que reúne Brasil, Rússia, Índia, China e África do Sul. Criado em 2006 pelos quatro primeiros, a África do Sul aderiu em 2011.

No plano econômico, esse grupo de países busca atuar de forma coordenada em diversos fóruns mundiais, em especial nas relações comerciais com os países desenvolvidos. No plano político, o Brics defende a reforma da Organização das Nações Unidas (ONU), em particular do seu Conselho de Segurança, visando melhorar a representatividade do órgão e garantir sua democratização.

Como país de economia emergente, o Brasil teve índices de crescimento aceitáveis na última década, embora seu desempenho tenha sido afetado pela forte crise econômica mundial iniciada em 2008 nos Estados Unidos. A elevação do volume de exportações de *commodities* agrícolas e minerais, como soja, café, laranja, ferro, entre outros, explica o bom desempenho econômico do país. Alguns setores de ponta também têm se destacado, como a fabricação de aviões de médio porte.

É importante esclarecer que além de atuar no Mercosul, na Unasul e no Brics, o Brasil vem fortalecendo sua participação em outros organismos, como o Fórum de Cooperação Índia-Brasil-África do Sul (Ibas) e a Comunidade dos Países de Língua Portuguesa (CPLP). Esses organismos possibilitam, entre outras questões, parcerias brasileiras com países da África e da Ásia.

Representação das bandeiras dos países que formam o Brics.

No entanto, o Brasil continua a se deparar com grandes desafios internos nessas primeiras décadas do novo milênio. Diversos movimentos sociais no campo e na cidade reivindicam a eliminação das desigualdades sociais e ações governamentais que tornem mais justa a concentração de renda e de terras, melhorem a proteção ambiental e a eficiência dos serviços públicos.

A Amazônia

Devido à gigantesca área e biodiversidade, a Amazônia sempre despertou interesse internacional. Dessa forma, requer constante atenção do governo brasileiro por causa do difícil controle de suas fronteiras.

O tráfico de drogas, a presença de grandes empresas mineradoras, os conflitos entre seringueiros, garimpeiros, fazendeiros e posseiros, são problemas que exigem atenção.

Existem instituições regionais voltadas à proteção da região, como a Organização para o Tratado de Cooperação Amazônica (Otca). De iniciativa brasileira, o tratado foi proposto e assinado em 1978 pelos oito países da bacia hidrográfica do Rio Amazonas: Brasil, Bolívia, Colômbia, Equador, Guiana, Peru, Suriname e Venezuela. Sem muita efetividade nos anos anteriores, o pacto foi relançado recentemente com propostas voltadas ao meio ambiente, aos assuntos indígenas, ao turismo, à inclusão social, saúde, ciência e tecnologia. Entre os projetos da entidade, está em desenvolvimento o monitoramento da cobertura florestal.

É muito importante combinar ações que visem à proteção de fronteiras e o combate a atividades ilegais, como desmatamento, biopirataria e tráfico de drogas.

O Brasil na Antártida

Na imagem ao lado, centrada na América do Sul, fica evidente a proximidade entre o continente americano e a Antártida.

Os pontos vermelhos identificam cidades brasileiras com instituições que realizam pesquisas na Antártica. A localização da base brasileira, denominada Estação Antártica Comandante Ferraz (**EACF**), está indicada por um ponto amarelo, na Ilha Rei George, ao norte da Península Antártica. Essa estação começou a operar em 6 de fevereiro de 1984 e foi parcialmente destruída por um incêndio em 5 de fevereiro de 2012. Seu nome homenageia Luís Antônio de Carvalho Ferraz, um comandante da marinha brasileira que visitou o continente antártico duas vezes a bordo de navios britânicos. O Comandante Ferraz desempenhou importante papel ao incentivar o governo brasileiro a desenvolver o Proantar, programa de pesquisa na Antártica.

Fonte: Ciência Antártica para o Brasil. Plano de ação 2013-2022. Brasília, 2013. Centro Polar e Climático (UFRGS). Disponível em: <www.ufrgs.br/inctcriosfera/arquivos/231154.pdf>. Acesso em: set. 2018.

Já o ponto azul na imagem marca a localização do módulo científico Criosfera, concebido pelo governo brasileiro para operar de forma autônoma, enviando dados científicos para o Instituto Nacional de Pesquisas Espaciais (Inpe) durante todo o ano. O módulo foi inaugurado em 12 de janeiro de 2012 e encontra-se em funcionamento desde então, enviando informações via satélite.

As regiões polares são tão importantes quanto os trópicos no sistema ambiental global. A região Antártica, por conter 90% do volume da massa de gelo do planeta, exerce papel essencial na circulação atmosférica e oceânica e, consequentemente, no sistema climático terrestre.

A Antártica é uma das regiões mais sensíveis às variações climáticas, porque está interligada a processos que ocorrem em latitudes menores, em especial com a atmosfera sul-americana e os oceanos circundantes. A ligação entre a região tropical e as altas latitudes é responsável pelo surgimento e pela dinâmica das massas de ar frias que avançam sobre a América do Sul subtropical, produzem eventos de baixa temperatura e geadas nos estados do sul do Brasil: as friagens ou frentes frias, que podem chegar até ao sul da Amazônia. A sensibilidade da região às mudanças ambientais é enfatizada por algumas constatações, como a carência planetária de ozônio (buracos na camada de ozônio) e o aumento da temperatura ao norte da Península Antártica (o setor mais ameno do continente) ao longo dos últimos 60 anos (em cerca de 3 °C).

A Antártica é muito importante ainda para o desenvolvimento da ciência em virtude de características ambientais únicas, como o manto de gelo, que tem quase 5 000 metros de espessura, e por ser um continente com atmosfera seca. Essas condições permitem a obtenção de registros detalhados a respeito das variações climáticas e da dinâmica atmosférica ao longo dos últimos 800 000 anos por estudos de testemunhos de gelo.

Base de pesquisa Estação Antártica Comandante Ferraz. Península Antártica, 2018.

Atividades

1 Observe a charge ao lado e responda às questões.

a) Onde este muro foi construído e por quem?

b) Por que esse muro foi construído?

2 A Guerra Fria se delineou logo após a Segunda Guerra Mundial e perdurou até 1989, com a Queda do Muro de Berlim. Esse fato (a queda do muro) simbolizou o fim da divisão leste/oeste entre as duas potências militares, a União das Repúblicas Socialistas Soviéticas e os Estados Unidos. A respeito dessa temática, escreva um fato histórico ocorrido na América, no final dos anos 1950, que exemplifique a inclusão desse continente no contexto da Guerra Fria.

3 O narcotráfico constitui um grave problema social em muitos países latino-americanos, como Brasil, México, Bolívia, Colômbia e Peru. Por que é grave e quais são suas consequências?

4 Responda às questões a seguir sobre o Mercosul.

a) Quais países fundaram o Mercosul?

b) A partir de 2012, que outro país passou a fazer parte do Mercosul? Por que ele representou uma força na economia para o bloco? E por que ele foi suspenso do bloco em 2017?

c) O desenvolvimento econômico do Mercosul é importante para os países que o integram?

5 Leia o trecho da notícia abaixo e faça o que se pede.

Derretimento acelera, e Antártida perde 2,7 trilhões de toneladas de gelo em 25 anos

A Antártida está assistindo a um derretimento acelerado. Segundo imagens de satélites que monitoram o continente gelado, ele está perdendo 200 bilhões de toneladas de gelo por ano.

O efeito imediato desse derretimento para o meio ambiente é o aumento global do nível do mar em aproximadamente 0,6 milímetros anuais – um número três vezes maior se comparado com os dados de 2012, quando a última avaliação foi feita.

Cientistas fizeram um levantamento da massa do manto de gelo antártico no período de 1992 a 2017 e divulgaram novos números na publicação acadêmica *Nature*.

As informações divulgadas, bem como a tendência de aceleração do derretimento, terão de ser levadas em consideração pelos governos à medida que planejam futuras medidas para proteger as comunidades costeiras de áreas de baixa altitude.

Os pesquisadores responsáveis pelo levantamento afirmam que a redução da camada de gelo está acontecendo principalmente no oeste do continente, onde águas sob temperaturas mais elevadas estão submergindo e derretendo as frentes de geleiras que terminam no oceano. [...]

Jonathan Amos e Victoria Gill. Derretimento acelera, e Antártida perde 2,7 trilhões de toneladas de gelo em 25 anos. *BBC News Brasil*, 14 jun. 2018. Disponível em: <www.bbc.com/portuguese/geral-44480475>. Acesso em: ago. 2018.

a) Segundo a notícia, qual é a preocupação dos cientistas em relação à Antártica?

b) Por que é importante desenvolver pesquisas científicas no continente antártico?

Retomar

1. Observe o mapa e identifique os nomes das regiões da América Latina de acordo com a numeração.

Fonte: Vera Caldini e Leda Ísola. *Atlas geográfico Saraiva*. 4 ed. São Paulo: Saraiva, 2013. p. 107.

2. Leia e justifique a afirmação a seguir sobre a população latino-americana.

   A composição étnica da população dos países latino-americanos é bastante diversa, pois depende do processo histórico de cada país.

3. O Chile é um país andino que apresenta indicadores sociais satisfatórios, se comparados aos de outros países da região. Aponte índices que justifiquem essa afirmação.

4. Leia o trecho da notícia a seguir.

   Desigualdade na América Latina segue em ritmo muito alto, avalia Cepal

   [...] A Comissão Econômica da América Latina e do Caribe, Cepal, divulgou um relatório informando que os "níveis de desigualdade na região são muito altos". Isso pode dificultar o alcance dos Objetivos de Desenvolvimento Sustentável, OD's, até 2030. [...]

   Apesar de 14 países terem mecanismos oficiais de combate ao racismo, a Cepal destaca que esse grupo enfrenta desigualdades em todas as áreas de desenvolvimento. Com isso, os afrodescendentes sofrem as maiores taxas de mortalidade infantil e materna, de desemprego e recebem as menores rendas do setor do trabalho.

   Sobre as mulheres latino-americanas, o relatório adverte que seu tempo total de trabalho é superior ao dos homens, além de dedicar em um terço de seu tempo ao trabalho doméstico e outros cuidados não remunerados.

   A Cepal defende uma mudança estrutural progressiva na América Latina e no Caribe, gere empregos de qualidade, com direitos e proteção social, e que resulte no aumento da produtividade.

   Leda Letra. Desigualdade na América Latina segue em ritmo muito alto, avalia Cepal. *ONU News*, 31 maio 2017. Disponível em: <https://news.un.org/pt/story/2017/05/1587081-desigualdade-na-america-latina-segue-em-ritmo-muito-alto-avalia-cepal>. Acesso em: out. 2018.

   a) Relacione a notícia com as características econômicas comuns entre os países latino-americanos. Registre suas conclusões.

   b) A que se deve a grande quantidade de afrodescendentes na composição da população da América Latina?

   c) Converse com o professor e os colegas sobre a importância de políticas que combatam a desigualdade social na América Latina. Registre suas conclusões no caderno.

5 Observe a fotografia a seguir e a relacione com a economia dos países da América Central. Registre suas conclusões.

Plantação de café. Alajuela, Costa Rica, 2016.

6 Diferencie os países andinos e platinos considerando os elementos usados para regionalizá-los.

7 A diversidade regional da Argentina é grande, com espaços muito diferentes. Quais são eles? Cite as principais características econômicas de cada espaço.

8 "Agora a Revolução está começando" (Fidel Castro, 1º de janeiro de 1959). Cite duas medidas adotadas pelo recém-formado governo cubano para estruturar o projeto socialista na ilha.

9 Observe e analise os dados a seguir, depois identifique a que bloco econômico eles se referem e aponte os países-membros e seus principais objetivos.

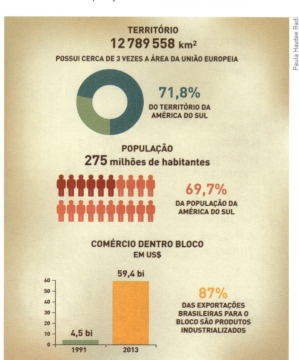

Fonte: Mercosul. Saiba mais sobre o Mercosul. Disponível em: <www.mercosul.gov.br/saiba-mais-sobre-o-mercosul>. Acesso em: out. 2018.

Visualização

A seguir apresentamos um mapa conceitual do tema estudado nesta unidade. Trata-se de uma representação gráfica que organiza o conteúdo, composto de uma estrutura que relaciona os principais conceitos e as palavras-chave. Essa ferramenta serve como resumo e instrumento de compreensão dos textos, além de possibilitar consultas futuras.

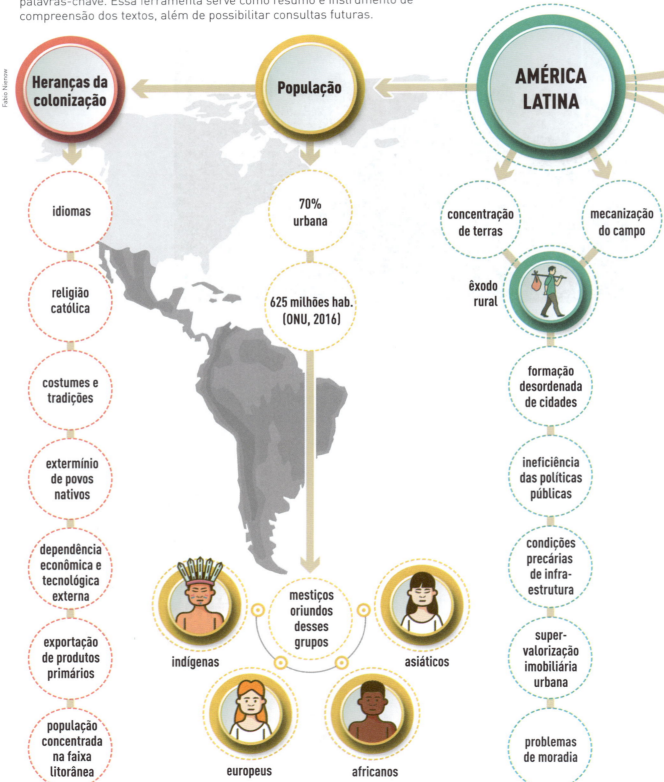

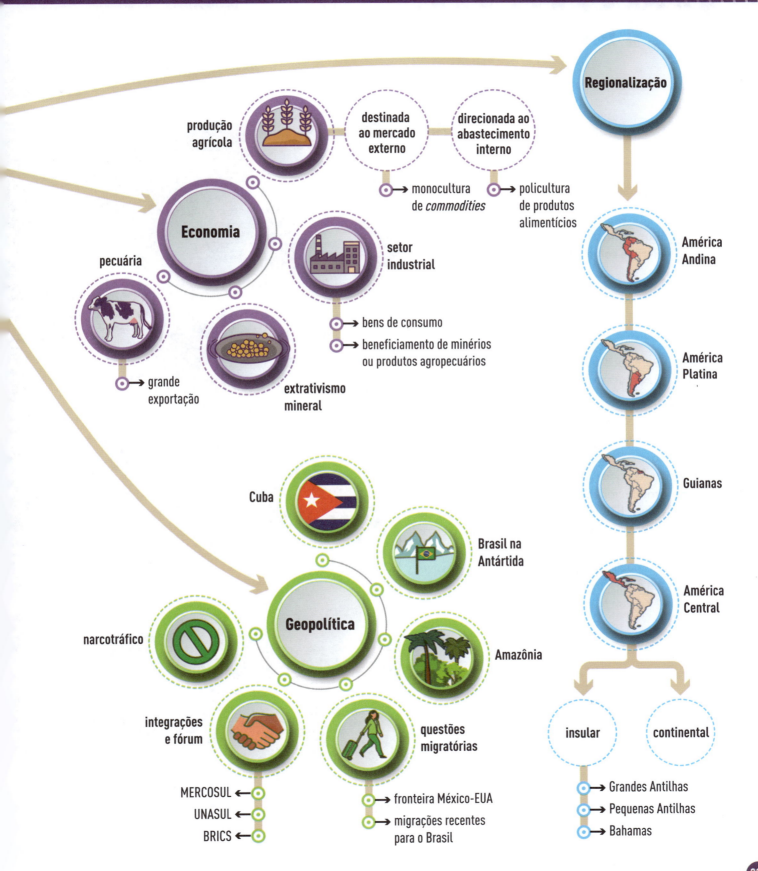

UNIDADE 7

> **Antever**
>
> **1** Que elementos da imagem são típicos da vegetação de savana?
>
> **2** Que formação vegetal brasileira é considerada como de Savana?
>
> **3** Que atividade humana se destaca na imagem?
>
> **4** Para você, que outras imagens são típicas da natureza do continente africano?
>
> Quando nos referimos à natureza do continente africano, geralmente imaginamos paisagens com desertos, savanas ou até mesmo uma floresta fechada. De fato, a África apresenta uma grande variedade de paisagens, entre elas as savanas, hábitat de mamíferos herbívoros de grande porte. Você já se imaginou visitando essas paisagens? Em alguns países africanos existem reservas (públicas e privadas) em que é possível fazer um safári fotográfico.

Savana de Masai Mara, Quênia, 2016.

África: aspectos naturais

CAPÍTULO 21

Localização e regionalização

Localização

Com uma área de cerca de 30 milhões km², a África corresponde a aproximadamente 20% das terras emersas do planeta. O continente africano é cortado pela Linha do Equador e pelo Meridiano de Greenwich. Suas terras estendem-se pelos hemisférios Norte, Sul, Oriental (Leste) e Ocidental (Oeste). A maior parte do continente africano localiza-se entre o Trópico de Câncer e o Trópico de Capricórnio.

Observe no mapa-múndi a localização do continente africano e seus limites territoriais.

Fonte: *Atlas geográfico escolar.* 7. ed. Rio de Janeiro: IBGE, 2016. p. 32.

❶ Quais oceanos banham a África a leste e a oeste?

❷ Qual é o limite natural entre a África e a Ásia?

❸ Qual é o limite natural entre a África e a Europa?

❹ Considerando o continente africano, em que direção se localiza a Europa? E a Ásia?

❺ Em que zona climática se localiza a maior parte do território?

❻ No Oceano Índico, na costa sudeste do continente, está localizada a quarta maior ilha do mundo. Como se chama essa ilha? Pesquise.

Países africanos

A África é formada por 54 países independentes e pelo Saara Ocidental, único território continental africano que não é independente. Apresenta também alguns territórios insulares pertencentes a países europeus, como é o caso das ilhas dos Açores e da Madeira, possessões portuguesas; das Ilhas Canárias, possessão da Espanha; e da Ilha de Santa Helena, sob o domínio do Reino Unido.

Observe no mapa político do continente africano a posição geográfica dos países e dos territórios.

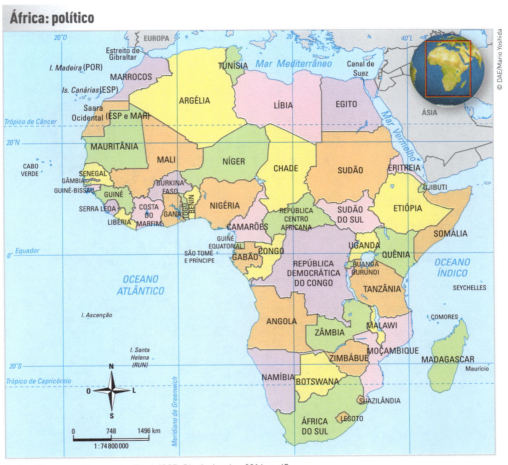

Fonte: *Atlas geográfico escolar*. 7. ed. IBGE: Rio de Janeiro, 2016. p. 45.

O **Canal de Suez** é uma abertura artificial construída no território egípcio para conectar o Mar Vermelho e o Mediterrâneo. Essa via, que interliga a África, a Europa e a Ásia, facilita a circulação de mercadorias e pessoas. Iniciada em 1859, com capital britânico e tecnologia francesa, a obra levou dez anos para ser concluída. Foi inaugurada em novembro de 1869.

Embarcação navega no Canal de Suez, próximo a Porto Said, Egito, 2017.

Regiões africanas

Estudamos que a divisão do espaço geográfico em regiões relaciona-se com a distinção de áreas a partir de algumas características em comum. Podem ser considerados aspectos de localização, físico-naturais, históricos, políticos, socioeconômicos, culturais, entre outros.

Considerando a presença do Deserto do Saara, e as características étnicas e culturais da população africana, é possível regionalizar o continente em **África do Norte** (ou Setentrional) e **África Subsaariana**. Observe no mapa a seguir os países que compõem cada uma dessas regiões africanas e a localização do **Sahel** (no mapa da página 278), faixa de terras semiáridas que emolduram o Saara, formando um cinturão meridional de transição entre as terras áridas do norte e as tropicais do sul.

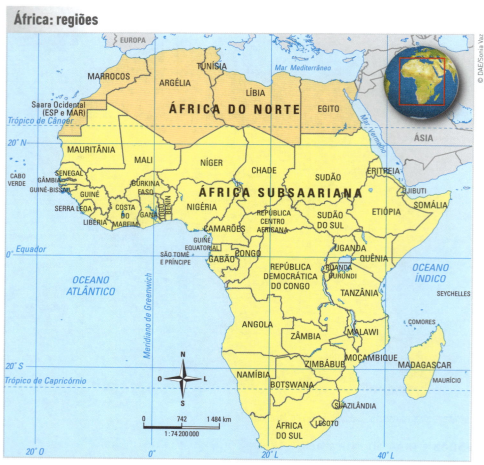

Fonte: Gisele Girardi e Jussara Vaz Rosa. *Atlas geográfico do estudante*. São Paulo: FTD, 2011. p. 101.

Vista da mesquita Hassan II. Casa Blanca, Marrocos, 2017.

A **África do Norte** apresenta seis unidades políticas – cinco Estados independentes (Egito, Líbia, Tunísia, Argélia e Marrocos) e um território que busca a independência, o Saara Ocidental, ex-Saara Espanhol, ocupado pelo Marrocos em 1975. Nessa região, predomina uma população de origem árabe e religião islâmica. Os árabes chegaram ao continente após o século VI, vindos do Oriente Médio.

A **África Subsaariana** está ao sul do Deserto do Saara e ocupa a maior parte do território africano: centenas de etnias distribuem-se por dezenas de países, com grande diferença de costumes, tradições e idiomas. Entre esses grupos destacam-se, pelo número, os haúças, os iorubás, os oromos, os igbos, os amharas, os ijaws, os somalis, os fulas, os xonas e os zulus, todos muito diferentes entre si.

Bamako, a maior cidade e também capital de Mali, 2018.

Uma parcela da população da África segue o cristianismo, herança dos colonizadores, mas parte da população adota crenças das **religiões tradicionais africanas**, como o animismo e o fetichismo. Segundo o **animismo**, o princípio da vida e do pensamento consiste na alma. Por serem dotados de uma alma, todas as coisas e os fenômenos naturais são capazes de agir com determinada finalidade. O **fetichismo** é a crença na presença sobrenatural em objetos para os quais – por lhe atribuírem poder – se realizam rituais de adoração. Apesar do rápido crescimento do cristianismo (na África Subsaariana) e do islamismo (na África Setentrional), as religiões africanas tradicionais continuam tendo grande força, geralmente coexistindo com outras religiões.

Fonte: Gisele Girardi e Jussara Vaz Rosa. *Atlas geográfico do estudante*. São Paulo: FTD, 2011. p. 141.

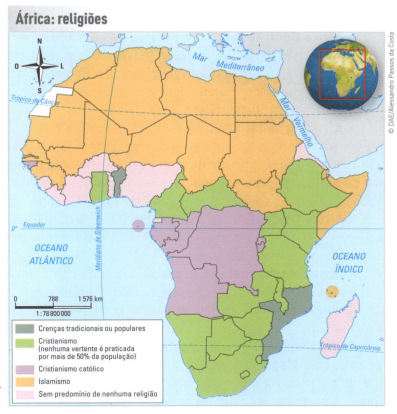

O continente africano também pode ser regionalizado com base na localização geográfica dos países, formando cinco grandes conjuntos. Observe essa regionalização no mapa a seguir.

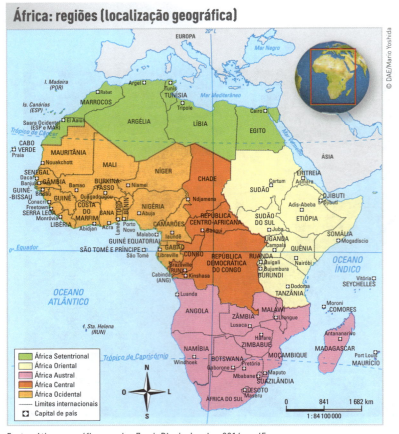

Fonte: *Atlas geográfico escolar*. 7. ed. Rio de Janeiro, 2016. p. 45.

A **África Central** está localizada na porção central do continente africano, ao sul do Deserto do Saara. Um aspecto marcante dessa região é o fato de que grande parte do território é coberta por florestas naturais – é a maior área contígua de florestas tropicais remanescentes no continente africano e a segunda maior do mundo (depois da Floresta Amazônica). Trata-se de uma área úmida, drenada pela bacia hidrográfica do Rio Congo.

A **África Oriental** fica a leste do continente africano, banhada pelo Mar Vermelho e pelo Oceano Índico. Alguns países da região têm clima árido ou semiárido, com regime de chuvas inferior a 750 mm por ano. É a região das terras mais elevadas do continente e também onde se localiza o **Chifre da África**, que corresponde aos territórios da Somália, Eritreia, Etiópia e do Djibuti, países castigados por longas secas e graves problemas socioeconômicos, bem como por intermináveis conflitos.

A **África Ocidental**, delimitada pelo Sahel, estende-se ao redor do **Golfo da Guiné** (grande reentrância na costa ocidental de África), tendo ao norte o Deserto do Saara. Corresponde à área mais densamente povoada da África.

A **África Meridional** corresponde ao sul do continente, sendo cortada pelo Trópico de Capricórnio. A região apresenta grandes reservas minerais, como de ouro, diamantes e manganês.

Como vimos na regionalização, que considera aspectos culturais e étnicos, a África Setentrional é formada por países com maioria de origem árabe e religião islâmica. A grande riqueza é o petróleo, encontrado principalmente na Líbia e na Argélia. É nessa região, ao norte do Deserto do Saara, que se estende o **Magreb**, área que abrange a Argélia, Tunísia e o Marrocos – países árabes e muçulmanos do norte da África que foram colônias francesas. Magreb significa "onde o Sol se põe", ou seja, o Oeste, a parte mais ocidental do norte da África.

Conviver

As religiões de matriz africana foram incorporadas à cultura brasileira desde há muito, quando os/as primeiros/as escravizados/as desembarcaram no país e encontraram em sua religiosidade uma forma de preservar suas tradições, idiomas, conhecimentos e valores trazidos da África. E assim como tudo que fazia parte deste universo, tais religiões – apesar de sua influência e importância na construção da cultura nacional – também foram perseguidas e, em determinados momentos históricos, até proibidas. [...]

Toda essa ignorância com relação a essas culturas gera um ambiente propício para intolerância, proporcionando sofrimento aos praticantes e a todos/as aqueles/as que fazem parte da população negra, que tem o seu direito de pertença e identidade racial muitas vezes negado em função do racismo. [...]

O Patrimônio Oral e Imaterial da Humanidade é uma distinção criada em 1997 pela Organização das Nações Unidas para a Educação, a Ciência e a Cultura para a proteção e o reconhecimento do patrimônio cultural imaterial, abrangendo as expressões culturais e as tradições que um grupo de indivíduos preserva em respeito da sua ancestralidade, para as gerações futuras. [...]

[...] a religiosidade africana para os/as escravizados/as não se separava das demais dimensões da vida, e foi esta característica que potencializou o poder de influência desta cultura em tantos setores da sociedade brasileira ainda em seu início. [...]

A apropriação dos termos africanos acabou se transformando em prática cotidiana no universo da culinária brasileira, que adotou o modo de preparar, bem como os ingredientes usados pelas negras. [...]

Carmem Prisco. Religiosidade: as religiões de matriz africana e a escola. *A cor da cultura*, 18 out. 2013. Disponível em: <www.acordacultura.org.br/artigos/18102013/religiosidade-as-religioes-de-matriz-africana-e-a-escola>. Acesso em: ago. 2018.

Praticante de religião afro-brasileira. Campinas (SP), 2018.

Acarajé, prato típico da Bahia. Salvador (BA), 2016.

1. Reúnam-se em equipes e organizem um mural com exemplos de práticas influenciadas ou provenientes da cultura africana. Utilizem imagens (desenhos e colagens) e legendas. Cada grupo pode ficar responsável por um aspecto a ser pesquisado. A seguir, veja alguns exemplos ou sugestões.

   - Religião: candomblé, catimbó e umbanda.
   - Culinária: feijoada, azeite de dendê, pimenta malagueta, vatapá, caruru, mungunzá, acarajé, angu e pamonha.
   - Arte: pinturas; esculturas de ouro, bronze e marfim; máscaras com significado místico, usadas nos rituais e funerais.
   - Música: samba, maracatu, congada, cavalhada e moçambique.

2. As matrizes culturais do Brasil originam-se da miscigenação de vários grupos étnicos durante a formação cultural da população brasileira, o que influenciou profundamente sua maneira de ser e de viver. Conversem com os colegas e o professor sobre os aspectos apresentados e, depois, registrem suas conclusões sobre:

   a) a importância de preservar, respeitar e valorizar tradições e manifestações culturais para o desenvolvimento da identidade pessoal e nacional;

   b) a importância do respeito mútuo e do combate ao preconceito.

Pontos de vista

Quem são
Yalorixá Rosa Oyacy e Tata Kejessy.

O que fazem
Mãe e pai de santo do Ylê Axé de Yansã.

Qual é a religião de vocês? Os senhores poderiam contar um pouco sobre ela?
Rosa Oyacy – Nossa religião é o candomblé e ela tem como conceito central a convivência no dia a dia com os quatro elementos da natureza: água, fogo, terra e ar. O mais importante para nós é dialogar com a questão do respeito ao ser humano, trabalhando a pessoa em si, pois, quando alguém está bem, essa pessoa transmite o bem. Estamos sempre alinhados com os orixás, que transitam entre nós durante o dia, e vivenciamos a questão da ancestralidade: o que sua mãe ensinou para você é o que sua avó ensinou para ela, e assim por diante, para que você tenha consciência de quem é e o que veio fazer aqui. Acreditamos que um grande problema do mundo é que a busca por bens materiais está destruindo a Mãe Terra e o que queremos é compactuar com a natureza para vivermos bem.

Porque os senhores acreditam que haja tanto preconceito em relação às religiões de matriz africana?
Tata Kejessy – Eu penso que esse incômodo, esse ataque sistêmico às religiões de matriz africana tem raízes históricas. Eu não me acostumo com o termo "intolerância religiosa"; o que vivenciamos é um racismo religioso. Ele tem raízes no processo de colonização das Américas que objetivou reduzir o negro a um ser cativo e a um objeto de geração de riqueza com a escravidão. Só se escraviza alguém quando o reduz a nada, e para isso é preciso destruir todos os conceitos que essa pessoa tem, inclusive os religiosos.

Qual é o melhor caminho para combatermos esse tipo de preconceito e intolerância?
Tata Kejessy – Não tem outro viés a não ser o da educação. A escola tem o papel de formar o cidadão para se comportar dentro de uma sociedade e passar conhecimento, mas sua ação também tem que ser transformadora e propor uma sociedade que consiga abraçar a todos. Combater os preconceitos é um papel da escola, que tem que dar elementos para que a criança seja crítica, tolerante e consiga entender as diferenças. Há uma nova geração que percebe a necessidade de mudar o olhar sobre o negro e recriar a sociedade, e devemos abraçá-la.
Há 40 anos o racismo religioso não era tão visível e porque é hoje? Porque é muito recente discutir que nós negros somos a maioria da população brasileira, é muito novo que o jovem negro esteja nas universidades, se projetando como alguém de importância, em espaços de poder, para disputar em patamar de igualdade com o outro.

Qual é sua religião e no que ela está baseada?

Sou evangélico, da denominação batista. A base da minha religião está na centralidade de Jesus como Filho de Deus, uma manifestação maior do amor Dele, e da disposição de Deus em reconciliar a humanidade com Ele. Jesus é a base, a inspiração e centro da minha fé e dos que compartilham minha religião. Assim, as palavras de Jesus são uma referência, sendo que sua mensagem principal é o amor ao próximo, sem qualquer distinção.

A sociedade hoje está mais intolerante do que em outras épocas em relação à religião? Por que isso ocorre?

Essa é uma comparação muito difícil de fazer. Se está mais intolerante ou menos intolerante, não consigo afirmar com certeza, mas é possível perceber que a intolerância religiosa existe, gera indiferença, violência, sofrimento e até mesmo morte. A intolerância impede a compaixão, inviabiliza o diálogo, descarta pessoas e cria ambientes que estimulam a violência.

Por que há grupos que pregam a intolerância? O que há por trás desse discurso?

A intolerância se alimenta da crença de uma verdade absoluta, que não permite reflexão, questionamento e convívio com as diferenças. Tudo que é diferente é visto como errado, inferior ou "do mal". A intolerância gera um sentimento de desprezo e até mesmo de ódio pelo diferente. Existem grupos que se alimentam da intolerância por causa de um entendimento equivocado ou até mesmo por conta de más intenções e de desejo de poder. Cabe dizer que no Brasil a intolerância religiosa se associa ao racismo, porque as religiões de matriz africana são historicamente as mais perseguidas.

Quem é

Pastor Henrique Vieira.

O que faz

É pastor, professor, cientista social, historiador, teólogo e ator.

---

1. Para o pai de santo Tata Kejessy, há relação entre o preconceito às religiões de matriz africana e as questões de ordem histórica. Segundo o entrevistado, a que isso se deve?

2. De acordo com o Pastor Henrique Vieira, o que leva à intolerância religiosa e quais são suas consequências?

3. Com base na leitura das duas entrevistas, por que é fundamental combater o preconceito e a intolerância religiosa?

4. Problematize a fala do pai de santo Tata Kejessy: "Só se escraviza alguém quando o reduz a nada". Com base no sentido dessa frase, em que medida essa fala evidencia uma ação que está na contramão de princípios fundamentais da civilização?

5. Nas duas entrevistas, a ideia de intolerância se opõe à ideia de diálogo. E o diálogo é a base da convivência democrática nas sociedades modernas. Reflita sobre essa oposição e responda: Em que sentido a intolerância religiosa é, também, de modo mais abrangente, uma ameaça às liberdades individuais, extrapolando assim o campo religioso, e está em contradição com a época em que vivemos?

1. Observe o mapa e faça o que se pede.

   a) As letras presentes no mapa indicam os oceanos e paralelos principais. Elabore uma legenda para identificá-los.

   b) Os números 1, 2 e 3 indicam quais países? A que região correspondem?

   c) Quais países os números 4, 5, 6 e 7 indicam? A que região correspondem?

   d) Que regiões africanas estão indicadas por hachuras no mapa? Qual o critério utilizado para essa regionalização?

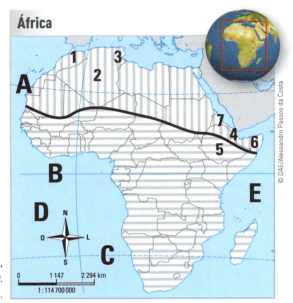

Fonte: *Atlas geográfico escolar*. 7. ed. Rio de Janeiro: IBGE, 2016. p. 45.; Vera Caldini e Leda Ísola. *Atlas geográfico Saraiva*. 4. ed. São Paulo: Saraiva, 2013. p. 152.

2. Caracterize a África Setentrional e Subsaariana em dois aspectos.

3. Considerando o critério de localização para a regionalização do continente africano, elabore um quadro comparativo como o modelo a seguir e complete-o com as informações solicitadas.

Região africana	Elemento ou aspecto da localização em destaque	Dois exemplos de países que pertencem a essa região
Setentrional		
Central		
Oriental		
Ocidental		
Meridional		

4. Observe o mapa ao lado e responda às questões.

   a) Qual é a área representada no mapa?

   b) Em que país se localiza?

   c) Que mares são conectados?

   d) Qual é sua importância estratégica e comercial?

Fonte: Graça Maria Lemos Ferreira. *Atlas geográfico: espaço mundial*. São Paulo: Moderna. 2013. p. 81.

CAPÍTULO 22
Relevo e hidrografia

As terras

A maior parte das terras do continente africano apresenta altitudes médias inferiores a 1 500 m, pois os **planaltos** de estrutura geológica antiga sofreram a ação dos agentes erosivos ao longo de milhares de anos. Neles estão algumas das maiores jazidas de minerais metálicos do mundo. As planícies, por sua vez, geralmente são litorâneas ou fluviais.

Paisagem do Miradouro da Lua. Belas, Angola, 2016.

Destacam-se, no extremo norte e no sul da África, duas cordilheiras de formação geológica mais recente: a **Cadeia do Atlas** e a **Cadeia do Cabo**, com os Montes Drakensberg. Contudo, as maiores altitudes do continente estão na porção oriental, onde muitos vulcões, em atividade ou não, indicam grande atividade geológica.

Observe no mapa o relevo e a hidrografia do continente africano.

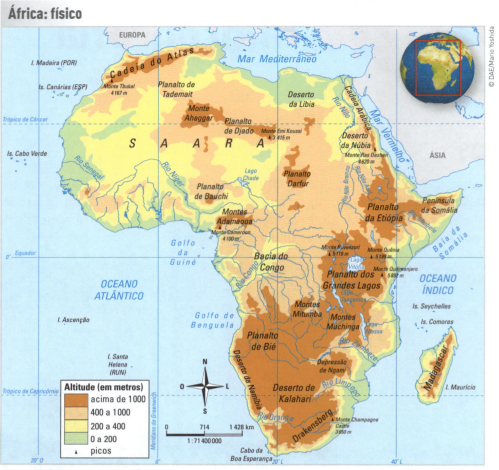

Fonte: *Atlas geográfico escolar*. 7. ed. Rio de Janeiro: IBGE, 2016. p. 44.

Na porção oriental do continente africano estende-se uma imensa linha de falhas, originadas de movimentos tectônicos, por cerca de 5 600 km: é o **Vale do Rift**. Nele se encontram as maiores altitudes do continente e alguns grandes vulcões, como o Monte Kilimanjaro, com 5 892 m de altitude, e o Monte Quênia, com 5 199 m. Nessa imensa linha também há depressões ou fossas tectônicas que originaram uma série de extensos lagos interiores, dos quais os maiores são o Vitória, o Tanganica e o Niassa.

Fonte: Wilson Teixeira et. al. *Decifrando a Terra*. 2. ed. São Paulo: Companhia Editora Nacional, 2009. p.106 e 184.

Observe, no esquema ilustrado a seguir, aspectos da formação do Vale do Rift.

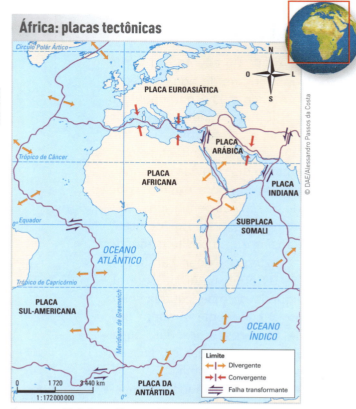

Fonte: Olly Phillipson. *Atlas geográfico mundial*. 2. ed. Curitiba: Fundamento, 2014. p. 71.

Fonte: Graça Maria Lemos Ferreira. *Atlas geográfico: espaço mundial*. 3. ed. São Paulo: Moderna, 2010. p. 19.

Visão panorâmica do Vale do Rift. Quênia, 2018.

As águas

A África apresenta cerca de 9% dos recursos de água doce de todo o mundo e 11% da população mundial (Banco Mundial, 2017). No continente, as áreas mais ricas em água são as regiões ocidental e central, embora distribuídas de maneira irregular devido à existência de desertos e regiões semiáridas. Mas no continente correm rios de grande extensão, como o Nilo (segundo rio mais extenso), Níger, Zambeze e Orange. O Congo, na África Central, é o segundo rio mais caudaloso do mundo. O continente também dispõe de numerosos grandes lagos, como o Vitória, Tanganica, Niassa, Eduardo, Kivu e Turkana.

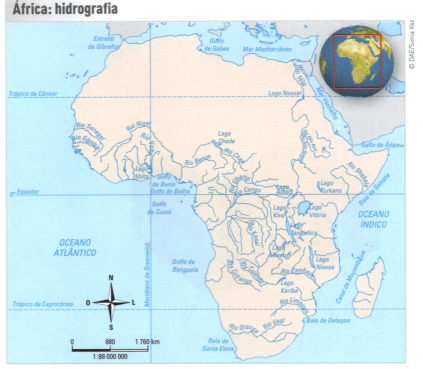

Fonte: *Atlas geográfico escolar*. 7. ed. Rio de Janeiro: IBGE, 2016. p. 44.

Alguns desses lagos estão seriamente reduzidos, como o Lago Chade, compartilhado por Níger, Nigéria, Chade e Camarões. Os povoados e as cidades que antes contornavam as margens estão agora separados por hectares de deserto. O lago era a principal fonte de água do Cinturão do Sahel. Segundo a Unesco (Organização das Nações Unidas para a Ciência, a Educação e a Cultura), nos anos 1960 ele ocupava uma área de 25 mil km², mas a sua superfície foi drasticamente reduzida para 1,3 mil km² em decorrência da mudança climática e do manejo insustentável da água para o consumo humano e animal.

A situação do Lago Chade evidencia questões ambientais que afetam os recursos hídricos no continente africano. Além disso, a falta de infraestrutura e a má gestão no abastecimento de água a milhões de pessoas é um grande risco para a maior parte dos países africanos, que estão entre as nações do mundo com escassez hídrica. A África apresenta os piores indicadores quanto à disponibilidade de água potável e saneamento básico: 45% da população carece de água, e 65% não tem acesso a um sistema de saneamento adequado (Conselho Mundial da Água, 2017).

Pescadores no Lago Chade. Chade, 2016.

Observe no mapa o panorama do risco de escassez de água no mundo.

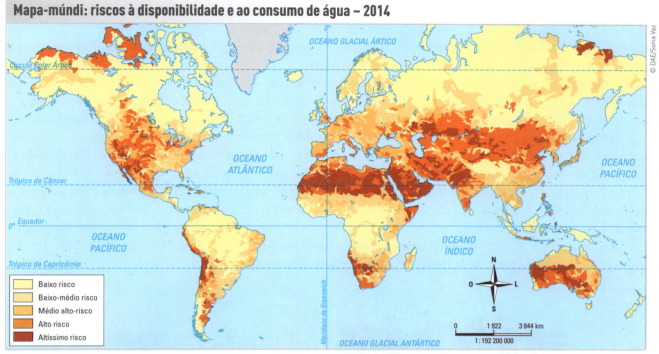

Mapa-múndi: riscos à disponibilidade e ao consumo de água – 2014

Fonte: World Resources Institute. Aqueduto: atlas de risco da água. Disponível em: <www.wri.org/applications/maps/aqueduct-atlas/#x=39.78&y=1.14&s=ws!20!28!c&t=waterrisk&w=def&g=1&i=BWS-16!WSV-4!SV-2!HFO-4!DRO-4!STOR-8!GW-8!WRI-0!ECOS-0!MC-0!WCG-0!ECOV-0!&tr=ind-1!prj1&l=2&b=terrain&m=group >. Acesso em: set. 2018.

zoom

1. O que se observa no mapa quanto aos riscos à disponibilidade e ao consumo de água por continente?

2. Considerando os dados do mapa, quais regiões africanas apresentam mais altos riscos à disponibilidade e ao consumo de água? Justifique.

3. E o lugar onde você vive, tem boa disponibilidade de água para consumo? Explique.

Lavadora de roupas da aldeia Butiada. Uganda, 2017.

Mulheres carregam galões com água. Banki, Nigéria, 2017.

243

Os rios

Percorrendo áreas com predomínio de relevo planáltico, os rios africanos apresentam, em geral, grande potencial hidráulico, mas são pouco aproveitados para a geração de energia. O custo elevado da instalação de usinas é um grande entrave, assim como a carência de mão de obra especializada e de recursos tecnológicos em alguns países africanos.

Muitas das bacias hidrográficas da África são compartilhadas por países fronteiriços. A bacia do **Rio Nilo**, por exemplo, drena áreas de 11 países. Considerando a situação econômica de muitas nações africanas, a degradação ambiental é grave e aumenta os desafios para gerenciar os recursos hídricos.

O Rio Nilo é muito importante para o Egito, pois 95% das terras do país encontram-se no Saara, e apenas 5% delas são ocupadas, justamente as regiões às margens do rio. Com 6 670 km de extensão, o Nilo nasce com a denominação de Nilo Branco e, ao se unir ao Nilo Azul, forma um único rio. Como tem origem em domínio equatorial, onde as chuvas são constantes, atravessa todo o deserto sem secar. A fertilidade e as terras cultiváveis do Vale do Nilo resultam dos sedimentos de rochas vulcânicas do Planalto da Etiópia, transportados pelo rio Nilo Azul. A barragem de Assuã, construída no Nilo, garante o abastecimento de energia elétrica para o Egito e o Sudão e constitui um grande lago artificial – denominado Nasser pelo Egito e Núbia pelo Sudão.

Margens do Rio Nilo. Egito, 2016.

Lago Nasser, próximo a Abu Simbel, Egito, 2016.

Segundo maior rio do mundo em volume de águas, o **Congo** atravessa uma região de clima equatorial. Os elevados índices pluviométricos característicos desse tipo climático garantem a grande vazão do rio. A bacia hidrográfica de que faz parte apresenta uma rica biodiversidade, decorrente da presença da floresta do Congo.

Rio Congo. Congo, 2018.

1. Justifique o predomínio de terras com altitude inferior a 1 500 metros no continente africano.

2. Explique a ocorrência, na porção oriental do continente, de maiores altitudes e atividade vulcânica mais intensa.

3. Leia o texto e, considerando também seus conhecimentos sobre questões hídricas na África, faça o que se pede a seguir.

    [...] Estima-se que mais de 300 milhões de pessoas no continente africano não tenham acesso a água potável e a procura deve aumentar consideravelmente nas próximas décadas, devido ao crescimento populacional e à necessidade de irrigação para plantações. [...] Devido às mudanças climáticas que transformaram o Saara num deserto ao longo dos séculos, muitos dos aquíferos subterrâneos receberam água pela última vez há mais de 5 mil anos. [...] Muitas das nações que enfrentam escassez de água têm, na verdade, reservas consideráveis no subsolo. [...]

    África é detentora de enormes reservas. Jornal de Angola, 24 abr. 2012. Disponível em: <http://jornaldeangola.sapo.ao//sociedade/africa_e_detentora_de_enormes_reservas>. Acesso em: out. 2018.

    a) Indique problemas decorrentes da escassez hídrica na África.

    b) O texto apresenta uma alternativa para a questão da escassez de água no continente? Explique.

    c) Que situações podem dificultar a obtenção e utilização das águas provenientes dos aquíferos subterrâneos na África?

4. Leia o trecho do texto e relacione saneamento básico à mortalidade infantil em países africanos.

    [...] Unicef, alertou que quase 27 milhões de pessoas não têm acesso à água potável em países que enfrentam ou estão em risco de fome.

    O comunicado divulgado esta quarta-feira afirmou que falta d'água, saneamento básico e práticas de higiene inadequados e epidemias representam uma ameaça adicional a crianças desnutridas no Iêmen, no norte da Nigéria, na Somália e no Sudão do Sul. [...] O diretor dos Programas de Emergência do Unicef, Manuel Fontaine, disse que "a combinação de desnutrição, água poluída e falta de saneamento cria um círculo vicioso onde muitas crianças não conseguem se recuperar". Segundo Fontaine, "a água poluída pode causar desnutrição ou piorar ainda mais o problema. Não importa a quantidade de comida consumida por uma criança desnutrida, ela não vai melhorar se a água que ela bebe não for limpa". [...]

    Unicef: 27 milhões sem acesso à água potável em países com risco de fome. ONU News. Disponível em: <https://news.un.org/pt/story/2017/03/1581451-unicef-27-milhoes-sem-acesso-agua-potavel-em-paises-com-risco-de-fome>. Acesso em: out 2018.

5. A qual questão ambiental a sequência de mapas se refere? Explique.

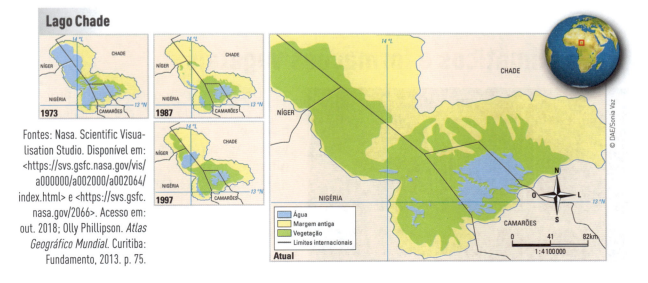

Fontes: Nasa. Scientific Visualisation Studio. Disponível em: <https://svs.gsfc.nasa.gov/vis/a000000/a002000/a002064/index.html> e <https://svs.gsfc.nasa.gov/2066>. Acesso em: out. 2018; Olly Phillipson. Atlas Geográfico Mundial. Curitiba: Fundamento, 2013. p. 75.

245

CAPÍTULO 23
Clima e vegetação

Interdependência: clima e vegetação

A maior parte do território africano está localizada entre os trópicos de Câncer e de Capricórnio, o que influencia o clima e a vegetação africana. Com médias térmicas elevadas e grande diversidade quanto ao regime de chuvas, o continente apresenta variadas formações vegetais que se sucedem de forma razoavelmente semelhante desde a linha do Equador, tanto para o norte quanto para o sul.

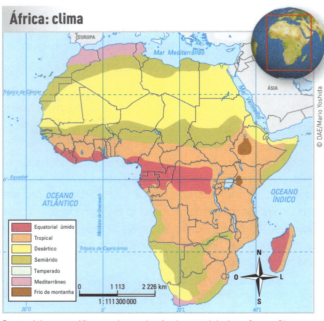

Fonte: *Atlas geográfico escolar*: ensino fundamental do 6º ao 9º ano. Rio de Janeiro: IBGE, 2010. p. 104.

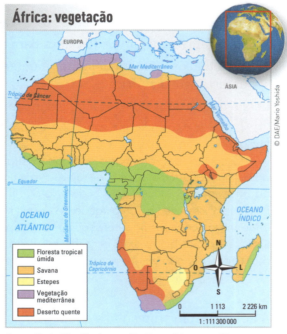

Fonte: Gisele Girardi e Jussara Vaz Rosa. *Atlas geográfico do estudante*. São Paulo: FTD, 2011. p. 100 e 124.

Tipos climáticos e formações vegetais

Destacam-se no continente africano três espaços marcados por características naturais: os desertos quentes, a floresta tropical e as savanas. Apesar de conterem elementos naturais muito contrastantes entre si, esses ambientes apresentam um fator comum: o clima quente.

Floresta do Congo. Congo, 2017.

Na região central da África, em torno da Linha do Equador, dominada por massas de ar equatorial e tropical, predomina o **clima equatorial**, tipicamente quente e úmido durante todo o ano.

As elevadas temperaturas e o alto índice pluviométrico origina uma formação vegetal caracterizada pela diversidade de espécies e pelo aspecto denso e fechado: a **Floresta Tropical** do Congo.

Mapa-múndi: florestas tropicais

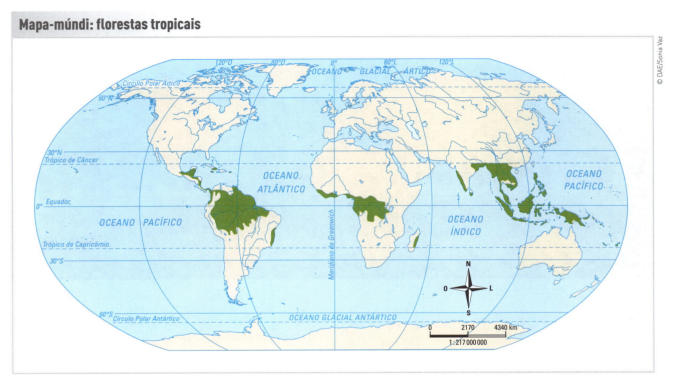

Fonte: Gisele Girardi e Jussara Vaz Rosa. *Atlas geográfico do estudante*. São Paulo: FTD, 2011. p. 124.

zoom

❶ Caracterize a formação vegetal destacada no mapa.

❷ Em quais continentes ela está presente?

❸ Que fatores contribuem para que as maiores florestas tropicais da Terra estejam na mesma latitude?

❹ Que nome recebe essa floresta do continente africano?

Ao longo da história da ocupação da África, a Floresta do Congo foi bastante modificada pela exploração de madeira.

O desmatamento ainda é um dos principais problemas ambientais do continente, e grande parte da floresta já foi derrubada, seja para extração de madeira – que é comercializada com países europeus e os Estados Unidos –, seja para ceder lugar a áreas de agricultura, especialmente as *plantations*. De qualquer forma, percebemos que a ameaça ambiental está relacionada com a dependência econômica da África e os interesses do mercado internacional.

Conforme nos afastamos da região cortada pela Linha do Equador e avançamos para o norte ou para o sul em direção aos trópicos, o índice pluviométrico diminui. Altas temperaturas e chuvas concentradas no período do verão caracterizam o **clima tropical**, quente e semiúmido, cuja vegetação característica é a **savana**, que intercala vegetais rasteiros, como gramíneas e herbáceas, com arbustos e árvores isoladas, em uma paisagem muito parecida com a do Cerrado brasileiro.

A savana africana, que abrange cerca de 40% do território africano, é o hábitat dos animais de grande porte do continente, como girafas, elefantes e zebras. A fauna africana foi praticamente dizimada nos últimos anos; as espécies que sobreviveram estão protegidas em reservas criadas no território africano.

Região de Savana. Cabo do Leste, África do Sul, 2018.

Deserto da Namíbia. Namíbia, 2018.

As práticas agrícolas e criatórias têm causado desmatamento e desertificação nas savanas. No **clima desértico**, as chuvas são praticamente nulas e a amplitude térmica é muito grande. Nos **desertos**, a temperatura pode oscilar entre 50 °C, durante o dia, e 0 °C, durante a noite. Ao norte, no deserto do Saara, e a sudoeste, nos desertos da Namíbia e do Kalahari, poucas espécies vegetais são encontradas. Tufos de capim e plantas espinhentas compõem a cobertura vegetal.

Nas áreas próximas aos desertos africanos predomina o **clima semiárido** e a vegetação rasteira das **estepes**. O processo de desertificação vem ocorrendo de forma acentuada na região que margeia os desertos.

No extremo sul e no norte do continente, influenciado pela presença dos desertos, predomina o **clima mediterrâneo**, com temperaturas médias entre 15 °C e 20 °C e chuvas concentradas no período do inverno. A **vegetação mediterrânea** é formada principalmente por arbustos.

Desertificação do Saara. Marrocos, 2016.

1. Escreva dois argumentos que justifiquem a grande diversidade de formações vegetais do continente africano.

2. Justifique o predomínio de clima quente no continente africano.

3. As formações vegetais nativas do continente africano apresentam áreas de desmatamento? Explique.

4. Copie o quadro a seguir e complete-o com as características climatobotânicas do continente africano.

Clima	Características do clima	Formação vegetal predominante
Equatorial		
Tropical		
Desértico		

5. Leia o texto e escreva sobre as relações entre as questões climáticas e a produção de alimentos.

Dois terços do continente africano já são deserto ou estão secos

Esse vasto território, o segundo maior do mundo depois da Ásia, é "vital" para a agricultura e a produção de alimentos, mas quase três quartas partes de sua área sofrem diversos graus de degradação. […] O futuro próximo e de médio prazo não é nada promissor para a África: até 2020, entre 75 milhões e 250 milhões de pessoas poderão ficar expostas a estresse hídrico devido à mudança climática. Além disso, em alguns países, a produção que depende das chuvas poderá cair 50%. […] "Os contínuos episódios de seca ameaçam os êxitos obtidos no alívio da pobreza, e é necessário que a resposta seja coletiva", ressalta essa agência da ONU. No ano passado a seca reduziu a produção agrícola nacional em 46% abaixo da média de 16 anos, por isso estima-se que cerca de 370.300 pessoas correm o risco de passar fome, afirma o documento do Pnud. […]

Desertificação engole a África. CCST. Disponível em: <www.ccst.inpe.br/desertificacao-engole-a-africa/>. Acesso em: ago. 2018.

6. Observe o mapa "África: clima", da página 246, e identifique os tipos climáticos apresentados pelos climogramas a seguir. Justifique suas respostas.

Climograma: Cairo (Egito)

Fonte: Olly Phillipson. *Atlas geográfico mundial*. 2. ed. Curitiba: Fundamento, 2014. p. 72.

Climograma: Lagos (Nigéria)

Fonte: Olly Phillipson. *Atlas geográfico mundial*. 2. ed. Curitiba: Fundamento, 2014. p. 72.

Climograma: Cidade do Cabo (África do sul)

Fonte: Olly Phillipson. *Atlas geográfico mundial*. 2. ed. Curitiba: Fundamento, 2014. p. 72.

Ilustrações: Paula Haydee Radi

Retomar

1. Identifique os principais paralelos que cruzam o continente africano. Localize esse continente quanto aos hemisférios terrestres.

2. Observe o mapa a seguir e faça o que se pede.

    a) Identifique o nome das regiões africanas indicadas pelos números.
    b) Caracterize cada uma dessas regiões em relação ao aspecto humano.

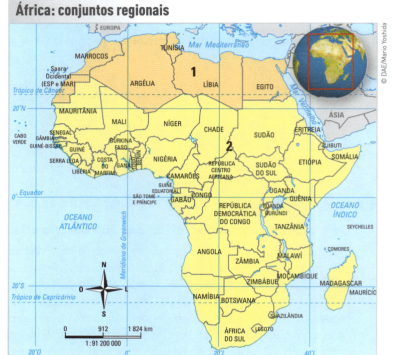

Fonte: Gisele Girardi e Jussara Vaz Rosa. *Atlas geográfico do estudante*. São Paulo: FTD, 2011. p. 101.

3. Destaque três características do relevo africano.

4. Leia o texto a seguir e responda às questões.

   Uma rachadura gigante [...] apareceu próxima a uma cidade chamada Rift Valley, ou Vale da Fenda, em português, que percorre 3 mil quilômetros, desde o Golfo de Áden, na Somália, e segue sentido sul até o Zimbábue [...].
   A litosfera, formada pela crosta e a parte superior do manto terrestre, é dividida em várias placas tectônicas. Elas não são estáticas: estão em constante movimentação, flutuando sobre a viscosa astenosfera. Em situações extremas, essa movimentação pode causar uma ruptura da litosfera, ou um rifte, como é chamado na geologia.
   [...]

   Rachadura gigante do Quênia mostra que África se dividirá em duas. Galileu, 3 abr. 2018. Disponível em: <https://revistagalileu.globo.com/Ciencia/noticia/2018/04/rachadura-gigante-no-quenia-mostra-que-africa-se-dividira-em-duas.html>. Acesso em: out. 2018.

   a) A que porção do revelo africano o texto faz referência?
   b) Qual é a origem geológica dessa fenda?
   c) Em função do movimento da litosfera, qual pode ser a configuração do território africano daqui a dezenas de milhões de anos?

5. Escreva sobre a importância dos rios e lagos para a população africana.

6. Apresente aspectos que evidenciem problemas ambientais e sociais decorrentes de questões relacionadas à disponibilidade hídrica no continente africano.

7 Copie o quadro a seguir e complete-o com informações sobre os tipos de vegetação e clima na África.

Vegetação	Tipo de clima	Características	Exemplo
florestas tropicais			
savanas			Serengueti
	desértico		

8 Leia o trecho do texto a seguir e, depois, responda às questões.

[...] Onze países compartilham as águas do Nilo: Egito, Sudão, Sudão do Sul, Etiópia, Eritreia, Quênia, Uganda, Tanzânia, Burundi, Ruanda e República Democrática do Congo. É possível dividir esses Estados em dois grupos: os países a montante, que possuem nascentes dos afluentes principais do Nilo em seu território, e países a jusante, que apenas recebem os fluxos de água dos afluentes principais. Sudão, Sudão do Sul e Egito são os países a jusante, enquanto os demais estão localizados a montante. O Egito, país mais a jusante do Nilo – ou seja, o último a receber as águas do Nilo antes de estas desaguarem no mar –, atua para impedir que mudanças realizadas no curso dos rios interfiram quantitativa e qualitativamente no fluxo de água que chega até seu território. O Nilo possui importância fundamental para o Egito, pois é a maior fonte de energia e água do país: 90% da água do Egito advém do rio Nilo, e mais de 95% dos recursos hídricos que chegam no Egito advém de fora de seu território [...]

Luciana Brandão e Livi Gerbase. Geopolítica dos recursos hídricos transfronteiriços: conflito e cooperação no compartilhamento da Bacia do Rio Nilo e do Rio Zambeze. Século XXI, Porto Alegre, v. 7, n. 2, p. 160-161, ago. 2017. Disponível em: <http://seculoxxi.espm.br/index.php/xxi/article/view/153>. Acesso em: out. 2018.

a) Podemos afirmar que o Rio Nilo é transfronteiriço? Justifique sua resposta e aponte por que esse fato pode gerar conflito entre os países.

b) Por que uma nova represa a montante do Rio Nilo impactaria a disponibilidade de água da represa construída anteriormente a jusante, a Represa de Assuã, no Egito?

9 Caracterize as paisagens africanas das imagens a seguir quanto ao clima, formação vegetal e hidrografia.

Rio Nilo. Assuã, Egito, 2016.

Floresta do Congo. Congo, 2017.

Visualização

A seguir apresentamos um mapa conceitual do tema estudado nesta unidade. Trata-se de uma representação gráfica que organiza o conteúdo, composto de uma estrutura que relaciona os principais conceitos e as palavras-chave. Essa ferramenta serve como resumo e instrumento de compreensão dos textos, além de possibilitar consultas futuras.

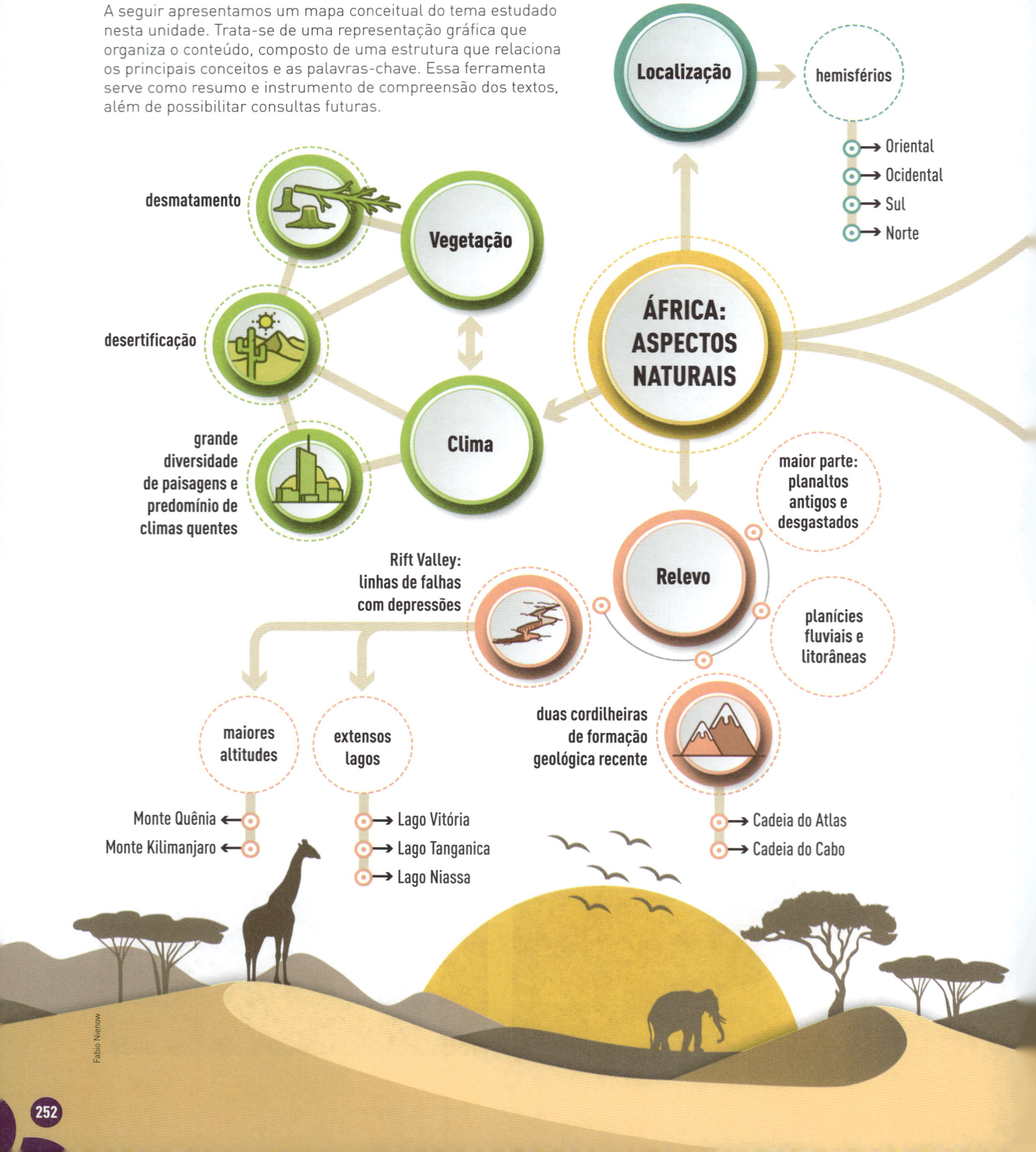

Localização → hemisférios
- → Oriental
- → Ocidental
- → Sul
- → Norte

ÁFRICA: ASPECTOS NATURAIS

Vegetação
- desmatamento
- desertificação
- grande diversidade de paisagens e predomínio de climas quentes

Clima

Relevo
- maior parte: planaltos antigos e desgastados
- planícies fluviais e litorâneas
- Rift Valley: linhas de falhas com depressões
  - maiores altitudes
    - Monte Quênia
    - Monte Kilimanjaro
  - extensos lagos
    - Lago Vitória
    - Lago Tanganica
    - Lago Niassa
- duas cordilheiras de formação geológica recente
  - Cadeia do Atlas
  - Cadeia do Cabo

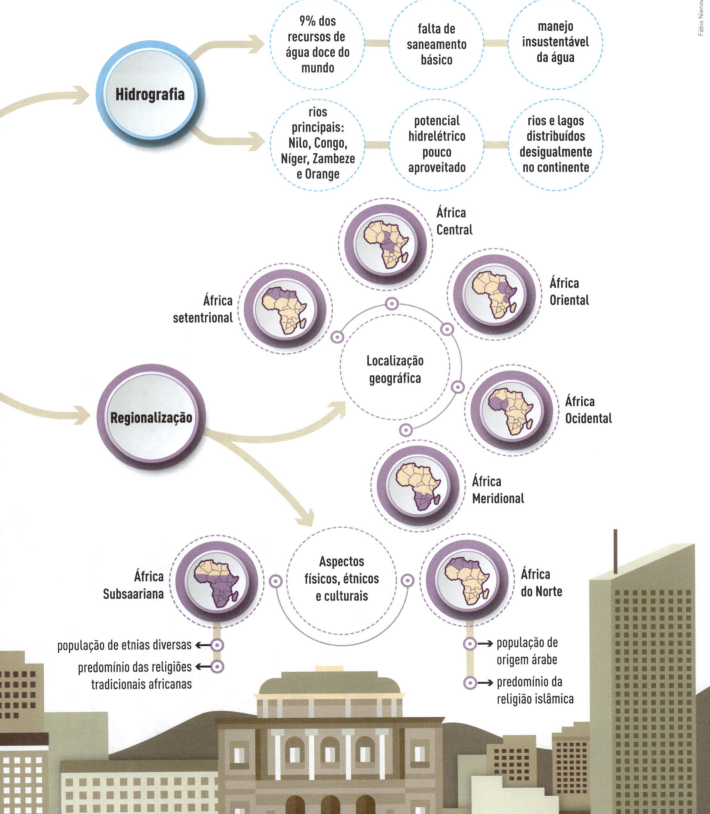

UNIDADE 8

Antever

1. Que aspectos da diversidade africana são evidenciados pela fotografia?

2. Por que o aspecto evidenciado pela imagem encontra-se presente em muitas paisagens de países africanos?

3. A imagem apresenta uma visão vertical, frontal ou oblíqua? Como pode ter sido obtida?

A África é um continente que apresenta grande diversidade. Em seu vasto território, encontramos uma enorme variedade de paisagens naturais e culturais. Grande parte das informações e imagens que recebemos do continente referem-se à natureza, problemas sociais e conflitos. Contudo, a crise econômica mundial tem acentuado a tendência de replanejamento no mercado de investimentos internacionais, e a África tem se destacado como uma "nova fronteira".

Vista aérea de Luanda, Angola, 2018.

África: política e economia

CAPÍTULO 24
Fronteiras e conflitos

África pré-colonial

Ao estudar a localização do continente africano, você pôde observar que hoje ele é organizado politicamente em 54 países. Mas nem sempre foi assim.

Antes da ocupação dos europeus no século XV, os africanos praticavam um ativo comércio baseado no ouro, no marfim e em peles de animais. Esse comércio era muito desenvolvido e extrapolava os limites do continente, pois os africanos também faziam negócio com os árabes e os indianos.

A partir do século XV, com a Expansão Marítima europeia, que tinha entre seus objetivos conquistar novos mercados comerciais e obter novas fontes de matéria-prima, o continente africano passou a ser ocupado pelos europeus. Foram estabelecidos na costa do continente africano entrepostos comerciais, locais onde era feita a comercialização e a troca de mercadorias vindas de diferentes regiões. A maioria dos entrepostos se localizava no litoral dos oceanos Índico e Atlântico. Naquele período, a principal via de transporte para alcançar longas distâncias era a marítima.

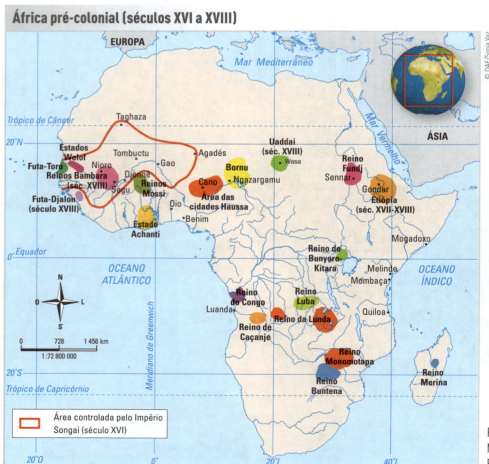

Fonte: Christian Maucler e Henri Moniot. *As civilizações da África*. Porto: Lello e Irmão, 1990.

Observe no mapa a seguir algumas rotas comerciais desse período.

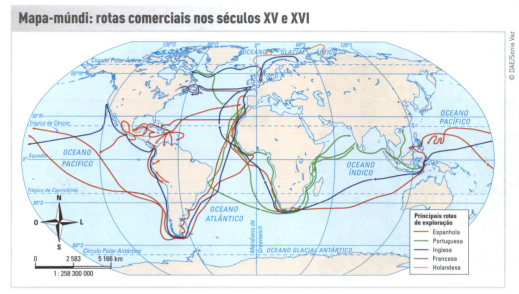

Fonte: Claudio Vicentino. *Atlas histórico: geral e Brasil*. São Paulo: Scipione, 2011. p. 90.

Ampliar

Áfricas no Brasil, de Kelly Cristina Araújo (Scipione).

Você vai conhecer um pouco das tradições e dos costumes dos povos africanos que aportaram no Brasil.

Portal da cultura afro-brasileira
www.faecpr.edu.br/site/portal_afro_brasileira/2_I.php

Conheça aspectos da cultura afro-brasileira.

Explorada por europeus, principalmente portugueses e espanhóis, que começaram a aprisionar os africanos para serem escravizados e vendidos às colônias do Novo Mundo, a África perdeu um grande contingente populacional. Estima-se que cerca de 11 milhões de pessoas tenham sido retiradas de suas terras e enviadas às colônias americanas para trabalhar nas plantações e na exploração mineral, principalmente do ouro.

Antes da dominação europeia, o continente africano não era dividido em países. Nesse vasto território, habitavam diferentes etnias, que praticavam a caça, a pesca e a agricultura. Até então ainda havia muitos reinos.

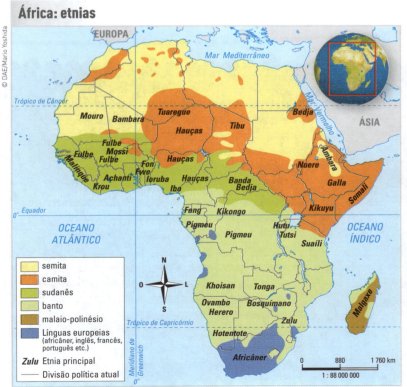

O continente africano apresenta enorme variedade étnica. O fato de sua população ser majoritariamente negra não implica em ela ser homogênea; ao contrário, há uma grande quantidade de culturas, línguas etc.

Povo swazi. Manzini, Suazilândia, 2017.

Povo hauçá. Nassaraua, Nigéria, 2017.

Povo massai. Narok, Quênia, 2017.

Povo malgaxe. Antsianitia, Madagascar, 2017.

Fonte: Graça M. L. Ferreira. *Atlas geográfico: espaço mundial*. São Paulo: Moderna, 2010. p. 83.

Caleidoscópio

TRADIÇÕES ORAIS EM ANGOLA: REDESCOBRINDO A ESCRITA

Na tradição oral africana, encontramos contos, fábulas e lendas que contemplam elementos da natureza, experiências e costumes transmitidos pelos antepassados e pela sociedade em geral, refletindo-se em aspectos relevantes da vida em comunidade.

Os **cokwe**, povo da região leste de Angola e regiões vizinhas, desenvolveram um método que auxiliava as pessoas a contar e a memorizar as histórias. O *sona* é uma tradição antiga, na qual desenhos são feitos na areia, de forma contínua, contendo provérbios, frases e ideias individuais.

"Em frente à casa da AvóAgnette fazíamos desenhos no chão para depois fugirmos dos camiões de água que vinham ao fim da tarde para acalmar a poeira.

Era um largo grande, com uma bomba de gasolina no meio, que virava rotunda para camiões e carros darem a volta a fingir que a cidade era grande.

O camarada VendedorDeGasolina podia dormir muito durante o serviço porque a bomba nunca tinha gasolina. Só acordava com as falas do maluco EspumaDoMar:

– Essas estrelas que caem de repente têm nome: são estrelas calientes, e isto não é discurso de diamba, sei o que tou a falar com a minha boca de tantos dentes... [...]

– Vocês falam estrelas cadentes, mas eu conheço os dicionários todos da língua angolana e da cubana. Estrelas calientes são fenómenos dos céus do universo escuro, a poeira cósmica e etcetera... Seus patetas que nunca andaram nas escolas universitárias!

Nós, as crianças, ríamos gargalhadas redondas que quase se viam desenhadas no ar. Ficávamos calados em espanto e magia a ouvir frases do camarada maluco. [...]

Ele arrastava os panos e ia embora a rir um riso nervoso que também podia ser choro, cada vez mais rápido quase a correr, a levantar poeiras com os pés dele descalços, a ir sempre em frente como se fosse entrar no mar."

Ondjaki. *AvóDezanove e o segredo do soviético*. São Paulo: Companhia das Letras, 2009. p. 9-10.

Fonte: Mário Fontinha. *Desenhos na areia dos quiocos do nordeste de Angola*. Lisboa: Instituto de investigação Científica Tropical, 1983

A tradição oral tem a função de transmitir aos descendentes costumes, filosofia, moral, tradições, religião, entre outros aspectos culturais.

Os contos, as histórias e os provérbios eram narrados cotidianamente pelas pessoas mais velhas da tribo para as mais jovens.

Os *sona* apresentam uma geometria bastante sofisticada – chama a atenção os diversos eixos de simetria. Esses símbolos estão atrelados a interessantes narrativas sobre as experiências desse povo. Infelizmente, há hoje poucos membros nas comunidades cokwe capazes de elaborar os *sona* e decifrá-los. Contamos, no entanto, com o registro de alguns matemáticos, que, fascinados pela geometria *sona*, registraram muitos símbolos.

Ainda que pareçam muito distintos, os sistemas de comunicação escrito e oral têm muitas interseções. Um exemplo é o uso de elementos da oralidade em textos verbais. Leia em seguida o trecho de uma história do escritor angolano Ondjaki, que traz elementos da língua falada em seu texto escrito.

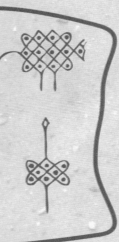

1. Após a leitura dos textos e dos desenhos apresentados nestas páginas, converse com os colegas sobre a importância:
   - das tradições orais e dos costumes para a valorização da memória e preservação das culturas;
   - do respeito às diferenças quando comparamos costumes e tradições entre diferentes povos;
   - do uso de diferentes linguagens para a comunicação e seus significados culturais e sociais.

2. Explique a importância de valorizar e reconhecer a influência africana no processo de formação da cultura afro-brasileira.

259

Observe a reprodução de uma tela de Jean-Baptiste Debret, na qual o artista retrata a fisionomia dos africanos, as marcas tribais, o corte de cabelo e os adereços usados por eles. Esses elementos são indicativos da diversidade étnica e cultural dos povos africanos que foram trazidos para a América Portuguesa.

Jean-Baptiste Debret. *Diferentes nações negras*, c. 1830. Aquarela, 9,5 cm × 21,7 cm.

Ampliar

Etnias africanas
www.arteetnico
africano.com/
etniasafricanas.
aspx
Disponibiliza aspectos da história e cultura de diferentes etnias.

A diversidade étnica e cultural desses diferentes povos não foi considerada quando foram retirados à força de seus territórios, da mesma forma que não foram respeitadas quando as potências europeias dividiram o continente africano entre si. A escravização do negro africano foi calcada na crença da superioridade intelectual e física do branco europeu. O racismo levou à prática de muita violência.

Em uma relação de absoluta dominação, o africano escravizado se tornava propriedade, podendo ser comprado, doado, alugado e até mesmo maltratado por seu senhor, sem que isso constituísse crime.

A prática da escravização, porém, já existia no território africano antes da chegada dos europeus. Grupos rivais guerreavam entre si e os vencidos poderiam ser feitos prisioneiros e escravos. Aproveitando-se desse costume, os europeus passaram a frequentar o continente africano oferecendo aos nativos diversos produtos em troca de escravos aprisionados: tecidos, trigo, sal e, mais tarde, também tabaco, aguardente e açúcar.

Contudo, o tratamento dado aos prisioneiros escravizados no continente africano era bem diferente daquele que recebiam os que chegavam ao Novo Mundo. Na África, depois de um tempo, o prisioneiro escravizado era incorporado ao grupo, não mais recebendo tratamento diferente. Nas colônias americanas, ao contrário, o escravizado podia ser submetido a uma série de castigos físicos por toda a vida, e seus descendentes também seriam escravos desde o nascimento.

Colonização e processo de independência

Após a independência das colônias americanas, os governantes dos países europeus que mantinham relações comerciais e econômicas com a África passaram a demonstrar maior interesse pelo continente. Assim, na segunda metade do século XIX, iniciou-se outra fase de dominação nesse continente, o chamado neocolonialismo, período posterior à colonização do continente americano. As grandes nações europeias da época desejavam explorar as riquezas africanas, pois eram fontes de matéria-prima importantes para alimentar a crescente industrialização na Europa.

Entre 1884 e 1885, realizou-se a Conferência de Berlim, na qual discutiram-se diversos assuntos ligados ao continente africano. A decisão mais marcante foi a divisão arbitrária da África entre as principais potências europeias da época (Alemanha, Grã-Bretanha, França, Bélgica, Itália, Portugal e Espanha), estabelecendo que a ocupação das terras africanas seria o critério para a demarcação de fronteiras, o que lhes garantia, sob o ponto de vista europeu, o direito da posse.

O conhecimento que os europeus obtiveram do território africano com as atividades missionárias favoreceu sua conquista. Os avanços na medicina também facilitaram essa ação, pois já se conhecia o quinino, uma defesa contra a malária, doença transmitida por mosquitos nas selvas africanas.

Outro fator determinante para a ocupação foi a superioridade bélica das nações europeias em relação aos grupos locais, além do fato de muitos deles estarem desestabilizados politicamente em virtude dos conflitos que travavam entre si.

A África foi, ao longo de poucas décadas, dividida tal qual se divide um bolo, e as fatias foram entregues a algumas potências europeias. A posse do território significava soberania, poder político e acúmulo de capital. A Grã-Bretanha e a França foram os países que obtiveram mais territórios, seguidos por Portugal, Bélgica e Espanha.

Na partilha da África, não se considerou a individualidade dos diferentes povos nem seus costumes e idiomas. Grupos étnicos rivais foram colocados sob o mesmo domínio, restritos a um espaço territorial. Nações foram divididas e controladas por potências diferentes.

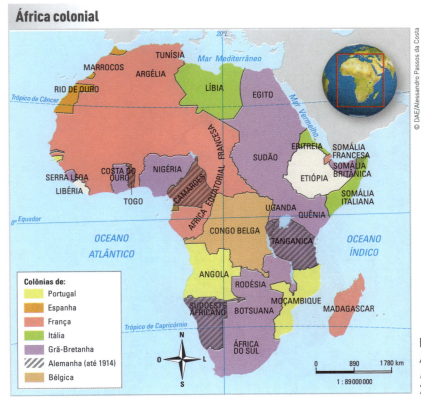

Fonte: Claudio Vicentino. *Atlas histórico: geral e do Brasil*. São Paulo: Scipione, 2011. p. 137.

Manifestantes em protesto para a independência da Argélia. Argélia, 1958.

Depois do fim da Segunda Guerra Mundial, que desestabilizou a Europa, algumas colônias africanas iniciaram seu processo de descolonização, ou seja, de independência. Aproveitando-se do fato de que algumas nações europeias encontravam-se enfraquecidas pela guerra, os movimentos nacionalistas fortaleceram-se e passaram a fazer pressão política pela independência. Muitos desses movimentos libertários entraram em confronto armado com os grupos dirigentes locais, gerando instabilidade, insegurança e milhares de mortes.

É o caso de Angola, onde os movimentos de libertação foram duramente reprimidos pelos portugueses até 1975. Na Argélia, a guerra civil durou oito anos (de 1954 a 1962) e, nesse período, os franceses torturaram e mataram muitos presos políticos. Um dos movimentos mais violentos foi o de libertação do Quênia, então colônia britânica: cerca de 13 mil africanos morreram nos conflitos entre 1952 e 1956.

Além de usar a força para reprimir os movimentos nacionalistas, as potências europeias procuraram retardar o processo de descolonização, negociando acordos para que os países recém-independentes não recebessem ajuda externa e continuassem economicamente dependentes das nações estrangeiras. Assim, poderiam continuar explorando os recursos naturais e a mão de obra africana.

A maioria dos países africanos só conquistou a independência política, mas continuou dependente economicamente dos países colonizadores. Esse é um dos fatores responsáveis pela atual situação econômica, social e política desfavorável no continente.

Observe no mapa os países africanos e o período em que obtiveram a independência, a partir da segunda metade do século XX.

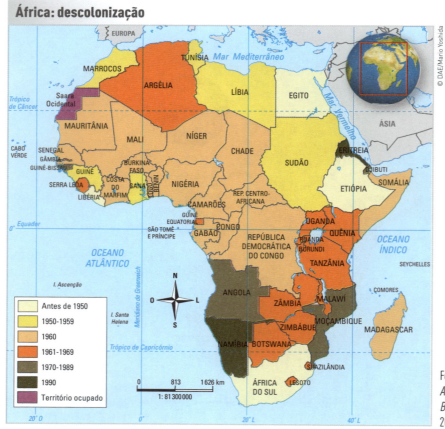

Fonte: Claudio Vicentino. *Atlas histórico: geral e do Brasil.* São Paulo: Scipione. 2011. p. 154.

África: conflitos e arbitrariedades das fronteiras

As fronteiras políticas internacionais delimitam e separam o território dos países e definem os limites sobre os quais o Estado exerce soberania. Elas foram criadas ao longo do tempo, por meio de conquistas e acordos, e refletem a história do povo que habita o território, podendo ainda ser alteradas.

Ao observar o mapa político do continente africano, presente na página 262, percebe-se que muitos países têm limites com traçado reto, o que significa que elas foram determinadas arbitrariamente: são uma herança do período de dominação colonial, que estabeleceu as fronteiras territoriais com base nos interesses de algumas nações europeias.

A África é hoje composta de 54 países, mas esse número seria muito maior caso cada etnia africana tivesse o próprio país. Só para mencionar um exemplo, a Nigéria é um país constituído por cerca de 200 grupos étnicos diferentes, e muitos deles gostariam de ser soberanos, ter o próprio território e ser governados por pessoas de sua etnia.

Muitas das fronteiras estabelecidas durante o período colonial permaneceram mesmo após a independência dos países africanos, juntando etnias rivais num mesmo território. A não aceitação do governo de uma etnia pela outra gerou vários conflitos sangrentos.

Em Ruanda, em 1994, ocorreu um conflito armado entre as etnias hutu e tutsi. Os hutus, treinados e equipados pelo exército ruandês, massacraram os tutsis. Nesse conflito, morreram mais de 800 mil pessoas.

Nas últimas quatro décadas, grande parte dos conflitos mundiais aconteceu na África. Muitos países africanos enfrentam ainda guerras civis em razão de disputas territoriais e de poder e também por rivalidades étnicas e fundamentalismos religiosos. As rivalidades incentivadas durante o Período Colonial, em que a política era "dividir para dominar", permaneceram e ganharam força diante da fragilidade das instituições políticas. Após a independência, quase todos os Estados africanos foram governados por ditadores que valorizavam os próprios grupos étnicos, gerando mais conflitos e sucessivos golpes militares.

Ainda que o número de conflitos tenha diminuído, as guerras prolongam-se e apresentam grande impacto no desenvolvimento socioeconômico. É possível estabelecer uma relação entre os conflitos e a pobreza do continente, pois as guerras destroem o sistema produtivo, contribuem para aumentar a fome e a desnutrição da população e paralisam os serviços de saúde e educação dos países.

Observe no mapa ao lado as áreas de conflito e fome no continente africano.

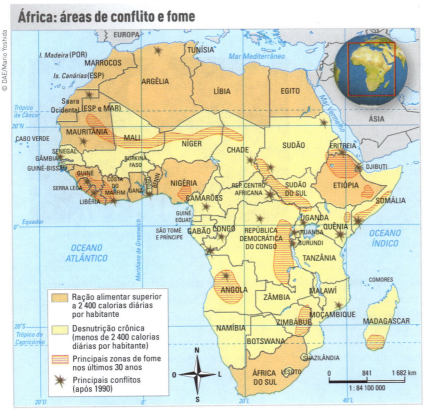

Fonte: Graça M. L. Ferreira. *Atlas geográfico: espaço mundial*. São Paulo: Moderna, 2010. p. 8

Conviver

Na África do Sul, o racismo levou à segregação entre brancos e negros. Em 1948, foi estabelecido no país o *apartheid* (que, em português, significa "separação, segregação"). Esse regime segregacionista, decretado como legislação, cadastrou e separou os indivíduos pela origem étnica. A partir de então, oficializou-se que a população negra do país não teria os mesmos direitos que a população branca, nem seria igual perante a lei, devendo ser segregada. Os mestiços e asiáticos também estavam sujeitos a essa separação.

Com o estabelecimento dessas normas, a população negra, majoritária, foi privada de seus direitos civis por um governo constituído de brancos, que tomou o poder e nele se manteve mediante repressão policial. A população branca, minoritária, passou a ter privilégios. Nessa época, aproximadamente 50% dos negros do país eram analfabetos e não tinham acesso à escolarização. Além disso, as taxas de mortalidade infantil eram altíssimas entre eles.

Em 1989, Frederik de Klerk foi eleito o novo presidente da África do Sul. As pressões dos órgãos internacionais para determinar o fim do *apartheid* e ameaças externas levaram-no a abrandar o peso das leis. Em 1990, o líder negro Nelson Mandela, que estivera preso durante 27 anos, teve sua liberdade decretada juntamente com outros presos políticos.

Placa que segregava áreas de negros e brancos na época do *apartheid*, próximo à Cidade do Cabo. África do Sul, 1976.

Várias mudanças continuaram a ocorrer no país e alguns partidos políticos puderam ser formados. Em 1992, um plebiscito – no qual apenas a população branca foi consultada – revelou que 69% dos eleitores desejavam o fim do *apartheid* e concordavam com as mudanças. O governo sul-africano deu continuidade às reformas e concedeu o direito de voto aos negros. Em abril de 1994, realizaram-se eleições com a participação de toda a população. Foi eleito o primeiro presidente negro do país, Nelson Mandela, representante do partido Congresso Nacional Africano (CNA).

Líder sul-africano Nelson Mandela. Joanesburgo, África do Sul, 2010.

① Reúnam-se em equipes e organizem uma produção sobre igualdade de direitos das pessoas independentemente de sua origem étnica, fazendo referência ao *apartheid*. Vocês poderão citar personalidades negras, nacionais e internacionais, que são exemplos de luta contra a discriminação racial. Para isso, realizem uma coleta de dados.

② A produção poderá utilizar diferentes linguagens – verbal (oral e escrita), corporal, visual, sonora e digital e gêneros textuais, como poemas.

Cartografia em foco

Os mapas a seguir destacam as fronteiras étnicas e políticas da África.

África: fronteiras étnicas

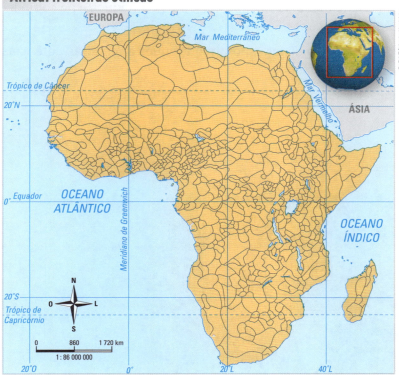

Fonte: Martin Ira Glasner. *Political geography*. Hoboken: Wiley, 2003.

> **1** Compare os dois mapas e esclareça as diferenças na disposição de seus traçados.

África: político

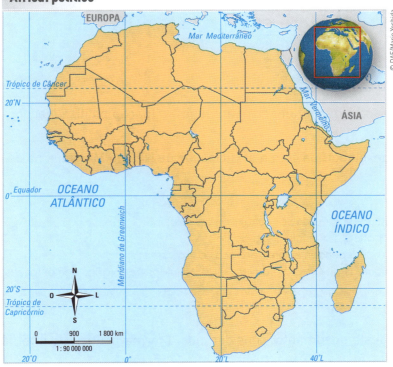

Fonte: Gisele Girardi e Jussara Vaz Rosa. *Atlas geográfico do estudante*. São Paulo: FTD, 2011. p. 16.

265

1. Justifique o interesse das potências europeias no continente africano a partir do século XV.
2. Como a África estava dividida antes da dominação europeia?
3. Cite duas consequências do colonialismo no modo de vida, na estrutura econômica e no comportamento dos diversos povos do continente africano.
4. "A África foi dividida tal qual se divide um bolo, e as fatias foram entregues a algumas potências europeias." A que fato essa frase se refere? Explique.
5. Observe a charge. A mensagem pode ser relacionada com a questão da exploração do continente africano. Faça o que se pede.

   a) O que está representado na charge?
   b) O que ocasionou esse fato?
   c) Escreva duas consequências desse fato que influenciam até hoje a situação política e econômica da África.

6. Leia um trecho da Carta da Liberdade, elaborada com a participação de Nelson Mandela, na década de 1950.

   O POVO GOVERNARÁ!
   - cada homem e cada mulher têm o direito de votar e de ser candidato ao voto;
   - todas as pessoas têm o direito de fazer parte da administração do País;
   - os direitos das pessoas serão os mesmos, independentemente de raça, cor ou sexo;
   - todos os órgãos autoritários e segregacionistas do Governo devem ser substituídos por órgãos democráticos.

   Disponível em: <www.historicalpapers.wits.ac.za/inventories/inv_pdfo/AD1137/AD1137-Ea6-1-001-jpeg.pdf>. Acesso em: 13 set. 2018. Tradução nossa.

   Mencione a finalidade ou proposta deste documento, considerando a forma política vigente na África do Sul, na data em que foi redigido.

CAPÍTULO 25

População

Conhecendo os africanos

A África é o segundo continente mais populoso do mundo (o primeiro é a Ásia). Em 2017, já contava com mais de 1,2 bilhão de habitantes. Embora o continente africano seja habitado por uma população predominantemente negra, cerca de um terço dos habitantes são brancos. Estudamos que na África do Norte (África setentrional) predomina uma população de origem árabe, enquanto na África Subsaariana (ao sul do Deserto do Saara) centenas de etnias se distribuem por muitos países e apresentam grandes diferenças culturais entre si.

Observe o mapa ao lado e gráfico que apresentam dados sobre a distribuição da população no continente africano.

zoom

1. O mapa evidencia uma distribuição irregular da população africana em suas áreas continentais? Justifique.

2. Conforme o gráfico abaixo, verifica-se o predomínio de população rural ou urbana no continente africano? O que pode explicar essa distribuição da população?

3. O mapa destaca a presença de grandes centros urbanos? Exemplifique.

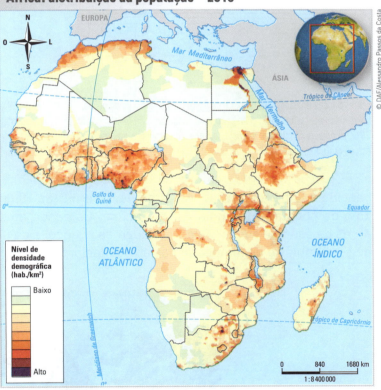

Fonte: *Atlas geográfico escolar*. 7. ed. Rio de Janeiro: IBGE, 2016. p. 70.

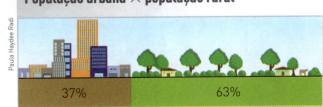

População urbana × população rural
37%   63%

Fonte: Olly Phillipson. *Atlas geográfico mundial*. 2. ed. Curitiba: Fundamento, 2014, p. 73.

267

Crescimento demográfico

O continente africano é a região do mundo que apresenta as maiores taxas de crescimento demográfico. A população quase quadruplicou em 50 anos, apresentando dados anuais de crescimento de cerca de 2,5%. Segundo o relatório "Perspectivas da População Mundial", publicado pela ONU, a África tem a maior taxa de crescimento populacional e deve responder por mais da metade do avanço demográfico de 2015 a 2050. Até 2050, segundo o estudo, a população de 28 países africanos deve crescer mais de 100%. Esse crescimento pode ser explicado pelo predomínio de população jovem e taxas de fecundidade ainda elevadas.

Observe os gráficos abaixo que mostram a projeção do crescimento da população mundial por continentes e a pirâmide etária africana.

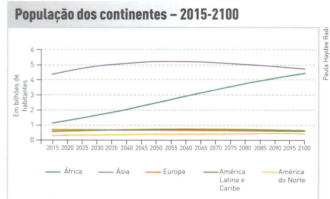

Fonte: Nações Unidas, Departamento de Assuntos Econômicos e Sociais, Divisão de População (2017). *Perspectivas da população mundial: revisão de 2017, principais conclusões e tabelas avançadas.* Disponível em: <https://esa.un.org/unpd/wpp>. Acesso em: set. 2018.

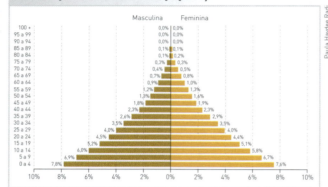

Fonte: ONU, Departamento de Assuntos Econômicos e Sociais, Divisão de População. *Perspectivas da população mundial: Revisão de 2017, principais conclusões e tabelas avançadas.* Disponível em: <https://esa.un.org/unpd/wpp/Graphs/DemographicProfiles/>. Acesso em: set. 2018.

De acordo com o relatório da Unicef "Geração 2030", 40% de todas as crianças do mundo terão nascido na África em 2050. Atualmente, 16 em cada 100 pessoas no mundo são africanas. Em 2050, 25% da população mundial será africana. Os dados mostram a importância de investimentos nas áreas de saúde e educação para reduzir as situações de pobreza, melhorar os índices de escolaridade e estimular o desempenho das atividades produtivas.

Professora discursa para alunos em escola. Ndevana, África do Sul, 2018.

Urbanização

Com uma economia voltada para atividades primárias, a maioria dos países africanos apresenta menores taxas de urbanização se comparadas a outras áreas continentais. Os países africanos mais urbanizados são os que alcançaram maior desenvolvimento industrial e de atividades ligadas ao comércio e prestação de serviços, como África do Sul, Argélia, Tunísia, Líbia, Egito e Nigéria.

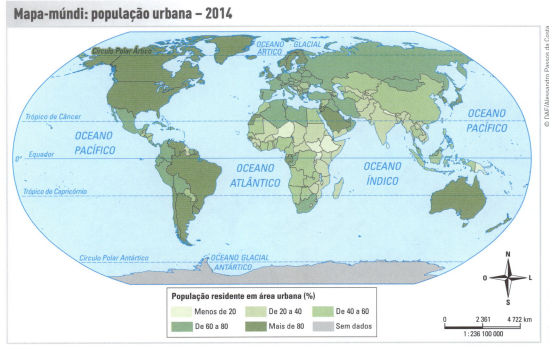

Fonte: Atlas Geográfico escolar. 7. ed. Rio de Janeiro: IBGE, 2016. p. 69.

Como na América Latina, desde a década de 1950, a população rural dos países africanos começou a migrar para as cidades em busca de melhores oportunidades de emprego e condições de vida. Com essa tendência, a população urbana da África deverá aumentar para 60% até 2050 (de acordo com o relatório "Geração 2030").

A falta de investimentos urbanos, porém, traz consequências como trânsito intenso, (decorrente da baixa oferta de transporte público), moradias precárias e falta de saneamento básico. Em Nairóbi, no Quênia, encontramos a maior área com moradias precárias do continente africano, Kibera. Lá vivem mais de 2,5 milhões de pessoas, em moradias feitas de compensado e lata, com carência de água potável, sem instalações sanitárias adequadas e sem segurança.

Vista aérea da comunidade de Kibera. Nairóbi, Quênia, 2016.

Moradia na comunidade de Kibera. Nairóbi, Quênia, 2018.

Condições de vida da população

A população africana enfrenta sérios problemas políticos (corrupção, governos ditatoriais, conflitos armados), econômicos (prejuízo no comércio exterior devido à subvalorização dos produtos que exporta, carência de infraestrutura), de epidemias infectocontagiosas (aids, tuberculose, ebola, malária, febre amarela, entre outras), de exclusão e desigualdade social etc.

Os cinco países que ocupavam os últimos lugares no Índice de Desenvolvimento Humano (IDH) em 2017, situam-se na África Subsaariana: Burundi, Burkina Faso, Chade, Níger e República Centro-Africana.

Observe os dados apresentados nos mapas a seguir e compare os indicadores de alguns países africanos com os de outros países.

Fonte: *Atlas geográfico escolar.* 7. ed. Rio de Janeiro: IBGE, 2016. p. 75.

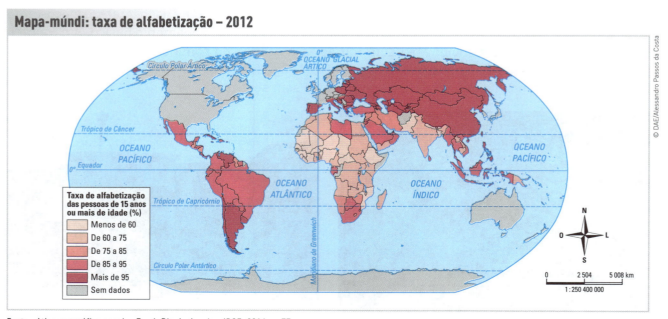

Fonte: *Atlas geográfico escolar.* 7. ed. Rio de Janeiro: IBGE, 2016. p. 77.

Como pudemos observar nos mapas anteriores, os indicadores sociais do continente africano revelam, em geral, condições de subdesenvolvimento. É baixo o nível de alfabetização, e a expectativa de vida está em torno de 50 a 60 anos. Embora o número de crianças que recebem educação primária venha aumentando nos últimos anos, ainda assim milhões de crianças da África Subsaariana não frequentam a escola.

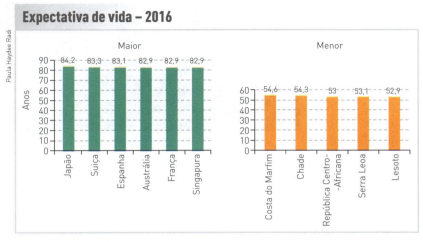

Fonte: *Estatísticas mundiais de saúde 2018: monitoramento da saúde para os ODS, metas de desenvolvimento sustentável.* Genebra: Organização Mundial da Saúde, 2018. Disponível em: <www.who.int/gho/publications/world_health_statistics/en/>. Acesso em: set. 2018.

A fome é um dos graves problemas que atingem a população mundial, em especial a africana. Ela se caracteriza por um período de privação de alimentos e, consequentemente, dos nutrientes de que precisamos para viver. Cada pessoa, de acordo com a Organização Mundial da Saúde (OMS), necessita de 2 500 calorias por dia. Milhões de pessoas no mundo não conseguem ingerir sequer a metade dessa quantidade de calorias. Em muitos países africanos, especialmente naqueles localizados na África Subsaariana, a população apresenta graves problemas de subnutrição e carência de alimentos. A subnutrição nos primeiros cinco anos de vida é responsável por problemas de desenvolvimento físico e intelectual.

Dados do relatório anual das Nações Unidas sobre segurança alimentar e nutricional (2017) indicam que cerca de 243 milhões de pessoas estão em situação de fome e insegurança alimentar na África. Observe no gráfico abaixo que os dados relativos à desnutrição infantil crônica seguem diminuindo, mas permanecem altos.

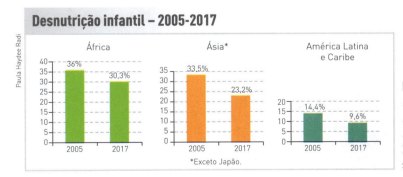

Fonte: FAO, FIDA, Unicef, PAM e OMS. *O Estado da segurança alimentar e nutrição no mundo 2018*: construindo a resiliência climática para a segurança alimentar e nutricional. Roma: FAO, 2018. Disponível em: <www.fao.org/state-of-food-security-nutrition/es/>. Acesso em: set. 2018.

Mas quais são as causas da fome no continente africano? Podemos mencionar a concentração de riquezas; o grande número de conflitos armados que destroem as lavouras e matam os rebanhos; os longos períodos de seca e pragas que atacam as plantações. Entretanto, o grande responsável pela situação da fome é, sobretudo, o modelo econômico, que gera dependência e destina a maior parte da produção agrícola africana aos países desenvolvidos, privilegiando a monocultura em detrimento da agricultura de subsistência. As terras mais férteis do continente são destinadas à agricultura de exportação, cabendo à produção de alimentos para consumo interno as terras menos férteis. Além disso, não são empregadas técnicas agrícolas que garantam a produtividade do solo.

África e a questão dos refugiados

Estudamos que existem no mundo milhões de pessoas que são obrigadas a deixar seu país em decorrência de discriminações e intolerâncias étnicas, religiosas, culturais e políticas. Além disso, especialmente na África Subsaariana, há milhões de refugiados ambientais, isto é, pessoas que deixam seus lugares de vivência por causa da desertificação ou de intensos períodos de seca, que comprometem a produção de alimentos e o abastecimento de água.

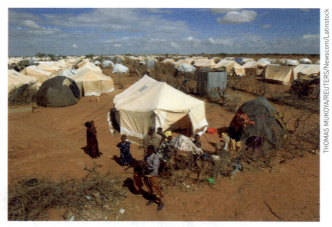

Campo de refugiados em Dadaab. Quênia, 2016.

Muitos fogem dos horrores da guerra, mas há também aqueles que fogem da fome, da miséria e das doenças. Grande parte desse contingente se desloca para campos de refugiados existentes em todo o continente africano, mas concentrados principalmente em duas áreas: na África Ocidental, onde se encontram pessoas vindas, sobretudo, de Serra Leoa, Libéria e Costa do Marfim, e na porção centro-oriental do continente, onde muitos são sudaneses. O maior campo de refugiados do mundo, em Dadaab, no Quênia, abriga cerca de 350 mil pessoas.

O conflito entre o governo da República do Sudão do Sul e o Movimento de Libertação do Povo do Sudão (SPLM) já provocou o deslocamento de mais de 2,1 milhões de pessoas dentro do país e mais de 1,5 milhão de pessoas deixaram o país. De acordo com o Alto Comissariado das Nações Unidas para os Refugiados (Acnur), mais de 60% dos refugiados do conflito são crianças em situação preocupante de desnutrição. Os principais países de refúgio são Uganda, Etiópia, Sudão, Quênia, República Democrática do Congo e República Centro-Africana. Uganda é o país vizinho que já acolheu o maior número de pessoas, aproximadamente 700 mil.

Observe no mapa os principais locais de origem e áreas de deslocamento considerando as principais fontes de refugiados.

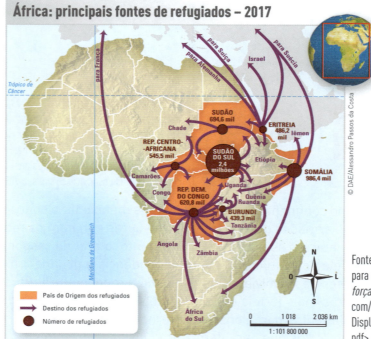

Fonte: ACNUR (Alto Comissariado das Nações Unidas para os Refugiados). *Tendências Globais – Deslocamento forçado em 2017*. Disponível em: <https://s3.amazonaws.com/unhcrsharedmedia/2018/Global_Trends_Forced_Displacement_in_2017/TendenciasGlobales_2017_web.pdf> Acesso em: set. 2018.

Atividades

1. Cite as áreas do continente africano que apresentam as maiores e as menores densidades demográficas.

2. Apresente três características da dinâmica demográfica do continente africano.

3. Os indicadores sociais da África revelam características de subdesenvolvimento? Justifique sua resposta.

4. Relacione a questão da fome com os conflitos armados no continente africano.

5. Justifique, com três argumentos, o motivo de a maioria dos países do continente africano apresentar um IDH classificado como baixo.

6. Observe e analise o mapa a seguir. Escreva suas conclusões sobre a necessidade de investimentos em infraestrutura nos países africanos em relação ao setor representado.

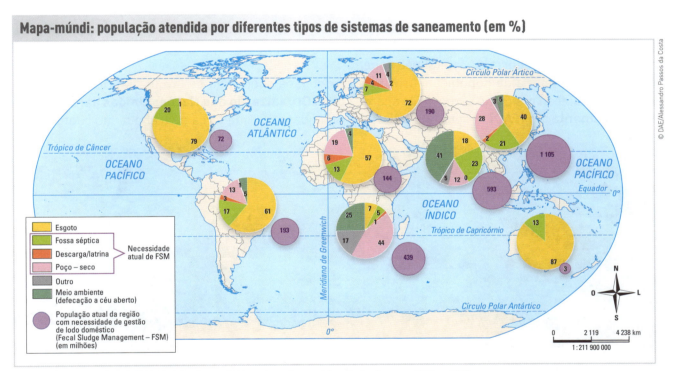

Mapa-múndi: população atendida por diferentes tipos de sistemas de saneamento (em %)

Fonte: Nações Unidas. Relatório Mundial das Nações Unidas sobre o Desenvolvimento dos Recursos Hídricos 2017. Disponível em: <http://unesdoc.unesco.org/images/0024/002475/247553por.pdf>. Acesso em: out. 2018.

7. Explique razões para os fluxos migratórios presentes no continente africano, como o apresentado no texto.

> GENEBRA, 13 de dezembro de 2017 – Hoje, no dia em que o início da guerra civil do Sudão do Sul completa quatro anos, o Alto Comissário das Nações Unidas para Refugiados, Filippo Grandi, pediu ações urgentes de todas as partes para resolver o conflito e pôr fim à crescente crise humanitária do país e maior crise de refugiados de África.[...] Ao chamar a atenção para o fato de que 63% de todos os refugiados do Sudão do Sul têm menos de 18 anos, Grandi rotulou a situação como "uma crise de crianças refugiadas" e enfatizou que: "muitas crianças estão chegando desacompanhadas, separadas e extremamente traumatizadas".

Chefe do Acnur pede ação urgente para a crise do Sudão do Sul que entra em seu quinto ano consecutivo. *Acnur Brasil*, 14 dez. 2017. Disponível em: <www.acnur.org/portugues/2017/12/14/chefe-do-acnur-pede-acao-urgente-para-a-crise-do-sudao-do-sul-que-entra-em-seu-quinto-ano-consecutivo/>. Acesso em: set. 2018.

CAPÍTULO 26

Economia

A agricultura

De forma geral, a economia africana não foge às características dos países subdesenvolvidos, com elevada dependência das exportações de produtos primários, centrada na **agricultura** e no **extrativismo mineral**.

A África apresenta forte dependência econômica das grandes potências mundiais, sobretudo dos Estados Unidos e, mais recentemente, da China. Assim, os produtos das atividades primárias são exportados em forma de *commodities* para esses países, que, em contrapartida, exportam para a África produtos industrializados e serviços, fator que mantém os países do continente com elevada dívida externa e na dependência do capital estrangeiro.

A grande maioria da população africana está ocupada sobretudo na lavoura (aproximadamente 60% da população reside no campo). De acordo com a **Organização das Nações Unidas para Agricultura e Alimentação (FAO)**, o setor agrícola emprega quase 60% da força de trabalho do continente.

A África tem uma numerosa população ocupada com atividades primárias. Saint-Louis, Senegal, 2016.

Muitos países africanos ainda mantêm o sistema de **plantation**, uma herança do período colonial, em que os países produziam para abastecer os mercados dos países colonizadores europeus. Esse sistema é baseado na monocultura em grandes propriedades, para exportação.

Embora as terras mais férteis sejam ocupadas por *plantations*, esse sistema agrícola contribui para o empobrecimento do solo. A planta retira muito dos mesmos nutrientes do solo e, com o tempo, isso impede ou dificulta a capacidade de produção de modo satisfatório, podendo levar à desertificação. Outro problema ambiental da *plantation* é a contínua derrubada de florestas e de vegetação de savanas para dar lugar aos cultivos.

Atualmente, a agricultura de *plantation* produz café, cana-de-açúcar, cacau, amendoim, algodão, banana, abacaxi e chá, empregando muitos trabalhadores.

Em toda a África, pratica-se também a **agricultura de roça**, de subsistência, mais intensamente nos países em que a situação de subdesenvolvimento é mais marcante. Essa agricultura está voltada para o autoconsumo, com baixo nível de mecanização e menor volume de produção.

Esse sistema agrícola é muito importante porque fixa as famílias no campo e garante o abastecimento diário de alimentos, contribuindo para a segurança alimentar do continente. De acordo com o relatório sobre agricultura familiar da FAO:

> [...] para a maior parte dos países, o grosso da produção agrícola é da responsabilidade dos agricultores familiares (mais de 80% nos casos de Angola e São Tomé e Príncipe; e mais de 90% em Cabo Verde, Guiné-Bissau e Moçambique) [...] contribuindo de forma peremptória para a sua segurança alimentar e satisfação de necessidades básicas, bem como a geração de rendimentos no caso de venda de excedentes nos mercados.
>
> Agricultura familiar e segurança alimentar e nutricional na CPLP. *CPLP/FAO*, out./nov. 2012. p. 3. Disponível em: <www.fao.org/fsnforum/cplp/sites/cplp/files/files/CPLP_final-report_PORT.pdf>. Acesso em: mar. 2015.

Agricultura familiar. Karsone, Togo, 2017.

Na atividade agrícola africana, muitos países adotam o sistema de *plantation*. Chinhoyi, Zimbábue, 2017.

❶ Analise as fotografias e escreva textos explicativos para cada uma delas identificando o sistema de cultivo a que se referem e relatando suas características.

De olho no legado

África: barreiras ao crescimento econômico

Em relatório para o Cato Institute, os pesquisadores Marian L. Tupy e Dalibor Rohac apresentam o que os países africanos precisam fazer para se desenvolverem e crescerem. As economias africanas tiveram, sem dúvida, uma evolução positiva nos últimos anos:

- [...] O acesso à água potável aumentou de 48 por cento para 64 por cento entre 1990 e 2012.

De acordo com um relatório de 2010 da McKinsey, o crescimento recente na África é resultado da redução da inflação (queda de 22 por cento na década de 1990 para 8 por cento na primeira década de 2000), uma redução de dois terços nos déficits orçamentais e melhoria da qualidade das instituições em geral.

Mesmo assim, o continente segue o rastro do resto do mundo. A África é a região economicamente menos livre do mundo, e impõe elevadas tarifas que bloqueiam o comércio.

Para ter um crescimento econômico sustentável, Tupy e Rohac enfatizam que os países africanos precisam empreender uma série de reformas institucionais, além de remover barreiras ao comércio e ao investimento. Muitos países africanos sofrem com obstáculos regulatórios. Por exemplo:

- Um estudo realizado pelo Ministério do Comércio e Indústria de Ruanda revelou que um motorista de caminhão que percorre a distância de 1.000 milhas [1.610 km] de Kigali para Mobasa, Quênia, deve parar em 26 barreiras de estrada e pagar propina (uma média de 846 dólares) ao longo do caminho. O estudo também descobriu que os motoristas levam 121 horas para fazer a viagem.
- De acordo com um economista do Banco Mundial, os caminhoneiros de supermercados do sul da África que cruzam fronteira podem ser obrigados a levar a assombrosa quantidade de 1.600 documentos com eles para atender a requisitos de licenciamento.

Aumentar a ajuda externa, dizem os pesquisadores, não é a solução para um crescimento melhor:

- A ajuda externa para a África supera de longe a que se destina a outros países, com a ajuda *per capita* de 32 dólares ao ano, de 1979 a 2012. Já a ajuda à Índia no período foi de 1,93 dólares *per capita*.
- No entanto, o crescimento médio na África foi de apenas 0,27 por cento durante o mesmo período, em comparação com 4,4 por cento de crescimento na Índia.

Tupy e Rohac acreditam, no entanto, que os países ocidentais podem contribuir para o crescimento africano. Eles incentivam as nações africanas, por outro lado, a pressionarem os países ocidentais para pôr fim a suas políticas protecionistas agrícolas, que prejudicam os países em desenvolvimento, como os da África.

Venda de vegetais no Mercado Central de Port Louis, Ilhas Maurício, 2017.

Ligia Filgueiras. África: barreiras ao crescimento econômico. *Instituto Liberal*, 13 ago. 2014. Disponível em: <www.institutoliberal.org.br/blog/africa-barreiras-ao-crescimento-economico/>. Acesso em: set. 2018.

Com base no texto e em seus conhecimentos, responda.

1. O texto apresenta as barreiras que os países africanos enfrentam atualmente para que se desenvolvam e cresçam. Que tipos de barreira os países enfrentavam no Período Colonial e após a independência?

2. De acordo com o texto, destaque aspectos positivos na economia de países da África nos últimos anos.

3. De que forma o protecionismo agrícola dos países ocidentais prejudica a África? Comente.

Agricultura e meio ambiente

Uma das regiões mais férteis da África é o **Vale do Nilo**. O Rio Nilo nasce nas proximidades do Lago Vitória e seu curso atravessa 2 mil km pelo deserto do Saara, até desaguar, em forma de delta, no Mar Mediterrâneo. Foi graças a ele que a civilização egípcia pôde florescer.

Até a primeira metade do século XX, a população local aproveitava o período de cheia e de vazante do Rio Nilo para desenvolver a agricultura. Na época das cheias, as terras localizadas às margens do rio ficavam inundadas e grande quantidade de sedimentos e materiais orgânicos ali se depositava, fertilizando o solo. No período de vazante, o agricultor aproveitava para cultivá-lo. Essa pequena faixa de terra, localizada no deserto, era a responsável pela produção de alimentos destinados ao consumo da população.

Entre 1960 e 1970, foi construída a **hidrelétrica de Assuã**, com a finalidade de gerar eletricidade para suprir as indústrias, principalmente as do Egito. A construção da barragem também tornou possível a prática agrícola durante todo o ano, independentemente do período de cheia do Rio Nilo. A água represada no lago formado pela barragem tem sido utilizada para irrigar as plantações.

Fonte: *Atlas geográfico escolar*. 7. ed. Rio de Janeiro: IBGE, 2016. p. 44.

Campos de agricultura nas margens do Rio Nilo. Egito, 2016.

Barragem de Assuã. Assuã, Egito, 2016.

Entretanto, o impacto ambiental provocado pela construção da represa foi muito grande: houve aumento da evaporação da água e de seu consumo devido ao cultivo de plantas nas margens do rio, além da diminuição da fertilidade natural do solo em algumas partes do rio, antes adubado periodicamente.

Outra área que sofre agressões com a prática agrícola é o **Sahel**, uma porção de terra localizada ao sul do Deserto do Saara e que se estende de leste a oeste do continente. Nessa faixa de terra, a prática da agricultura tem comprometido o solo. A região, que antes era utilizada para a agricultura de subsistência, vem sendo transformada em área de monocultura. A necessidade de ampliar a extensão de terra para a atividade agropastoril tem ocasionado a derrubada da floresta e acelerado o processo de desertificação, isto é, o aumento dos desertos, o que provoca a aridez de áreas antes consideradas férteis.

Observe no mapa a seguir a localização do Sahel.

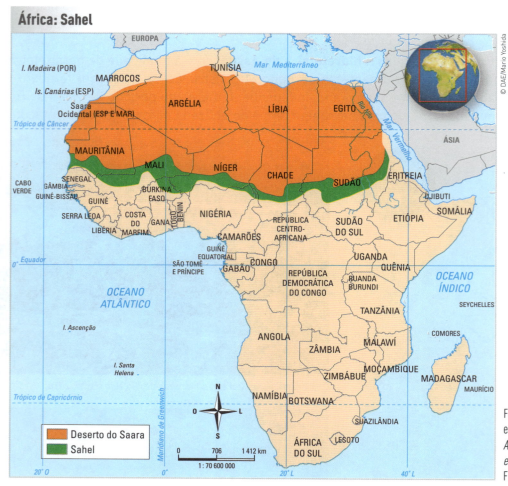

Fonte: Gisele Girardi e Jussara Vaz Rosa. *Atlas geográfico do estudante*. São Paulo: FTD, 2011. p. 101.

Cabanas na região do Sahel. Kanem, Chade, 2016.

A devastação da cobertura nativa devido a grandes queimadas e a introdução de plantas rasteiras que não protegem o solo deixam-no mais sujeito à erosão. A contínua evaporação, até mesmo da água presente nas partes mais profundas, traz sais de ferro e outros minerais, que formam crostas impermeáveis perto da superfície.

As preocupações aumentam quando refletimos sobre as consequências dessa desertificação. Com a degradação crescente do solo, diminuem as áreas de terras férteis. Segundo o **Programa das Nações Unidas para o Meio Ambiente (Pnuma)**, a desertificação ameaça cerca de 900 milhões de pessoas no mundo.

A indústria

A África é o continente que apresenta o menor índice de industrialização mundial. A **atividade industrial** iniciou-se tardiamente, pós-Segunda Guerra Mundial, e está ligada às atividades agrícolas e de extração mineral.

A implantação da atividade industrial foi dificultada pelo longo período em que o continente permaneceu na condição de colônia de exploração. Isso ocorreu, entre outros motivos, porque o trabalho escravo e os baixíssimos salários impostos pelos colonizadores impediram a ampliação do mercado consumidor. Além disso, o comércio era controlado pelos europeus, que ditavam regras e tarifas comerciais e controlavam também o comércio interno.

Além do controle excessivo do comércio pelos europeus, não houve investimentos nem incentivo à instalação de um parque industrial que oferecesse ao continente autonomia na produção de bens industrializados. Atualmente, a maioria das indústrias africanas são de produtos de consumo direto, como a indústria alimentícia.

Outra herança da colonização foi a configuração da rede de transportes do continente africano. A organização do espaço geográfico da África foi estabelecida segundo os interesses das potências estrangeiras que tomaram posse do território. Assim, a malha viária desenvolveu-se a fim de ligar as áreas produtoras aos portos, por onde a produção era exportada para a Europa.

Observe no mapa a seguir a configuração da rede de transporte africana, disposta especialmente para interligar as áreas de produção aos portos.

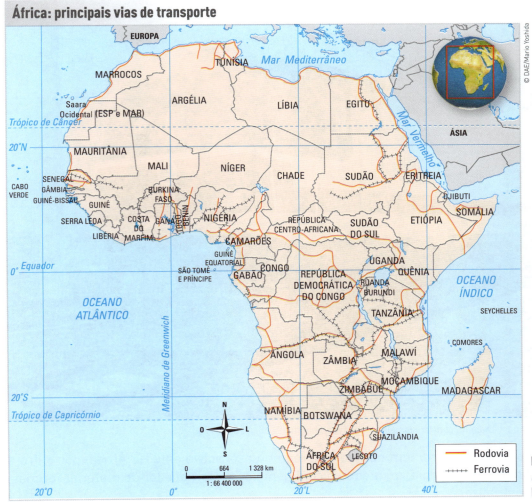

Fonte: *Atlas geográfico escolar*. 7. ed. Rio de Janeiro: IBGE, 2016. p. 45.

Os poucos investimentos que o continente recebeu ao longo da história recente fez parte do processo da Nova Divisão Internacional do Trabalho, quando multinacionais do mundo desenvolvido decidiram investir em alguns países do continente, a partir da década de 1970, atraídos pela mão de obra barata. Nesse cenário, o destaque foi para a África do Sul, país considerado emergente, inclusive membro do Brics, que recebeu muito investimento do exterior e conseguiu uma significativa evolução de seu parque industrial.

Nos últimos anos, a China tem investido dezenas de bilhões de dólares na África, ocupando o lugar dos Estados Unidos como principal parceiro econômico do continente. Países como Zimbábue, Angola, Gana, Zâmbia, Sudão e Etiópia, entre outros, são exemplos de grandes parceiros comerciais da China.

O interesse da China na África é o livre acesso que esse país passa a ter aos recursos naturais do continente, como petróleo, minérios e terras cultiváveis, para garantir seu próprio crescimento.

Como exemplos recentes de investimentos chineses na África podemos citar a construção de metrô ligando a capital da Etiópia, Ads-Abeba, ao Djibuti; projetos de metrô também na Nigéria; ponte estaiada em Dar es Salaam, na Tanzânia; construção de hidrelétrica na Etiópia; modernização do aeroporto de Victoria Falls, no Zimbábue; introdução da TV digital no Burundi; além de estradas rodoviárias e ferroviárias, e sistemas de transmissão de energia e de telecomunicações por todo o continente.

Trem elétrico na ferrovia Etiópia-Djibouti, construída pelos chineses. Bishoftu, Etiópia, 2016.

Se, por um lado, essa parceria tem gerado emprego e desenvolvimento na África, por outro a China não tem transferido tecnologia, mantendo o continente como fornecedor de matérias-primas, o que dificulta a industrialização local.

O extrativismo mineral

A formação geológica antiga favoreceu a atual riqueza em minerais metálicos do subsolo africano, como manganês, ferro e urânio, fazendo da África um continente de intensa atividade extrativa mineral.

O continente possui também as maiores reservas de metais preciosos do mundo, sendo responsável por 50% da produção mundial de diamantes, além de ter metade das reservas de ouro do planeta.

A África também apresenta reservas de minerais fósseis, com 8% das reservas mundiais de petróleo, além de gás natural e carvão. Inclusive Angola, Argélia, Líbia e Nigéria pertencem à **Opep** (Organização dos Países Exportadores de Petróleo).

Vários países da África extraem petróleo, principalmente os países do norte do continente. Jalu, Líbia, 2018.

A exploração desses recursos minerais é responsável pelo aumento do PIB africano neste século, registrando crescimento anual médio de 5%. Além dessa riqueza natural, o continente africano tem uma localização privilegiada, com acesso aos oceanos Atlântico e Índico, portas de saída de mercadorias e de entrada de produtos de outros continentes.

Entretanto, a grande riqueza do subsolo africano pouco favorece as condições de vida de seus habitantes. Na verdade, a disputa por ela também tem sido uma das causas das guerras civis no continente.

A riqueza mineral foi um dos motivos que fizeram com que as potências mundiais colonizassem o continente, pois o crescente processo de industrialização que se estabelecia na Europa tornou necessário garantir fontes de matéria-prima. Mesmo após a independência, os países africanos continuam sendo economicamente explorados, já que a maior parte das companhias mineradoras que atuam no continente são multinacionais de origem europeia, norte-americana e japonesa.

Cartografia em foco

Observe os mapas a seguir e faça o que se pede.

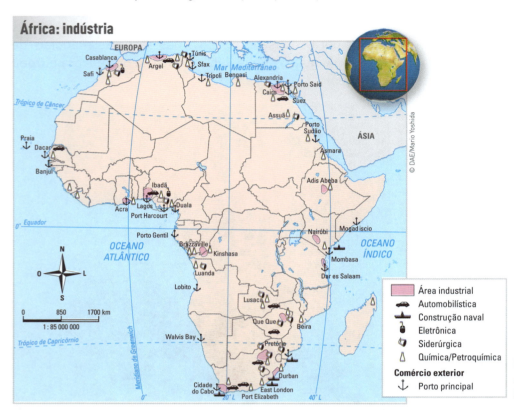

Fonte: Vera Caldini e Leda Ísola. *Atlas geográfico Saraiva*. 4. ed. São Paulo: Saraiva, 2013. p. 149.

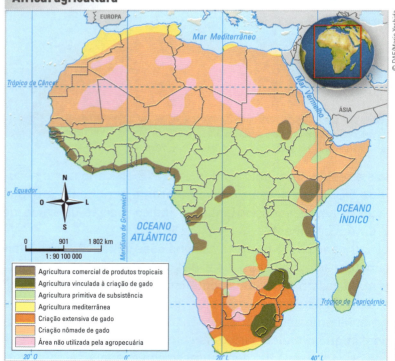

Fonte: Vera Caldini e Leda Ísola. *Atlas geográfico Saraiva*. 4. ed. São Paulo: Saraiva, 2013. p. 185.

1) Com base na leitura dos mapas, registre suas conclusões sobre à organização econômica do continente africano.

1. Justifique o fato de a maior parte da população africana viver em áreas rurais.

2. Diferencie os sistemas de roça e de *plantation*, presentes na África.

3. Cite problemas ambientais decorrentes do sistema de *plantation*.

4. Caracterize a estrutura geológica que favorece a formação de riquezas minerais na África, assim como a importância de sua exploração para a economia do continente africano.

5. Que conclusões são possíveis em relação aos dados apresentados no gráfico a seguir e as atividades econômicas de alguns países africanos na última década?

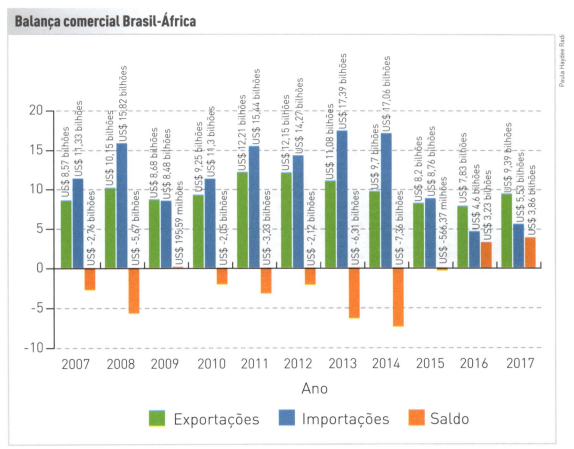

Fonte: Ministério da Indústria, Comércio Exterior e Serviços. Disponível em: <www.mdic.gov.br/comercio-exterior/estatisticas-de-comercio-exterior/comex-vis/frame-bloco?bloco=africa>. Acesso em: set. 2018.

6. Considerando a última década, apresente razões para os investimentos de países como China e Estados Unidos em países africanos.

7. Considerando o crescimento econômico de alguns países africanos na última década e a expansão de interesses estrangeiros, cite setores ou áreas que necessitarão de investimentos para a melhoria de condições econômicas na África.

8. Caracterize a região do Sahel e explique as causas de seus problemas ambientais.

9. Caracterize a configuração territorial da rede de transporte viária da África associando-a com o processo de colonização nesse continente.

Retomar

1. Caracterize o processo colonial no continente africano mencionando:
   a) razões para o processo exploratório;
   b) consequências para os povos originários do continente.

2. Explique a relação entre a definição das fronteiras africanas e os conflitos étnicos e religiosos do continente.

3. Considerando a pirâmide etária, apresente diferenças entre aspectos da dinâmica demográfica de países da África e da América Latina.

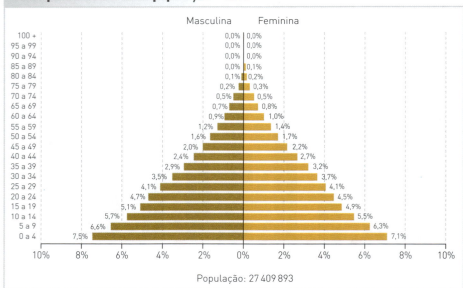

Fonte: ONU, Departamento de Assuntos Econômicos e Sociais, Divisão de População. *Perspectivas da população mundial: revisão de 2017, principais conclusões e tabelas avançadas*. Disponível em: <https://esa.un.org/unpd/wpp/Graphs/DemographicProfiles/>. Acesso em: set. 2018.

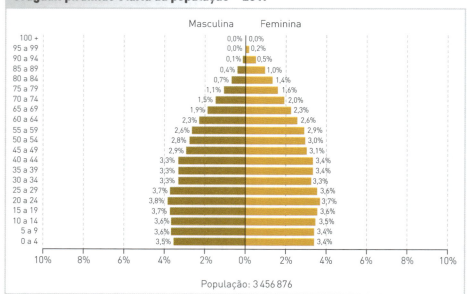

Fonte: ONU, Departamento de Assuntos Econômicos e Sociais, Divisão de População. *Perspectivas da população mundial: revisão de 2017, principais conclusões e tabelas avançadas*. Disponível em: <https://esa.un.org/unpd/wpp/Graphs/DemographicProfiles/>. Acesso em: set. 2018.

4 Leia o trecho da notícia. Qual é a questão social apresentada?

> O Alto Comissariado das Nações Unidas para os Refugiados (Acnur) alertou para o elevado número de mortes por fome na região do Chifre da África [...], no Iêmen e na Nigéria. A situação se alastra por conta de uma forte seca que acomete a região, além de intensos conflitos e falta de fundos. Cerca de 20 milhões de africanos vivem em áreas danificadas pela seca, onde as colheitas falharam e a desnutrição está crescendo, principalmente entre as crianças.
>
> Disponível em: <https://oglobo.globo.com/mundo/onu-alerta-para-aumento-do-risco-de-morte-por-fome-na-africa-21192369>. Acesso em: out. 2018.

5 Associe a riqueza mineral da África com o interesse das potências europeias em colonizar o continente a partir do século XIX.

6 A África é considerada um continente de grande riqueza mineral. Justifique a afirmativa.

7 Explique a importância da agricultura familiar para os países africanos.

8 Leia o trecho de reportagem a seguir e, com base nele e em seus conhecimentos, responda ao que se pede.

> [...] "O crescimento ganha força à medida que os investimentos e o consumo privado se consolidam, particularmente nas economias exportadoras de produtos básicos", [...]
>
> Nesse panorama, surgem quatro países africanos e um asiático à frente: Gana, Etiópia, Costa do Marfim, Djibuti e Índia. Por que esses países estão na dianteira do crescimento, em termos percentuais? [...]
>
> "Etiópia, Costa do Marfim e Djibuti estão se beneficiando de investimentos em infraestrutura para impulsionar seu crescimento." [...]
>
> Gana, considerado um dos países mais estáveis da África Ocidental, deve ser o que terá o maior crescimento no mundo em 2018 [...] "O robusto crescimento de Gana é motivado pela crença de que sua produção petrolífera crescerá, à medida que novos campos entram em funcionamento" [...].
>
> A Etiópia, diz o relatório, está colhendo os frutos de grandes investimentos em irrigação, transporte e energia, os quais lhe renderam ganhos de produtividade na produção agrícola, importante fonte de receita nas exportações do país. [...]
>
> Quais são as cinco economias que mais devem crescer em 2018. *BBC Brasil*. 4 mar. 2018. Disponível em: <www.bbc.com/portuguese/geral-43205514>. Acesso em: set. 2018.

a) De acordo com o texto, mencione razões que expliquem o crescimento econômico de alguns países africanos.

Ais-Abela, Etiópia, 2015.

Visualização

A seguir apresentamos um mapa conceitual do tema estudado nesta unidade. Trata-se de uma representação gráfica que organiza o conteúdo, composto de uma estrutura que relaciona os principais conceitos e as palavras-chave. Essa ferramenta serve como resumo e instrumento de compreensão dos textos, além de possibilitar consultas futuras.

ÁFRICA

- problemas urbanos e de moradia por causa da acelerada urbanização
- grandes dimensões e diversidade étnica
- a fome e as epidemias infectocontagiosas são graves problemas
- refugiados
- conflitos armados, questões étnicas e ambientais

População
- segundo continente mais populoso
- 1,2 bilhão de habitantes
- continente com maior taxa de crescimento demográfico

Economia
- "nova fronteira" econômica
- destacam-se as atividades primárias
- países com mais atividades secundárias e terciárias
  - África do Sul
  - Argélia
  - Tunísia
  - Líbia
  - Egito

Política
- corrupção, governos ditatoriais, conflitos armados
- dependência da monocultura para exportação

Fabio Nienow

Referências

ALMEIDA, Rosângela Doin de. *O espaço geográfico*: ensino e representação. São Paulo: Contexto, 2010.

_____. (Org.). *Cartografia escolar*. São Paulo: Contexto, 2010.

_____. (Org.). *Novos rumos da cartografia escolar*: currículo, linguagem e tecnologia. São Paulo: Contexto, 2011.

ATLANTE Geografico Metodico de Agostini. Novara: Istituto Geografico De Agostini, 2007.

ATLAS geográfico escolar. 7. ed. Rio de Janeiro: IBGE, 2016.

ATLAS nacional do Brasil Milton Santos. Rio de Janeiro: IBGE, 2010.

BERTOLINI, William Zanete; VALADÃO, Roberto Célio. A abordagem do relevo pela Geografia: uma análise a partir dos livros didáticos, 2009. *Terræ Didatica*. Disponível em: ‹www.ige.unicamp.br/terraedidatica›. Acesso em: jun. 2018.

BRASIL. Ministério da Educação. *Base Nacional Comum Curricular*. Disponível em: ‹http://basenacionalcomum. mec.gov.br/wp-content/uploads/2018/06/bncc_EI_EF_ 11QS18_versofinal_site.pdf›. Acesso em: jun. 2018.

BROTTON, Jerry. *Uma história do mundo em doze mapas*. Rio de Janeiro: Zahar, 2014.

CALDINI, Vera; ISOLA, Leda. *Atlas geográfico Saraiva*. São Paulo: Saraiva, 2013.

CARLOS, Anna Fani. (Org.). *A Geografia na sala de aula*. São Paulo: Contexto, 2010.

_____. *Novos caminhos da Geografia*. São Paulo: Contexto, 2002.

_____. *O lugar no/do mundo*. São Paulo: Labur Edições, 2007.

CASTELLAR, Sonia Maria Vanzella; CAVALCANTI, Lana de Souza; CALLAI, Helena Copetti (Org.). *Didática da Geografia*: aportes teóricos e metodológicos. São Paulo: Xamã, 2012.

(Org.) *Educação geográfica*: teorias e práticas docentes. São Paulo: Contexto, 2010.

CASTRO, Iná (Org.). *Geografia*: conceitos e temas. Rio de Janeiro: Bertrand Brasil, 2010.

CASTROGIOVANNI, Antonio Carlos. *Geografia em sala de aula*: práticas e reflexões. Porto Alegre: UFRGSA-GB, 1999.

_____. (Org.). *Ensino de Geografia*: práticas e textualizações no cotidiano. Porto Alegre: Mediação, 2008.

CAVALCANTE, Lana de Souza. *O ensino de Geografia na escola*. Campinas: Papirus, 2012.

CHERNICOFF, Stanley et al. *Essentials of Geology*. Nova York: Worth Publishers, 1997.

COELHO, Ricardo Motta Pinto. *Gestão de recursos hídricos em tempos de crise*. Porto Alegre: Artmed, 2016.

DAMIELI, Augusto et al. *O céu que nos envolve*. São Paulo: Odysseus Editora Ltda., 2011.

FARIS, Stephen. *Mudança climática*. Rio de Janeiro: Campus, 2009.

FERREIRA, Graça Maria Lemos. *Atlas geográfico*: espaço mundial. São Paulo: Moderna, 2013.

FRIEDMANN, Raul. *Fundamentos de orientação, cartografia e navegação terrestre*: um livro sobre GPS, bússolas e mapas para aventureiros radicais e moderados, civis e militares. Curitiba: Editora UTPR, 2008.

GANERI, Anita. *Vulcões violentos*. São Paulo: Melhoramentos, 2005.

MOREIRA, Marco Antonio. *Mapas conceituais e aprendizagem significativa*. Disponível em: ‹www.if.ufrgs. br/~moreira/mapasport.pdf›. Acesso em: jun. 2018.

NOVO atlas geográfico do estudante. São Paulo: FTD, 2008.

POPP, José Henrique. *Geologia geral*. Rio de Janeiro: LTC, 2013.

PRESS, Frank et al. *Para entender a Terra*. 4. ed. Porto Alegre: Bookman, 2006.

REGO, Nelson. *Geografia. Práticas pedagógicas para o Ensino Médio*. Porto Alegre: Artmed, 2007.

RODRIGUES, Sabrina Coelho; SIMÕES, Marcello Guimarães. *Livro digital de Paleontologia*: Paleontologia na sala de aula. Disponível em: ‹www.paleontologia nasaladeaula.com/›. Acesso em: jun. 2018.

ROSA, André Henrique; FRACETO, Leonardo Fernandes; MOSCHINI-CARLOS, Viviane (Org.). *Meio ambiente e sustentabilidade*. Porto Alegre: Bookman, 2012.

SANTOS, Milton. *Metamorfoses do espaço habitado*. São Paulo: Hucitec, 1988.

_____. *A natureza do espaço*. São Paulo: Edusp, 2008.

SOS Mata Atlântica. *Atlas da Mata Atlântica*. Disponível em: ‹www.sosma.org.br/projeto/atlas-da-mata -atlantica/›. Acesso em: jun. 2018.

TEMPO & ESPAÇO. 4. ed. Rio de Janeiro: Instituto Ciência Hoje, 2003. v. 7. (Ciência Hoje na Escola.)

TUNDISI, José Galizia. *Recursos hídricos no século XXI*. São Paulo: Oficina de Textos, 2011.

WHATELY, Marussia. *O século da escassez*. São Paulo: Claro Enigma, 2016.